21世纪广播电视专业实用教材
广播电视专业“ 材

THE EDITING AND MAKING OF RADIO PROGRAMES

广播节目编辑与制作

（第二版）

危羚 王萍 赵慧 著

中国传媒大学出版社

前　言

本教材是《广播音响报道实用教程》的姊妹篇。《广播音响报道实用教程》侧重于广播新闻的采写，本教材则侧重于广播节目的编辑与制作。

此次修订，精简了部分内容，更新和增添了一些节目案例和一些新的节目元素，同时更新了广播专业音频制作软件——新版“英夫美迪”的使用方法和广播节目的管理方法。新版教材内容更加丰富、精炼、实用。

新教材力求浅显，不讲空洞、深奥的原理，让读者一看就懂，能基本掌握广播新闻节目、社教节目和文艺（文学）节目的编辑制作方法。

我们由衷希望本书能满足高校学生专业学习的需要，同时也能为广大广播工作者、音视频制作爱好者学习和提高广播音频制作水平提供帮助。

由于水平有限，书中的错误、疏漏恐在所难免，在此，敬请读者批评指正。

目　录

第三编　广播节目的播出及管理

绪论　广播节目的形态

要学习广播节目的编辑与制作，首先要弄清楚什么是广播节目，同时，还要弄清楚广播节目的形态问题，以及广播节目的类型问题。

第一节　广播节目与栏目

一、广播节目与栏目的定义

《辞海》对“节目”有三个解释：

①树木枝干交接处，文理纠结不顺的地方。“节目”一词在中国典籍中最早出现于《礼记·学记》：“善问者如攻坚木，先其易者，后其节目。”

②指事情的条目。庾信的《赵国公集序》中有：“若使言乖节目，则曲台不顾。”

③今指文艺演出的项目，亦指参观、访问、游览的项目。

从《辞海》的解释可以看出，“节目”最早的意思是指“树木枝干的交接处，文理纠结不顺的地方”，后逐渐引申到指“事情的条目”，如今指“文艺演出的项目”。

但遗憾的是，《辞海》中的解释只提及参观、访问、游览的项目，而未涉及广播与电视。

而《现代汉语词典》对“节目”的解释则比较符合广播、电视对此概念的诠释：“节目”是指文艺演出或广播电台、电视台播送的项目。如节目单、文艺节目、今天晚会的节目很精彩。

根据上述解释，**“广播节目”指的是广播电台播送的项目。**

除了“节目”这一概念之外，人们还常用到一个概念，即“栏目”。于是问题来了：什么是“栏目”？栏目与“节目”究竟是怎样一种关系？

《辞海》中无“栏目”词条，但有“栏”一词，解释有四：①栏杆。如回栏；石栏。②养家畜的圈。如牛栏；猪栏。③纸上的格子。如朱丝栏（绢纸之有红线格者。李肇的《唐国史补》卷下：“宋、亳间有织成界道绢素，谓之乌丝栏、朱丝栏。”）。④报刊按内容、性质划分的版面。如文艺栏；体育栏。也称出版物的版面的部位。如左上栏；分三栏；通栏标题。

从《辞海》的解释可以看出，“栏”本意为“栏杆”，后逐渐演变为“养家畜的圈”“纸上的格子”，最后到“报纸上按内容、性质划分的版面”。

《现代汉语词典》对“栏目”的解释是：报纸、杂志等版面上或广播、电视节目中按内容性质分成的部分。如小说栏目；每逢寒暑假，报纸增设《暑期生活》栏目等。

很显然，《现代汉语词典》对“栏目”的解释与《辞海》对“栏”的解释基本一致，只是“栏”过去是个单音节词。

归结上述解释可以看到，“栏目”一词若用在媒体上，最初指的是“报纸上按内容、性质划分的版面”。比如我们常常在报纸上会看到用“花边线”围起来的一块内容，称为“专栏”。报纸上常常会开辟一块特别的版面，称为专栏，或者是请“专门的作家”来写东西，也在报纸上特辟出来一块版面，称为“专栏”。而若用一个大标题横贯整版报纸的上方，即被称为“通栏大标题”，说明整版刊载的都是一个内容（即整版成了一个栏目）。

而广播、电视中出现的**“栏目”**，显然是来源于报纸，是借用过来的一个概念。其内涵与报纸上的含义相仿，通常指**“按内容、性质划分的一段时间”**（广播、电视是线性媒体，因此只能按时间来划分区域）。

二、广播节目与栏目的关系

在中国新闻奖或一些省市级的新闻评奖中，几乎都有“名专栏”一项。那么，名专栏评比究竟是评“节目”还是评“栏目”？“节目”与“栏目”到底是怎样一种关系？

对于业界而言，这本来不是问题。因为广播人有自己约定俗成或者说是习惯的用法。但对于初学者而言，这就成了一个必须要搞清的问题。

按照广播人的习惯用法，一般而言，**“节目”**指的是**“广播电台播送的大的项目”**，或者说，是**“按内容、性质划分的相对大段的时间”**。

而**“栏目”**指的是**“广播电台播送的相对小的项目”**，或者说，是**“按内容、性质划分的相对小段的时间”**。

因此相比较而言，“广播节目”是指一个大的整体，是一个大概念，其中往往包含了若干个“栏目”，或者说，“广播节目”是由若干个小“栏目”组成的。如广播电台每天早晨开播时都会“预报节目”，而不是“预报栏目”。再比如，广播电台常会在媒体上刊登“广播节目时间表”，而不是“栏目时间表”。可见，节目是指大的、完整的时间段。反言之，“栏目”则往往是一个局部，是一个相对小的概念。一般而言，**只有当若干个“栏目”组合在一起时，才能构成“节目”**。

从一个广播节目的长度来看，最短的节目，可以是10分钟，甚至是5分钟，例如《新闻快报》。而长的节目可以是60分钟甚至更长。

例如，录制于20世纪60年代的一套广播节目《科学与技术杂志》（天津台，1960年），虽然只有短短的20分钟，但其中就分成了3个小栏目：《农业科学知识——谈谈霜冻》《你知道吗——立体电影为什么会有立体感呢》《知识小品——我们生活在声音的世界里》。

1994年开办的中央人民广播电台的名牌节目《新闻纵横》，就下设《今日观察》《权威论坛》《国际风云》《警方热线》《周日特别奉献》《热线追踪》《新闻万花筒》《公民档案》等栏目。

总之，这种“麻雀虽小，五脏俱全”、包含很多小栏目的广播节目在20世纪五六十年代到七八十年代非常流行。

当然，也有一个“节目”中只有一个内容，即只有一个“栏目”的情况。例如，同样是录制于20世纪60年代中秋节前夕的广播节目《广播杂志》（天津台，1961年），时长也是20分钟，而内容就只有一个：谈谈中秋。像这样的广播节目，也是节目（因为是一个独立的整体项目，故没人称其为“栏目”）。

即使是到了80年代中后期，出现了主持人直播板块节目，这种“节目”中包含“栏目”的格局依旧没有改变。比如天津经济广播电台当年的名牌节目《天津早晨》，是一档60分钟的新闻性直播板块节目，其中就包含了《本市新闻》《国内要闻》《国际新闻》《海河晨光》（民生新闻）等很多栏目。

对于广播人来说，“节目”与“栏目”的区分，是一种约定俗成，是很专业很明确的。

至于前面提到的评选“名专栏”问题，很显然，广播电台送评的其实都是“节目”，而非“栏目”。因为，只有“节目”才是“广播电台播送的内容、性质相对完整的一个项目”。

三、节目开始曲与栏标乐

因为“节目”与“栏目”有明确区分，所以在“节目”和“栏目”前出现的“标志乐”的名称也各不相同。**“节目”前的标志乐叫“节目开始曲”**，而**“栏目”前的标志乐则简称为“栏标乐”**。

“栏标乐”通常出现在一些比较重要或比较大的栏目之前，如前文提到的《海河晨光》《哲学趣谈》《津味拾趣》等，前面就都有“栏标乐”。而一些较小或区分不是很明显的小栏目，则可以不加“栏标乐”，如《本市新闻》《国内要闻》和《国际新闻》之间，只要主持人用一句“下面报告国内新闻”或“下面报告国际新闻”进行内容转换即可。“栏目”无论大小，都表明了一种严格的项目议程设置。

四、广播栏目的发展趋势

需要指出的是，随着主持人板块节目的兴盛，以及广播节目的不断发展，广播节目中逐渐呈现出了一种弱化“栏目”的倾向，即栏目安排只表现在节目的议程设置上，而不再用一个个“栏标乐”去做鲜明的区分。这样，当代广播节目便呈现出一种更加灵活的形态，从而减少了僵化和过于程式化的感觉。

例如，山东台的一档新闻节目《第一民生》（2011 年 12 月 13 日播出，获第 22 届中国新闻奖新闻编排三等奖），能让听众很明显地感受到其细腻的内容编排，如报纸头版、网络头条、记者连线，等等，但听不到一个“栏标乐”。采用这种方法编播的广播新闻节目，节奏明快，内容紧凑，有很强烈的时代气息。

无论广播节目怎么变，广播“节目”与“栏目”的区分始终没有变。

五、明确广播节目与栏目的意义

本书之所以要首先提出“节目”与“栏目”的区别问题，是因为要告诉大家，本书是要帮助读者学习和研究“广播节目”的编辑与制作方法，即研究广播编辑是如何将一篇篇广播稿组合成一个栏目的，同时，还要让读者学会如何将一个个“栏目”组合成一个完整的“广播节目”。

第二节　中国广播的形态变化

广播形态的发展变化问题，目前在业界和学界似乎都不热，尤其在业界，很少有提到它们的；而在学界，有一些谈电视形态或类型问题的专著，顺便谈及了广播。因此，这里有必要对此进行阐述。

一、何为“形态”

《辞海》对“形态”的解释是：形状和神态。张彦远的《历代名画记》卷九中有：“（冯绍正）尤善鹰鹘鸡雉，尽其形态。”这是指事物在一定条件下的表现形态。如语法形态。

《现代汉语词典》对“形态”的解释是：①事物的形状或表现：意识形态、观念形态。②生物体外部的形状。

归纳上述解释，可见：**“形态”就是一个事物的“外观”“样子”**。

世间万物，每一事物都有一个外观或样子。

德国哲学家莱布尼茨曾经说过：“世界上没有两片完全相同的树叶。”这句话是指，“树叶”虽然统称为“树叶”，但每一片树叶又都有各自不同的形状。

再比如“人”。“人”是地球上区别于其他生物的一个种群，然而世界上却找不到完全相同的两个人。也就是说，虽然均为“人”，但每一个人的外形或样子都有或大或小的差别。

可见，事物的形态是千差万别、多姿多彩的。

二、广播“形态”的发展与变化

依照前面对“形态”的理解，广播节目的形态究竟是什么呢？先来看广播的形态。

广播是无形的，但有声，因此广播所呈现出的外观或样子，便是一种“声音形态”。而从专业角度来看，广播形态即首先通过传声器（话筒）拾取声音，然后通过无线电发射，最终通过收音机接收到的“声音形态”。

这与“电视形态”有显著区别：“电视形态”是通过“电视屏幕”看到的。可见，电视还多一个形态，即通过电视机中的声音系统让受众听到的声音形态。因此，电视的基本形态从专业角度讲，就是既有“听”的“声音形态”，也有“演”或“看”的“影像形态”（**影像＋声音，是一种既有形也有声的形态**）。这是广播节目与电视节目在形态上的最大不同。

那么，这是否意味着广播的传播手段非常单一，广播节目都一模一样了呢？其实不是。

从专业角度讲，广播的“声音形态”在变换成广播节目时，可以有多种区分。特别是广播自诞生以来，经过100多年的发展，其形态已发生了很大变化。归结起来共有以下几个方面：

1. 节目制作形态的变化

（1）录播形态

录播形态是指先录制再播出的广播节目形态。录播形态的广播节目的优点是，精细、基本可以消灭口误等失误，节目质量高；但缺点是，需要一定的制作周期，因此时效性差，而且无法与听众进行互动。

（2）直播形态

直播形态是指不经过录制直接播出的节目形态。直播形态的广播节目的优点是时效性强，可以与听众通过热线、网络进行互动，缺点是一旦出错便无法修改。

意义：大大提高了广播的传播速度，降低了运行成本，并为听众直接参与广播奠定了基础。

2. 主播形态的变化

任何广播节目都离不开“主播”。如果按照广播节目中主播所呈现出的语言状态来研究节目形态的话，可以看到节目形态发生如下变化：

（1）播报形态

这是一种完全按照稿子“念”或“播”的形态，是新闻节目中常有的节目形态，也是广播中最原始、最基本的节目形态。该形态又可具体细分为“单声（只有男声或只有女声）播报形态”和“双声（男女对播）播报形态”。在这种形态的广播节目中，主播需严格按照稿子进行播报，因此其主要任务是理解稿件内容并准确表达稿件内容，而脱稿发挥的余地很小。

（2）主持形态

这是一种主播可以脱稿，对广播节目内容有一定自己主张的节目形态。具体可以分为单声主持形态或双声主持（对播）形态。这样的节目形态给人一种平等、交流的感觉，因此显得更平易近人，更贴近听众。

（3）串联形态

这是综艺节目（音乐、曲艺等）常有的节目形态，即通过主播对文艺节目的介绍，将文艺节目串联起来。这是文艺广播节目的基本形态和常用形态。具体可以分为“单声串联形态”和“双声串联形态”。在这种形态的广播节目中，主播的任务就像舞台上的报幕员一样，担负着推介每一个文艺节目的责任。因此，在这类广播节目中，主播要担负着一个对所推介内容非常熟悉和比较内行的角色。

（4）谈话形态

这是一种主持人和被访嘉宾之间（通常是“一对一”形式或“一对多”形式）以问答或讨论形式出现的节目形态。这样的节目形态，很像是聊天，但又不是普通的聊天状态，而是要在聊天中给听众以丰富的信息或思想的启迪。

（5）演播形态

这是一种具有表演性质的节目形态，如小说连续播讲或广播剧。在这样的节目中，主播会模仿一些人或物，因此在“播”的同时，又具有一定的“演”的元素。

意义：主播形态的变化，由过去高高在上、只讲阶级性和宣传教育而忽视情感与人情转变为注重人际交流，即由俯视转变为平视。这是广播视角的重要改变。

3. 广播声音信号的变化

（1）模拟信号形态

这是一种传统的广播信号，包括传统磁带录制的信号、中波信号等，声音质量不高。

（2）数字信号形态

这是电脑技术普及后采用的广播信号，包括数字录音技术、数字广播等，声音质量很高。

意义：广播的声音质量大幅提高。

4. 广播稿件形态的变化

（1）文字报道形态

在录音技术不成熟的时代，广播节目或广播新闻主播只能是单纯地念文字稿的形式。

（2）音响报道形态

在数字技术和直播技术十分成熟的当代，广播节目、广播新闻或采取录音音响，或采用直播音响，已进入音响报道时代。

意义：广播的新闻报道以及广播节目，其现场感和可听性大幅提高。

5. 接收形态的变化

（1）普通收音机接收形态

这是广播接收的传统形态，也曾经是唯一的接收形态。但现在完全打破了这一唯一性。

（2）数字收音机接收形态

采用数字发射、数字收音机接收数字广播。

（3）网上接收形态（网络广播形态）

在网上收听实时广播，或收听广播节目的回放。网络广播的回放形态，使广播节目可在网上存储和长久留存，便于听众选择收听和重复收听，弥补了传统广播线性传播、转瞬即逝的缺陷。

（4）手机接收形态（手机广播形态）

受众依托于移动通讯网，通过手机中内置的 FM 广播调谐器，或手机 App，直接收听电台广播节目或各种音频节目。

（5）电话拨打收听形态

这是一种"订餐式"的收听形态。听众使用固定电话或手机，拨打一个专门的号码，即可自由选择，或自在聆听实时接入的无线广播节目，或点播收听历史节目，或收听定制好的广播节目，并且可以在线参与电台的互动节目等。这种形式，实现了广播和电信系统的整合，使广播在时间和空间上得到了延伸。

意义：移动互联网的不断发展，使广播借机改变了运作模式，扩大了覆盖面。

6. 传播形态的变化

（1）"广众"传播形态

这是面向广大听众的传播形态。

（2）"小众"传播形态

这是面向小部分听众的传播形态。例如，随行广播是最近几年出现的，利用独立的车载播出系统、调频发射系统、监控系统，采用点对点随行服务的一种新的广播形态，适用于旅游服务、会议服务的一种小范围广播形态（覆盖范围一般可达 5 公里）。

意义：说明广播有极强的服务性和灵活性。

7. 互动形态的变化

（1）单听形态

这样的广播节目只能听而无法参与，呈现出一种单向传播形态。

（2）互动形态

这样的广播节目不仅可以让受众收听，而且可以让受众通过拨打热线电话、发送手机短信、发微博以及到网上论坛评论等方式进行参与，呈现出一种双向传播的互动形态。

意义：广播变单向传播为双向沟通，从而激发和调动了听众参与广播的积极性。

第一编

广播节目的编辑

这一编是写给学习广播节目编辑的读者的。我们的目标是，让你学过该部分之后，能基本掌握广播节目（新闻节目、专题节目、文艺节目）的编辑流程与方法，包括节目的组织策划、稿件选择、节目编排、文字修改以及节目导播等基本方法，稍加实习就能胜任工作。

第一章　广播新闻节目的编辑

第一节　当代广播新闻节目的特征及分类

在学习广播新闻节目的编辑之前，首先应该明确几个概念，即什么是“广播新闻节目”？如今的广播新闻节目与过去相比有哪些变化？

一、广播新闻节目

一般来讲，广播新闻节目指的是由多篇广播新闻稿组合在一起所构成的包含若干栏目的内容单元。

通常情况下，一个完整的新闻节目单元为半小时，也有一个小时、20分钟的，最短可以是10分钟甚至5分钟。比如《新闻快报》最短的只有5分钟。

判断一个内容单元是节目还是栏目，主要有两个标准：

一是看其是否独自成立。如果独立性不强，即被包含在一个“节目”中，那么它就是一个“新闻栏目”，而非“新闻节目”。

二是看其是否包含更小的内容单元，即是否包含栏目。

这两个标准中，只要有一个符合要求，就可以做出判断。

过去的广播新闻节目（例如21世纪以前）的节目形态是：常常会用一些小的“栏标乐”将一组组的新闻稿间隔开，使之成为一个个小栏目，如“本市新闻”“国内要闻”“国际新闻”等，再或者是起一个具有地方特色或能涵盖稿件性质的名字，组成一个能进行深度报道的栏目，如《海河晨光》《午间时刻》《今日焦点》等。如今，广播新闻节目中的栏目意识在淡化，已经不常用栏标乐来做栏目区分了。因此，当下的广播新闻，整体感更强，节目流程更加灵活。

二、当代广播新闻节目的形态特征

当代广播新闻节目，其最重要的形态特征：

一是**直播**（准确说是主体直播、局部录播相结合的方式）；

二是采取了**主持人主持的方式**；

三是采取了数字、移动通信、互联网等很多**高科技手段**。

上述的形态变化与之前的录播、播音员播报方式以及设备的简单转变不同，产生了一系列具有重要意义的变化：

第一，时效性增强。因为直播，所以新闻播发的时效性大大提高。

第二，直接性增加。在直播过程中，借助于移动通信手段实现了场外记者的直接报道。

第三，与听众关系的改变。广播因采取主持人方式，使新闻逐渐由“播”转“说”，听众与广播的关系由仰视变为平视，进而，其自身逐渐地更为大众化、平民化。同时，借助通信与网络技术，广播与听众实现了互动，二者的联系更加紧密。

第四，信息量增加。广播新闻节目因采取主持人说新闻的方式，主持人的语速更接近生活常态，新闻信息量大大增加。

第五，可听性增加。因采取以直播和主持人方式为主，录播为辅的方式，兼顾了直播与录播的双重优势，故今天的广播新闻节目，表现手段更为丰富，技术手段更为完备，可听性大大增强。

三、广播新闻节目的分类

理论上，广播新闻节目的分类可以有多种方法，比如可以分为录播的广播新闻和直播的广播新闻。但如今录播的广播新闻已难觅踪影。而更多的是如下的分类方法：

1. 按地域分

如《首都新闻》《上海新闻》《广东新闻》《天津新闻》等，即可为按地域分的广播新闻节目。但从一个城市的角度来说，这样划分并无意义，因为一个城市不会为其他城市办一档新闻节目，国家级媒体一般也不会专为某一地方做一栏新闻节目。同时，一个城市也不会出现按区县划分的新闻节目。因此，一般来讲，一个地方只能有一个有鲜明地方色彩的新闻节目（通常会放在最重要的频道，如新闻频道），而其他频道如果要设新闻节目，就要为节目另起名称，通常可以根据频道的专业特点来命名。如交通频道的新闻节目可以叫“新闻早班车”。这样一来，既可以不受内容限制，编播所有的新闻内容，同时，又不会和新闻频道的节目名称撞车。

2. 按内容分

常见的按内容划分的节目如《时政要闻》《经济新闻》（财经新闻）、《本市新闻》《国际新闻》《民生新闻》，等等。这样的划分方式可行，目前也相对比较流行，栏目转换一般也比较简单，不一定有栏标乐。

通常，一个节目可以划分为不同的小栏目，而不管有多少个小栏目，整套节目都是由一对主持人（通常为男女主播）完成。但现在也有一种新的趋势，即男女主播负责整体串联和负责主要栏目，而有的栏目则交给第三主播——也就是出现了多主播的形态。

如《“战疫情”特别报道》（央广《中国之声》），播出时间为2020年1月26日晚19:00—20:00，该节目获第三十一届中国新闻奖（新闻编排）一等奖。

中国之声开始曲

《“战疫情”特别报道》栏目曲

主播舒欣：北京时间19点整，听众朋友，这里是正在直播的中国之声《“战疫情”特别报道》，我是舒欣；

主播玉蕾：我是主持人玉蕾，今天19点到20点这一时段，我们将为您播出的是中国之声《“战疫情”特别报道》。

舒欣：昨天，农历正月初一，中共中央政治局常务委员会召开会议，专门听取新型冠状病毒感染的肺炎疫情防控工作汇报。习近平主持会议并发表重要讲话强调，疫情就是命令，防控就是责任。要把人民群众生命安全和身体健康放在第一位，把疫情防控工作作为当前最重要的工作来抓。

玉蕾：党中央成立应对疫情工作领导小组，在中央政治局常委会领导下开展工作；党中央向湖北等疫情严重地区派出指导组，推动有关地方全面加强防控一线工作。

舒欣：那么从今天开始，我们推出中国之声《“战疫情”特别报道》，敬请关注。

玉蕾：中国之声《此时此刻》，有请《此刻》主播黎春；

黎春：好的，玉蕾。首先关注此刻最新消息。

疫情快报：北京市交通委今天发布消息，近期，为加强疫情防控，北京交通部门采取一系列措施，目前北京对外交通基本正常。北京市交通委副主任、新闻发言人荣军介绍，截至目前，北京航班正常运营，其中往来北京、湖北方向的航线暂停运行。铁路方面，除北京与湖北始发中道列车暂停运行，外来京列车正常运行。在长途客运方面，按照惯例，每年除夕到初三停运，后期除往来湖北等疫情高发区外的其他线路将逐步恢复运营。公路方面，目前北京高速公路、普通公路都正常开通，城市公共交通也正常运营。今天开始，河北省所有省际、市际道路客运班线车辆全部采取停运措施。明天开始，石家庄国际机场省内旅客直通车全部停运，请广大旅客选择其他交通方式抵离机场，这期间石家庄机场到市区往返旅客班车正常运行。

记者今天从天津市教育委员会获悉，天津将从今天起一律停止天津市民办培训机构的线下服务。

甘肃省教育厅今天发布通知，今天起，甘肃省所有校外培训机构（含初三、高三补习班）立即停止一切线下培训及补习活动。

再来了解其他方面。美国媒体报道，当地时间25号，伊朗原子能组织在官网发布报告，副主席查兰表示，如果伊朗当局决定执行，伊朗原子能组织有能力提炼任何浓度的浓缩铀。

以上，是这一时段的《此时此刻》，玉蕾。

玉蕾：好的，感谢《此刻》主播黎春。

……

3. 按播出时间分

如《早新闻》《午间新闻》《晚间新闻》《零点新闻》等。这是在一个广播频率中最常采用的分类方法。当然，在具体起名字的时候，可以有各种起法，如早间新闻可以叫《新闻早班车》，午间新闻可以叫《午间半小时》，等等，这样的新闻节目分类，在一个广播频率中不仅有意义，而且实用，可以办成综合性的新闻节目。

四、不同时段新闻节目的特点

当下的广播新闻节目的整体特点如下：

一是直播。准确地说，如今的广播新闻节目采用整体直播、局部录播的形式，即整个节目采用直播形式，其中主持人的串联以及与场外的热线接听等均为直播，而节目中插播的记者报道，除现场连线之外，一般为记者事先制作好的内容，为录播形式。

二是板块节目。一个新闻节目，可分为若干小的单元，但并不以“栏标乐”作为分隔。这样一来，新闻节目的整体感很强，像一个大板块一样。这样的新闻组合形式，是自 20 世纪 80 年代中后期的“珠江模式”兴起的。

一般来讲，不同时段的新闻节目虽有很多共性，但也有各自特点，故编辑角度和编辑方法略有不同。

1. 早新闻特点

早新闻，通常指的是早间 6:30 或 7:00 播出的广播新闻。时长既可以是半小时，也可以是一小时。因为听众是在起床后到上班前这段时间收听的，他们可以一边做早点、吃早饭，一边收听广播，了解天下大事，同时了解天气情况，以做好出行准备。

一般来讲，早新闻时段是广播的“黄金时间”，即收听高峰。早新闻有以下特点：

（1）听众时间紧，因此新闻要短，信息量要大，即尽可能让听众在最短的时间内，获取较大的信息量。

（2）因为新的一天刚刚开始，所以新闻以昨日消息为主。

（3）编辑的时间紧。

由于早上时间非常有限，而编辑的工作量非常大，因此，新闻编辑通常要前一天晚上到岗（即值新闻编辑夜班），尽量在其他媒体截稿后汇集前一天的重点消息。然后，第二天凌晨要提前起床，抓紧编辑今晨获得的第一批最新消息，包括本台记者连夜赶写的稿件，以及来自其他媒体的消息。再将全部稿件提供给播音员或主持人备稿。最后，播音员或主持人在播出前赶到直播间，准备直播。而在直播方式未复归之前，新闻节目都是通过录音方式播出的，因此，在录播年代，还要提前将全部新闻节目录下来再播出。如果是6:30播出的节目，起码要在5:30左右就开始录制，否则，稍有延误，或录制时播音员口误较多，就会延误播出。可见，早班的新闻编辑工作是广播电台中最辛苦的工作之一。广播电台早新闻的编辑工作完全是倒计时的，如同打仗，分秒必争，容不得一点延误和差错。

2. 午间新闻特点

午间新闻主要指安排在中午12点左右播出的新闻节目。

这个时间段的新闻节目，内容主要为上午发生的新闻。

同时，由于听众是在午间休息时间收听，时间比较充裕，也不是很紧张，因此编辑可以安排一些有深度的新闻分析等，也可以安排一些轻松的趣闻等。

从编辑的角度来说，这个时段的内容主要是来自上午的新闻内容，而且是在工作时间，因此，相对于晚班编辑来说，工作时间相对正常。但整个的编辑时间毕竟只有半天，因此时间也不算太富裕。

3. 晚间新闻特点

晚间新闻可以指两个时段，一个指的是安排在傍晚6点或7点左右播出的新闻节目；一个指的是晚10点或零点播出的新闻节目。

晚上6点或7点钟的新闻节目，因为是在听众的下班时间或是做晚餐、吃晚餐时间播放的，所以前半段，可与早新闻相似，后半段可与午间新闻相似。

晚上10点或零点的新闻节目，因是一天新闻的“收官”总结，而且播出是在听众准备睡觉的时间，故此时段的新闻内容主要是汇集一天的新闻。

此时段的新闻编辑，虽有一整天的时间，但面对大量的新闻内容，如何精选、如何做到好听和精彩，也是需要仔细斟酌的。对于这个时段的新闻内容，编辑在编辑该时段的新闻时可以突出内容的丰富，但考虑到晚间新闻的特点，以及主持人或播音员的语速不能太快（要适合晚间收听），故新闻量不要太大，精编、范围广、相对轻松是在编辑这个时段的新闻时应把握的要点。

第二节　广播新闻编辑方法之一：组织与策划

如何做好一个广播新闻编辑？尤其是在21世纪信息爆炸以及数字技术、互联网技术被广泛使用的当下，特别是在普遍采用直播方式进行新闻报道的当下，一档广播新闻节目究竟是如何编辑、如何播出的？这恐怕是每一个学习者首先要面对的问题。

为了先给大家一点感性认识，我们先来看看河北新闻广播2011年12月13日播出的一档以报道“民生新闻”为主的节目——《第一民生》是如何播出的（该节目获得2012年第22届中国新闻奖新闻编辑三等奖）：

（节目开始曲。音乐起，压混）

男播：第一时间！

（记者报道音响：现在是北京时间下午……压混）

男播：第一现场！

（记者报道音响：我现在在现场为您报道……压混）

男播：第一视角！

（记者报道音响：记者也是百姓……压混）

男播：第一关切！

（记者报道音响：让所有的老百姓老有所养……压混）

男播：聚焦百姓生活关切！

（音响：FM104.3，第一民生！）

（音乐止）

（歌声起。童声唱：一个梦，从冬到夏……压混）

男主持：聚焦百姓生活，关切民生冷暖，这里是FM104.3，河北新闻广播正在直播的《第一民生》，我是文章。

女主持：大家好，我是晨曦。如果您在日常的生活中遇到了解决不了的麻烦事，可以直接拨打直播间的热线电话：0311–86667110或86667111，您现在致电，我们马上行动。

男主持：今天的节目，您将听到——

（音乐起，压混）

女：记者直击——石家庄长安区南村镇南村垃圾堵路成常态，无人清理闹人心。

男：省会首家低价超市型菜市场今天开业，菜价是否真便宜？

女：今日重点——邢台威县熊猫血小伙张延北手术今天进行，寒冷冬日生之大爱战胜死的威胁。

男：民生关注——保定清苑幼儿园崭新校车成摆设，深究原因为何般？

女：同款同包装同种药，不同药房价格竟相差一倍，秦皇岛市民很受伤。

男：新闻传到您耳边，欢乐送到您身边，“社区欢乐送”校车安全大家谈。

（音乐止。一段新音乐起，压混）

女：我们首先来关注今天早晨的最新消息。

男：《河北日报》头版——张庆黎、张庆伟与住建部领导会谈，我省6431亿元投入交通体系建设。

女：《燕赵都市报》头版——省冬季人才交流会于周六开幕，近10000个岗位虚位以待。

男：《石家庄日报》头版——掀起干部作风整肃行动，强力推进经济绿色崛起。

女:《燕赵晚报》头版——本周六，动物园长颈鹿宝宝平平、安安将举行生日 PARTY，征集 10 个双胞胎家庭同庆。

男:《河北青年报》头版——又是校车事故，江苏丰县至少 12 个孩子离开我们。

女：我们再来扫描此时各大媒体关注的消息。

男：新华网头条——中央经济工作会议开幕，预计重点是稳增长。

女：人民网头条——江苏徐州要求对全市校车再次进行安全大检查。

男：央视网头条——黑龙江粮食总产首次超过河南，成为全国第一产粮大省。

女：新浪网头条——环保部通过《核安全十二五规划》，核电审批有望加快。

男：新华网 7 点 38 分消息——江苏丰县首羡镇校车侧翻事故死亡人数截至今天凌晨两点上升至 15 人。

女：新浪网 7 点 39 分消息——铁道部表示，2012 年春运客运量将会大幅增加，尽管采取了开通新线路、增开临客等手段方式，但客运能力缺口较大，车票较为紧张的情况仍然突出。

男：搜狐网 8 点 36 分消息——日前有消息称，美的电器推出一项裁员计划，裁员比例在 50% 左右。对于这个裁员，美的电器董事长方洪波回应称，美的部分销售公司为了应对外部环境，确实在进行收缩，但是没有具体指标的量化裁员。

女：人民网 8 点 39 分消息，俄罗斯首富、原正义事业党主席米哈伊尔·普罗霍罗夫 12 号在莫斯科宣布，他将参加于明年 3 月举行的俄罗斯总统选举，现年 46 岁的普罗霍罗夫身家约 180 亿美元。

（片花：街谈巷议论时事，国际民生声声入耳；青梅煮酒说新闻，市井生活事事关心；百姓眼中天下事，天下情系百姓心。天下新闻，百姓声音。）

女：国务院法制办昨天公布了《校车安全条例》征求意见稿，面向社会各界公开征求意见。征求意见稿的焦点引起了大家的争议。第一个争议点在于，校车的资金谁来承担？校车的安全谁来监管？第二个争议点在于安全责任谁来保障？质量标准如何来确定？您对校车安全有什么话想说呢？欢迎您给校车安全提建议，参与我们的话题互动。

男：您可以加入我们新闻 1043《第一民生》的 QQ 群，群号是 205176971，或者在新浪微博搜索“新闻 1043 第一民生”，在我们的互动之后发表留言。

今天我们的“欢乐送”走进的是铁 16 宿舍。稍后我们会连线场外主持人林风和丁昀，让大家一同感受社区居民的快乐。

女：来关注咱们“身边的新闻”——省会长安区南村镇南村的居民给我

们“第一民生”打来电话，说他们村里的垃圾很长时间都没人清理，把村民家门口的路都给堵住了。本台记者张娜第一时间赶到了现场。我们马上来连线张娜。你好张娜！来介绍一下现场现在是什么情况？

（记者的连线现场报道：我现在就是在长安区南村镇南村西头的这个垃圾场旁边，垃圾场大概占地500多平方米，四周都有低矮的围墙。在它的周围，哪个方向都有住户。在垃圾场的北面、紧连的这个街道上，堆满了生活垃圾……我找到南村镇政府，把情况反映给他们了，他们说他们会尽快把这个问题反映给南村村委会。）

男：无法想象啊，每天生活在垃圾堆上是一种什么生活？可是南村镇南村的村民却这样生活了好几年，既然南村镇政府已经答应了这个事，我们的记者过几天还会去采访，看看到底有没有解决这个事。还有一个多月就过年了，村委会不会让村民们在垃圾堆上迎接新年吧？

（片花：民生无小事，冷暖总关情。FM104.3，第一民生。）

女：好，第一民生，继续直播。导播示意我们，有听众的热线接进直播间了，我们赶紧来接听一下，你好，这位朋友！民生热线正在直播，您有什么事需要我们帮助呢？

热线：主持人您好！我是石家庄农林科院家属院的居民。2010年10月，我们和周围小区居民每户都交了2900块钱的天然气初装费，天然气公司承诺2011年“五一”前让我们用上这个天然气，可是到现在我们也没有用上。

男：嗯，我们来确认一下，您是哪个小区啊？

热线：石家庄农林科学院研究院家属区。

女：那您周围的小区呢？有没有天然气？

热线：您看我们周围柳林堡的居民，还有旁边石家庄高级军工学校，他们现在都已经通上天然气了。我们现在家属区里的天然气管道已经安装好了，但就是没通气，听说是家属区管道还没有跟天然气管道挖通，你说我们和主管道离得也不远啊，就隔着一堵墙，到底什么时候才能开始施工啊？呵呵，我们都挺着急的。

男：我们都已经听明白您的意思了。您的家属院是属于石家庄农科院的家属院？现在呢，我们的导播示意我们，他已经联系到了农科院后勤科的科长牛××，他是主管天然气进户项目的负责人，我们马上来接听牛科长的电话。

女：同时，我们也请这位朋友不要挂断电话。

男：您好，牛科长！

牛：（态度不大好）找我有事？

男：刚才有听众给我们打过来热线，说咱们农科院家属院天然气已经安装入户了，但是天然气仍然没有通。我们知道您是这个项目的负责人，想问问您，什么时候才能通上气？

牛：谁给你们打的？打电话的叫什么呀？

女：是这样的，牛科长，居民向我们媒体反映生活当中遇到的解决不了的麻烦事，是居民的权利，关于这位反映问题的听众信息，我们是不方便透露给您的，我们就想问您一个最关键的问题，这个天然气的管道既然已经接通到家里了，是什么原因导致天然气不能接通？天然气到底什么时候才能够真正接通呢？

牛：好多事并不是……好多手续还要跑还要办，批一个文件很麻烦，走这个规划。

男：但是小区的听众反映的这个家属院，它的管道和天然气的主管道其实也就是一墙之隔，距离也不算太远，那现在这个手续有没有都办齐呢？到底什么时候才能挖通呢？

女：难道只有一墙之隔，半年的时间都接不通吗？

牛：很快就通了。已经协调得差不多了……

男：嗯，好，那我们也期待着早日完工。今天是周二，按牛科长的说法，下周一，石家庄农科院家属院的天然气管道就可以施工了，那我们《第一民生》节目还会继续关注农科院家属院的施工进度。

女：嗯，好，这位朋友，您刚才有没有听到我们跟牛科长的连线呢？

热线：啊，我听到了。

男：我们也请您随时跟我们联系，看看下周一这个事能不能有推进。

女：虽然刚才这位牛科长开始的态度不是特别友好，但是如果管道能够很快地接通，老百姓能够很快地用上天然气的话，态度好不好没人去计较，关键是要看以后的行动。

（片花：第一时间跑现场，第一观点说新闻，第一视角看社会，第一关切唤民生。FM104.3，第一民生。）

男：石家庄市首家低价超市型菜市场——北城菜市场今天正式开业了。市场内所有蔬菜、肉类由石家庄市20家供销社统一采购、统一销售。本台记者王丽晖现在就在菜市场，我们马上来连线丽晖，看看那儿的菜价是不是真的便宜。丽晖你好！

记者：主持人你好。我现在就是位于北外环的北城菜市场……

女：谢谢丽晖的介绍。虽然这项惠民工程的初衷是让老百姓得到实惠，可是从开业的情况来看，前景不容乐观。有句老话说得好，酒香不怕巷子深，如果大部分菜的价格能够便宜下来，服务能够跟得上，老百姓肯定会买账的。看来呢，摆在我们管理者面前的，是个难题啊！

（歌曲扬起，压混）

女：民生无小事，冷暖总关情，第一民生正在直播。我们河北新闻广播这几天一直关注28岁邢台小伙张延北头上长出半个头大小的神经纤维瘤，手术急需熊猫血的事，最新的消息是，通过大家的帮助，张延北急需的RH阴性B型血已经足够手术使用了。今天上午8点55分，张延北已经被推进了石家庄白求恩国际和平医院的手术室。目前手术进行到哪了？情况怎么样？本台记者李芳现在就在和平医院，我们赶紧来连线她——你好，李芳！

记者：你好，主持人！在8点55分的时候，张延北就已经被护士平稳地推进手术室了，在推出病房的一瞬，张延北也是和我击掌，为自己鼓气，虽然心里有小小的紧张，但是还是很高兴的，想想五六个小时之后，就可以切除重达五六斤的神经性纤维瘤了……我们也在病房外焦急地等待着他手术能够成功。

男：好，谢谢李芳带给我们的最新情况。我们河北广播也将持续关注张延北的手术情况，期待着好消息的到来。

（歌声起，压混）

女：听了刚才李芳的介绍，我想很多跟我们一样关心着张延北的爱心人士可以稍稍松一口气了。我们来回顾一下，邢台小伙张延北手术遭遇熊猫血瓶颈的来龙去脉。

（前歌声隐去，歌曲《从头再来》响起，压混）

男：12月9号，河北新闻广播《早听早知道》节目连线本台记者杜岩新，了解到28岁邢台小伙张延北手术急需熊猫血的消息。

记者报道：张延北今年28岁……如果没有足够的血液储备，手术将面临很大风险。

（记者报道止）

男：从消息传出的那一刻起，河北新闻广播所有节目开始介入，河北新闻、正点播报、第一民生、重点关注等，竭力关注张延北急需熊猫血手术的消息……12月10号下午3点，从白求恩国际和平医院传来好消息，邢台小伙张延北手术急需的RH阴性B型血已经够用了。而此时，志愿者们还在不停地赶往医院，都想为张延北尽一份力，多一份保险。12月11号，仅仅两天时间，白求恩国际和平医院的血库里RH阴性B型血达到了3000毫升……截止到12月12号零点，张延北手术的前一天，手术所需用血已全部到位。寒冷的冬日，生之大爱战胜了死的威胁！

（歌声扬起。止）

男：说到RH阴性血，也就是我们俗称的熊猫血，因为稀少，所以发现和使用都非常的不容易。下面，我们请进省血液中心的常主任给大家介绍一下，如何发现和使用RH阴性血。你好，常主任。

常（电话）：你好！

男：想问问您，一般都是怎么发现RH阴性血的呢？

常：RH阴性血有它的特殊性、稀缺性……我们希望让该血型的人群具有一种更加健康的生活方式，比如说，少饮酒、从事健康的锻炼，等等，维持这个人群的健康状态。

女：谢谢常主任的详细介绍，也谢谢所有热心的朋友。我们在这也祝愿小伙子张延北能够手术顺利，期待着好消息再次传来。

（片花：第一时间跑现场，第一观点说新闻，第一视角看社会，第一关切唤民生。FM104.3，第一民生。）

男：民生无小事，冷暖总关情。第一民生正在直播。校车安全这两天是我们一直关注的话题。因为很多地方用面包车充当校车，严重超载，引发交通事故，所以引起人们的诟病。但是，保定清苑花蕾幼儿园的负责人李小惠给我们打来电话说，他们幼儿园刚刚买的崭新的校车却成了摆设。到底是为什么呢？来听记者的报道。

（李小惠音响）：我们县里边要求我们买个专业校车，我们根据领导指示就买了一辆小学生校车，结果在保定上不了牌照。

女：李小惠告诉记者，她是今年11月购买的这辆楚风牌33座客车，购车后去过好几次保定市车管所，可是得到的答案都是不能上牌照……另外，他也建议，鉴于国家对幼儿园校车的相关政策还没有出台，幼儿园不要盲目购买校车，以免造成损失。

男：好，我们接着说。秦皇岛市的杨女士给我们打过来电话说，自己去药店买药，却发现，同厂家同款同包装的一种药，在不同的药房，价格竟然相差了一倍之多。

（电话录音：这个麝香止痛膏应该3块5，他卖5块……）

女：为了一探究竟，记者来到了三建五分公司卫生所。

（采访录音：……胶囊，来一板。这个多少钱？1块钱！不是5毛吗？……）

女：虽然5毛钱的药卖1块钱，听起来也不算太贵，但是这个价钱也是着实翻了一倍之多啊！秦皇岛物价局的工作人员，您可得抓紧时间了，要不然，您这一块他这一块的，这药店这真得发大财了。

（“欢乐送”标志乐。音乐起，压混：“欢乐送”正在进行，小奖很贴心，大奖更动心。新闻传到您耳边，欢乐送到您身边。）

（音乐起，压混）

男：好，现在又到了每天的“欢乐送”的环节了。今天走进的是省会铁16宿舍小区，我们马上来连线场外主持人，先来接通林风的电话——林风，你好！

场外主持人电话连线：主持人，你好！听众朋友大家好！现在小区内参与我们活动的朋友们热情很高涨，到目前为止，我们已经送出了10份现场听众礼品。我现在在我们活动现场找一位朋友，我们今天的话题是“校车安全条例征求意见稿”，你有什么建议呢？

听众：我觉得吧，校车主要针对的是孩子，这个安全责任重如泰山，应该有相关的一系列的政策出台，还要把它落到实处。应该有一个主管的部门监督它是怎么落实的。

场外主持人：好的，谢谢。我们也将有一份礼品送给您。

女：嗯，看来林风已经成功地找到了一位幸运的听众，我们再来看看另外一位场外主持人丁昀那边的情况。你好，丁昀！

场外主持人：主持人好！……

男：谢谢丁昀。

（节目结束音乐起，压混）

女：好了，看看时间，今天的《第一民生》节目马上就要结束了，感谢大家收听我们的节目，别忘了那句老话，有困难找《第一民生》，有麻烦事找文章、晨曦，我们会全力帮助您，咱们明天见！

男：明天见。

（音乐扬起）

上述河北新闻广播的“第一民生”节目，原本是一个时长为60分钟的广播新闻节目，播出时间为每天上午10点至11点，内容以民生新闻为主，播出形式为直播、男女声对播。前面摘录的这套节目时长为30分钟。其中采用了很多先进的技术与先进的广播理念，很有中国当代广播的时代气息。

这套节目主要包含三个栏目：

第一个栏目：今晨最新消息（包括河北省主要报刊的头版消息、各大网络媒体消息）；

第二个栏目：身边的新闻。这是该节目的重头戏。其中有六个内容：

（1）石家庄长安区南村镇南村的居民给《第一民生》打来电话，反映他们村子的垃圾很长时间都没人清理，把村民家门口的路都给堵住了。河北新闻广播记者第一时间赶到现场：记者连线——现场的现场报道。

（2）石家庄农林科院家属院居民反映小区居民每户都交了2900元钱的天然气初装费，可是到现在也没有用上气。接电话后，节目当场连线农科院后勤科牛科长，了解情况。

（3）石家庄市首家低价超市型菜市场——北城菜市场开业。河北新闻广播记者在现场与节目连线，报道菜市场蔬菜供应情况。

（4）28岁邢台小伙张延北头上长出半个头大小的神经纤维瘤，因为血型是RH阴性B型血，急需血源。在志愿者的帮助下，血已经备好。当天上午手术时，河北新闻广播台记者从现场发回现场报道。

（5）保定市清苑花蕾幼儿园负责人李小惠给节目打来电话说，他们幼儿园刚刚买的崭新的校车却成了摆设。为此，河北新闻广播记者进行了调查。

（6）秦皇岛市杨女士向节目反映，自己去药店买药时发现，同厂家同款同包装的一种药，在不同的药房，价格竟然相差了一倍之多。为此，记者进行了调查。

第三个栏目：“欢乐送”。栏目形式为连线场外主持人，通过场外主持人现场向听众征询意见，然后给听众发礼物的形式，与听众实现互动。

从节目的整体形式来看，三个栏目中，只有最后一个栏目出现了“栏标乐”，前两个栏目基本是以“片花”形式过渡的，这既起到了间隔内容的作用，也让整个节目显得不呆板、很流畅。

从内容上看，三个栏目中，第二个栏目“身边的新闻”是重头戏。显然，这些内容的安排离不开节目编辑的组织与策划以及全体采编播人员的共同努力。

下面回到我们前面提出的问题：一个新闻编辑，如何做好一档新闻节目？他要做的工作都有哪些？流程是什么？先做什么，后做什么？

总的来说，一名新闻编辑，其工作可以分为两大部分：

第一，总体布局，宏观把握。

第二，具体编辑，微观落实。

所谓总体布局，就是要先考虑这档节目打算干什么，你准备安排哪些内容？这里有几个因素必须考虑：

（1）是否有刚刚发生的重大新闻事件？如果有，那就要修正编辑思路，及时跟进。

（2）是否是一个特殊的日子，比如重要纪念日，即可以考虑是否组织相关报道。

（3）如未有重大新闻事件和重要纪念日，那就是常态的编辑思路：先看看本节目记者正在跑哪些新闻线索，哪些已经完成，哪些接近完成。

（4）你准备在节目中安排哪些内容。

也就是说，在你上岗之时，就要有一个总的编辑思想。

从理论上说，**所谓新闻策划，指的是新闻由选题到完成报道的过程。它依据的是记者或编辑的新闻敏感性和前瞻性。**新闻策划一般可以分为“记者报道策划”和“编辑报道策划”。

记者报道策划，指的是记者个人发现新闻线索，提出选题进行报道的过程。它依据的是记者的新闻敏感度，甚至是新闻的前瞻性。

记者报道策划的最终结果是完成新闻稿件的写作。

例如2006年，“天津经济广播”的记者在走访市场时发现：天津“家世界”连锁超市集团内已开始用一种产品摆满整个货架，其他产品则所剩无几。记者敏锐地抓住这一发现，随后进行深入调查了解，结果发现，“家世界”经过10年的发展壮大之后，开始大举扩张，但快速扩张致使其资金链出现断裂并导致危机。记者在捕捉到这一情况之后，敏锐地意识到，“家世界”很可能会出现“卖店潮”，于是写出报道《“家世界”资金链断裂 将卖店求生存》。两个月后，“家世界”成了被收购的主角。美国最大的自助型家居零售商——“家得宝”收购了“家世界”家居建材的大部分股份，而另一家世界顶级超市——美国“沃尔玛”则收购了天津“家世界”的5家门店。

这里，记者对“家世界”事件的成功报道，依据的就是新闻敏感和对客观事物的正确认识、判断。

编辑报道策划指的是节目编辑根据新闻线索，拿出新闻节目的整体构想——策划，然后将工作任务分派给记者——组织，然后按照事先的设计，完成节目流程。

编辑报道策划的最终结果是完成广播新闻节目。

例如2010年，《天津经济广播》的编辑在值班“24小时民生热线”中发现了一个问题：连续有好几个听众向节目反映社区医院无药可买。这一情况引起了编辑的注意。于是，节目派出多路记者到各社区进行明察暗访。在采访到大量事实后，节目组将这一问题反映到市卫生局和市社保中心。相关部门在得知这一问题之后高度重视，开始研究准备出台相关政策，解决这一问题。此时，《天津经济广播》适时策划了一个小时的新闻现场直播。由多路记者前往市内几个社区，现场发回当地社区医院的药品供应情况，以及社区居民的意见。同时，邀请市卫生局和市社保中心的领导来到直播间接受现场咨询和现场解答。最终，这一节目的策划成功，大大加快了问题的解决——得到市委、市政府的高度重视，并批示整改。社区医院药品紧张的问题立即得到了有效缓解，节目组受到了听众的认可和赞扬。

再比如：北京交通台2019年9月26日《交通新闻》早间版这期节目（曾获第三十届中国新闻奖三等奖），紧扣大兴国际机场投入运行这一全国乃至全球瞩目的新闻事件进行策划。27分钟的节目，前17分钟安排了9篇录音新闻，全方位报道了北京大兴国际机场的建成投入使用，以及北京南苑机场结束历史使命这一事件。17分钟后，播送了一篇新闻述评。然后，安排了两个报道，一是新闻直播连线，电话接通西站到大兴国际机场首发列车上的前方记者，报道了首发列车的开行情况；二是录音报道，介绍了大兴国际机场高速公路的开通情况。整套节目的特点，一是选题重大、主题突出；二是内容丰富、有点有面；三是可听性强；四是内容紧凑，时间把握得非常好。

新闻节目策划，所涉及的不仅是新闻内容的编辑，还有如何组织策划。

1. 内容策划

新闻内容策划，指的是新闻编辑对新闻节目内容的一个通盘考虑。例如，听众所反映的问题是否与本节目宗旨相符？是否应该组织记者进行跟踪、调查？记者的报道线索，是否作为今天的节目内容，等等。从前面《第一民生》的节目形态来看，它是一种常规的新闻节目形式（即非现场直播形式）。其中所涉及的6个内容，均与老百姓的生活密切相关，显然是符合节目宗旨（民生），且经过编辑仔细筛选和斟酌的。而北京交通广播关于大兴国际机场投入运行的报道，则是抓住了全国乃至全世界都瞩目的大事，然后将大事件细分，分头派遣多路记者从不同角度、不同侧面进行报道。

2. 形式策划

一般来讲，面对一个新闻事件，决定写成什么样的稿件形式，其决定权在记者；而决定以何种节目形式来报道，决定权在编辑。例如，如果要采用现场报道方式，即采取现场连线方式，就要与编辑沟通，或是由编辑提出报道方案（现场报道方案），由记者去实现。从前面列举的几个新闻节目的报道形式来看，都体现出了编辑对报道形式的策划——如《第一民生》节目前5个板块均策划为记者连线方式，只有最后一个板块策划为深度调查形式；而大兴机场投入运行的节目中，既有录音报道，也有连线直播报道。

3. 时间策划

所谓时间策划，就是编辑对于报道长度的设想与掌控。上述几个新闻节目的长度都不到 30 分钟，这意味着，在如此短的时间内，要安排很多内容，而其中还有时间不好把控的直播连线报道。可见，任何一个环节超时，都可能会影响后面内容的完成。因此，编辑要事先对每一个报道环节的时间掌控提出具体要求。

4. 流程策划

所谓流程安排，指的是节目安排的顺序，这也是记者在编辑新闻节目时要考虑的。这里，要综合考虑很多因素，如记者到达现场的时间、对方工作人员的上班时间（确定连线时间）、报道内容上的前后关联，等等。

5. 现场组织策划

所谓现场组织策划，指的是在节目播出过程中编辑如何做好现场组织和导播工作。通常来讲，在一个具体的广播新闻节目中，编辑与导播的职能常常由一人承担。这样做的好处是，编辑熟悉节目内容和节目流程，因此在节目进行时，他能够合理安排，及时调动，如有意外情况发生（如电话连线出现问题），编辑也知道如何应对。

同时，编辑在做直播的导播时，还有一个很重要的工作，即负责连通记者的电话，以及负责连通其他需要接通的电话。这里就有很多技巧需要学习。比如在《第一民生》节目中，记者能当场接通天然气施工管理方负责人的电话，而且能让他在节目中与主持人通话，接受当场质询。如果没有一定的技巧，对方很可能不同意连线，这样一来，听众也就听不到如此精彩的广播了。

具体的直播电话接听办法，将在本章第六节（节目导播）中介绍。

第三节　广播新闻编辑方法之二：新闻的选择

确定了整个节目的安排，并确定了重点栏目的内容，可以说是完成了新闻编辑的宏观性编辑工作，即整体布局工作。但除此之外，还有很多具体的工作要做，即具体编辑，微观落实。

从每个新闻节目来说，无论节目多长，其中的栏目有几个，内容有多少，一般来讲，都是以“报道新闻”开始的，也就是说，前面基本都有一个很大的“消息性”的栏目。

要做好该栏目的编辑工作，其流程大体可分为：选择、改写、排序、提要，等等。以下对主要流程分别加以介绍。

一、稿件选择

从时间上说，消息的选编工作可能要占据编辑工作相当多的时间，因为现在的媒体很多，既有纸质媒体，也有网络媒体，所以要整体浏览一遍很费时间。再加上，出于时效性的考虑，即尽可能选到最新消息，编辑就要尽可能在离节目开播近的时间再选取一遍最新消息。因此，这项工作费时费力，而且会令人感到时间很紧张。

如今，广播编辑可选择的新闻来源有多种。除了本台记者的报道之外，还有以下各种来源：

1. 各类报纸消息

广播编辑过去的主要工具是一把尺——主要就是从报纸上“剪裁”新闻：找到“有用的”新闻后，用尺按顺序地放在报纸上消息的四周，压住，然后就可以撕得很直。采用这种方法，比用剪刀剪得快，所以“尺”成了过去广播编辑的主要工具。

如今，广播编辑的编辑对象广了，除了报纸外，还有网络平台。因此，广播编辑虽然还离不开尺子，但更多的是坐在电脑前上网浏览各类消息。

2. 通讯社消息

在各通讯社的消息中，尤以新华社消息为重。

过去，新华社消息的获得只能靠传真。编辑需将所有内容接收下来，打印，然后再从中选择。现在通过内联方式即可轻松登录新华社卫星供稿系统，在网上就可对消息进行选择和编辑（如图 1–1）。

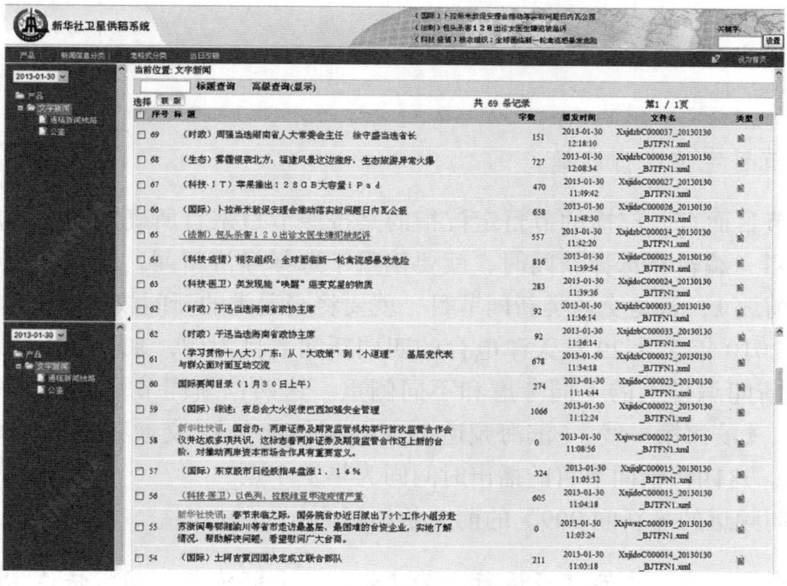

图 1–1　新华社卫星供稿系统

3. 本台消息

目前，每家电台都有自己的内部采编网，在网上就能看到全台记者采写的稿件。因此，编辑可以很方便地在网上选取、编辑（如图 1-2）。

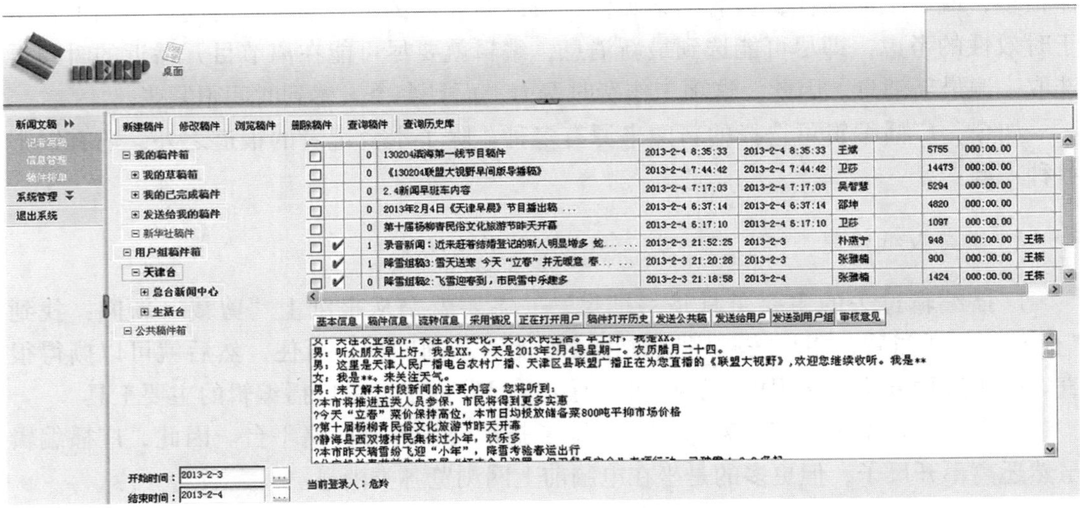

图 1-2 天津人民广播电台网上采编系统

4. 网上新闻

广播编辑对于网上新闻的选择，要与对其他媒体新闻的选择稍作区别，一般应选择那些比较大的门户网站作为选取平台。对于网上新闻，要做到认真筛选，严格把关。

二、选稿方法

1. 根据节目定位进行选择

就广播节目而言，广播的节目定位指的是按照节目宗旨所确定的内容取向。如经济类新闻节目，编辑在选择新闻时，就要偏重于选择经济新闻，或把经济新闻放于突出位置（往前放）；若是交通类新闻节目，就要将交通类的新闻放在突出的位置。

我们以 2010 年 3 月 29 日天津电台的四档新闻节目为例，来看看不同新闻节目在新闻选取和新闻编排上的不同考虑和不同侧重。这四档新闻节目分别是《新闻 909》（新闻频道）、《滨海第一线》（滨海频道）、《新闻早班车》（交通频道）和《天津早晨》（经济频道）。这四档新闻节目的播出时间同为早上 7 点。

（1）新闻频道的《新闻 909》的前 5 条新闻为：

①今年以来，本市经济运行态势良好，主要经济指标保持快速增长，经

济运行质量进一步提升；

②央视《新闻联播》昨天在显著位置播发消息，报道天津服务业快速发展，产业布局调整成就“海河之变”；

③本市召开落实城市管理规定工作会议，市长黄××出席并讲话；

④滨海新区最大限价房项目开工，将解决3.2万新区企业职工住房需求；

⑤清明扫墓人数达到高峰，60万祭扫群众达单日接待人数高峰。

（2）滨海频道的《滨海第一线》的前5条新闻为：

①滨海新区第一个限价商品房项目开工建设，解决大型企业员工住房问题；

②港城大道东兴路开始建设，形成公路交通主框架；

③天津耀明康德新项目通过验收，成为科技创新生物医药服务外包行业标志；

④滨海茶淀葡萄科技园建设具有葡萄特色的生态景观；

⑤本台“听众公益林”项目反响强烈，报名工作继续进行。

（3）交通频道的《新闻早班车》的前5条新闻为：

①周末大批市民走出家门祭奠故人，第一二殡仪馆共接待60万市民祭扫，创几年清明节单日祭扫人数新高；

②铁路部门迎来扫墓客流高峰；

③清明节公交推出42条扫墓专线，增车加班；

④3月1号机动车停放专项治理，提高市中心停车利用率；

⑤吉利18亿收购沃尔沃，建设新工厂实现国产化。

（4）经济频道的《天津早晨》的前5条新闻为：

①滨海新区最大限价房项目开工；

②上月本市二手房市场活跃，消费者逐步走出观望；

③中国上市房企2009年年报显示毛利率最高超过60%；

④国务院发出非主业央企劝退令之后，已有两家央企退出房地产市场；

⑤机动车停车场管理办法下月实行，本市鼓励单位个人建设公共停车场。

从上述新闻内容不难看到，各频道的定位不同，致使新闻的选择与编排出现差异。新闻频道是所有广播电台的“第一频道”，担负着传达党和政府声音的重任，因此，对能够反映一个地区总体情况的新闻更加关注；滨海广播主要定位于反映滨海新区的建设发展情况，故编辑的主要目标放在了新区建设的内容上；至于交通频道，自然是定位于交通，因此，其新闻几乎都与交通或交通工具有关。而经济频道，由于其定位于经济，因此其前5条新闻多集中在房地产领域。

2. 根据听众关心程度进行选择

这是很重要的一个编辑原则。它又可以分为两个方面：

第一，听众感兴趣，与听众生活密切相关的消息。

第二，与听众距离较远，但听众很关心的消息。

我们仍以天津交通广播 2010 年 3 月 29 日的《新闻早班车》为例。其中，除了前面提到的要闻之外，后面其他消息的选择，仍可以让我们从中学到很多东西：

（1）山西王家岭煤矿发生透水事故，153 人被困井下（354 字）；

（2）云南干旱严重地区昨天实施人工降雨（56 字）；

（3）云南人工影响天气，缓解旱情（46 字）；

（4）新疆出现雨雪天气，交通受到影响（152 字）

（5）上海中心大厦今年出地面，2014 年建成国内在建第一高楼，世界第三（98 字）；

（6）山寨地产崩盘时间表出炉，专家不认同（66 字）；

（7）央企逐步撤出房地产行业，后期存在不确定因素（156 字）

（8）高法、高检出台法规：制售假烟最高可判 20 年（98 字）；

（9）发改委透露：药品招标接近尾声，3–7 年内药价将下降 20%–30%（256 字）；

（10）河西区天塔街 110 岁老人过生日（36 字）；

（11）江苏两农民因拆迁自焚（47 字）；

（12）河北祭品市场尽显恶俗招数（110 字）；

（13）武汉将建盲人电影院（52 字）；

（14）歌剧《图兰朵》张艺谋鸟巢版在台湾演出（156 字）；

（15）韩国沉船搜救工作遇到困难，仍有 46 人下落不明（296 字）；

（16）第 22 届国家联盟首脑会议闭幕（52 字）；

（17）查尔斯突访阿富汗慰问英国驻阿官兵，拍照不雅（123）；

（18）泰国总理阿披实与红衫军会谈，电视全程直播，没有结果（99 字）；

（19）英国妇女旅行 9 万公里，把亡夫骨灰撒遍世界各地每个角落（57 字）；

（20）欧洲乐透奖券出巨奖，3970 万得主未现身（154 字）。

我们从以上 20 条消息中可以看到，编辑所选的新闻绝大多数都是老百姓感兴趣或关心的事。

3. 根据关键词进行选择

抓“关键词”，其实就是抓同一问题的不同表现，即通过一个或两个核心词汇表现出来。采用这种方法，颇能体现新闻编辑发现新闻并善于归类的能力。

例如：在 2013 年 4 月 3 日央广早间的《天下财经》节目中，编辑就抓住了关键词

“价格”，编辑了如下内容：

（1）全国景区再现涨价潮，游人抱怨玩不起；
（2）公墓价高还限售，网友戏谑死不起；
（3）湖南蔬菜价格贱，农民叹息伤不起。

在2013年4月6日的《天下财经》节目中，编辑抓住的关键词有两个——“创新”与“钻空子”。其中包括四项内容：一是微信到底要不要收费？此举到底是创新还是钻空子；二是香港实行限奶令一个多月，可香港市场上的奶粉依然缺货，于是引发大批“水客”钻法律空子。三是如今的典当行早已今非昔比，人们不仅可以去典当、买卖物品，还能用汽车、房产质押或抵押贷款，很有些创新意味。四是山东出现一种新型职业——“嗅辨员”，可通过培训持证上岗，这也是一种创新。

可见，采用同类并举或异类相对的方法，都是抓好“关键词”进行编辑的有效办法。其中，将新闻归类与新闻热点并举，可谓一举两得。

4. 根据重要程度进行选择

广播新闻节目中的头条，犹如报纸上的头版头条。它意味着该媒体当天最关注的新闻点在哪里，于无形中引导受众。因此，对于一名广播新闻编辑来说，选好头条新闻非常重要。

选好头条新闻，通常有两种办法：

一是常规法，即把最重要的新闻选出来，放在新闻播报的第一条。所谓最重要的新闻，指的是内容最重要，或者是最具时效性，或者是老百姓最关心的新闻。这没有统一标准，只能依据编辑的政治敏感、新闻敏感和丰富的社会经验来判断。

如央广《天下财经》2013年4月3日的节目，根据新闻热点抓住的头条是一组报道：（1）全国共发现7例人感染H7N9禽流感病例，上海召开新闻发布会详解禽流感问题；（2）H7N9病毒全球首现，病源尚未确定；（3）禽流感致病性强，但可防可控；（4）人感染禽流感事件对禽畜养殖业影响大，政府应尽早干预；（5）禽流感病例有扩散迹象，生物疫苗股出现异动。

从上述内容可以看出，这组报道有新闻、有分析、有预防、有动态，可谓全方位进行报道和解读，体现了编辑对这一新闻的重视。

通常情况下，头条新闻的字数或时间应多一些，这样，分量自然就会重一些。

二是栏目法。栏目法，即把最重要的内容放在一个栏目中，换句话说，每天的第一个栏目，就是今天的头条新闻。这是一种打破常规的新闻编排方法。如天津滨海广播的《滨海第一线》节目，其每天第一个栏目就叫《今日头条》。

这样的编排法，依据的是栏目设计，而非编辑的临时动议。

第四节　广播新闻编辑方法之三：新闻的文字修改和整理

将新闻从各媒体上汇集到一起之后，就可以进行具体的文字修整工作了。

一、文字修改和整理的依据

新闻的文字修改和整理，主要依据以下原则：

1. 依据适听原则

依据适听原则，即一切修改都要围绕适合广播收听的原则。

一是对编辑对象中与广播媒体不相适应的文字表达方式进行修改。例如，针对其他媒体的新闻中会常常出现的一些不易听懂的词或难懂的句子，要将其改成适合收听的词或句子。

二是对编辑对象中与广播媒体不相适应的逻辑表达方式进行修改。例如，针对其他媒体中常会出现的一些倒装句，在编辑时都要修改成符合广播收听逻辑，即能让受众听懂的逻辑表达方式。

2. 依据节目需要原则

依据节目需要原则，是指或将长改短，或将短补充长，或将散乱整理为完整、有序的原则。

二、文字修改和整理的具体方法

文字修改和整理的方法，具体可分为：压缩长度、补充背景、改写文字、综合提要、新闻排序（统计字数）。

1. 压缩长度

压缩长度是编辑广播新闻最常使用的一种方法。这是因为，广播新闻一般要求比较短小，以把主要新闻要素说清楚为度，其余的深度背景或细节可视情况删去。通常的压缩手法有：

（1）保留导语，删掉其余段落

很多文字新闻采取的是“倒金字塔”结构，因此，第一段导语部分最为重要，该有的内容基本都有了。其他部分的重要性依次递减。因此保留第一段的情况最多，或者是看情况再保留第二段，因为第二段常常是新闻背景。在时间允许的情况下，再适当保留其余内容。

（2）变成一句话

这是最极端的压缩方法，具体可参考报纸标题的表达方式，标题如缺乏新闻六要素或表达不是很清楚时，适当补上必要元素即可。但要注意，修改一定要符合适听的原则。

像前面列举的天津交通广播 2010 年 3 月 29 的一套新闻，其中最长的是 354 字，最短的只有 36 字，可见，编辑对其中的很多新闻做了压缩工作。

2. 补充背景（或补充最新情况）

在新闻报道中，有的记者为了抢时间，在新闻背景还不是很清楚的情况下，只是报道了主要新闻事实，而缺乏新闻背景。广播编辑在编发时，如果有可能的话，或者，如果新闻背景很重要的话，应该尽可能地补上新闻背景。

例如山东电台 2011 年 3 月 11 日的《直播山东》（曾获第 22 届中国新闻奖新闻编排二等奖），排在头条的内容是这样的：

女：听众朋友下午好，我是云竹，来听详细内容。首先来关注最新消息，据国家地震台网测定，北京时间今天 13 点 46 分，在日本本州东海岸附近海域，发生 8.8 级地震，震源深度约 20 公里。震中距仙台约 180 公里。据了解，北京、天津部分高层建筑物里的人员有感。日本气象厅发布破坏性海啸预警。有关本次日本地震的详细信息，我们来连线《直播山东》值班编辑李静。李静你好！

李静电话连线：云竹你好！我给大家介绍一下这次日本地震的最新情况。我从新浪网上看到的最新的一条消息是发自今天下午 4 点 51 分，关于震级的修正，日本气象厅其实在地震刚发生的时候，最初报出的震级是 7.9 级，后来又修正为 8.4 级，刚刚报道的消息是，气象厅刚刚修正为 8.8 级。这是日本史上最高震级的地震。目前这个地震已引发了大规模的海啸，现在已经登陆了日本的仙台市。仙台市内发生了 8 起火灾、两起煤气泄漏事故。在下午发生大地震之后，海啸在下午 4 点前就已经抵达了仙台机场，机场跑道已经被海水淹没了，停车场的车辆也都被淹了，幸存人员目前正在候机厅的顶部等待救援。日本 NHK 电视台的直播画面显示，仙台市名取川的河口附近的海水已经出现了逆流，一些住宅区被海水吞没了。另外据仙台附近的宫城县警方透露，仙台新港海啸高度最高达到了大约 10 米。据了解，日本千叶县的炼油厂发生了大规模的爆炸，燃起了熊熊大火。我们再来看一下震中宫本县的情况，日本宫本县的情况是，在地震发生不久就已经宣布出现了严重的伤亡，附近的岩手港也出现了强烈的海啸，出现了 4.2 米的高浪，水中漂浮着很多的汽车。再关注一下东京的情况，在地震之后，东京多处燃气泄露，引发了火灾，高楼也冒出了浓烟，民众也纷纷从楼中跑出躲避。日本多处核电站和核反应堆在这次特大地震发生之后已经自动停止了运转。日本首相菅直人在地震发生之后在首相官邸发表了讲话，他说，“我们都会尽全力救灾，希望日本全国团结一致，政府会尽全力救灾，帮助灾区的民众”。他还呼吁民众冷静互助，共同度过这场难关。我国海洋预报台预报说，今天中午在日本东部海域发生的地震可能会在震源附近数百公里范围内引发区域性的海啸，但是不会对中国沿海地区造成灾害性的影响。海洋预报台表示，下午2点20分，位于日本东部海域的浮标，检测到两米高的海啸，预计海啸波将会在下午的5点30分左右影响到台湾东部海岸，浪高大约是100厘米。海啸在晚上8点30分，开始先后抵达我国的广东、福建沿海，但是不会造成灾害性的影响。国家海洋预报台将会密切关注后续的监测情况，及时发布信息。

男：好，非常感谢李静汇总的消息。据日本气象厅观测，地震发生在当地时间14时46分，北京时间13时46分，震中位于宫城县以东的太平洋海域。就本次地震的有关情况，中央电视台记者连线采访了中国地震台网中期预报部主任刘杰。

（电视录音）（略）

女：本次地震已在日本沿海引起6米高的海浪，日本气象厅呼吁民众到安全地带避难，不要靠近海边和河口附近地区。就本次地震引发海啸的有关情况，中央电视台记者连线采访了国家海洋局海洋预报台副主任于福娇。

（电视记者采访录音）（略）

男：目前正值日本的旅游旺季，是否有山东游客在日本旅游，他们的人身安全是否能得到保障？地震发生后，青岛台记者雷蕾第一时间电话采访了港中旅山东国际旅行社出境部总经理成晶。我们连线雷蕾，来了解最新情况。目前，港中旅游公司在日本有没有滞留的游客呢？

（电话连线）（略）

女：天灾难料，世事无常。最近几年，世界各地发生的地震灾害比较多。下面和大家一起来了解一些有关地震的背景材料——地震的震级是如何来测定的？地震震级是根据地震仪器记录的地震的波振幅来测定的，一般采用里氏震级标准，震级每相差1级，地震释放的能量相差约30倍。一般将小于1级的地震称为超微震；大于等于1级，小于3级的，称为弱震或微震；大于等于3级，小于4.5级的，称为有感地震；大于等于4.5级，小于6级的，称为中强震；大于等于6级，小于7级的，称为强震；大于等于7级的称为大地震；8级以及8级以上的称为巨大地震。此次日本地震可以称得上巨大地震。

男：日本是地震多发国家。我们再来为大家汇总一下本世纪日本遭遇过的几大地震：1923年9月1号，东京发生里氏7.9级地震，造成14万2千8百零7人死亡。1943年9月10号，西海岸鸟取县发生里氏7.2级地震，造成1083人死亡。1944年12月7号，中部太平洋海岸发生里氏7.9级地震，造成998人死亡。1995年1月17号，西部神户及附近地区发生里氏7.3级地震，造成6436人死亡。2004年10月23号，中部青森发生里氏6.8级地震，造成

67人死亡。

女：日本地震给今天的证券市场也带来了巨大影响。今天A股市场主要股指重心进一步下移，临近收盘日本发生强震，引发亚太股市急跌，A股市场也出现疯狂跳水，沪指将周一的跳空缺口完全回补，10日线失守，收出三连阴，短线出现明显破位，两市成交2760亿元，较昨天萎缩半成。有关本次日本地震的最新消息，《直播山东》节目将及时关注。

这是新闻直播板块节目《直播山东》中放在最前面的一大块内容。可以看到：前面真正报道日本发生强震的消息只有96个字（用时20秒），但后面的补充新闻和背景介绍却用了整整13分钟。

其中，编辑所做的工作很值得学习和借鉴：

新闻之后是编辑与主持人连线，介绍最新消息，由此可以看出编辑对最新情况的汇集。采用电话连线的形式，让编辑从幕后走到台前，颇有新意，也很有当代广播的风采。

第二和第三部分采用的是央视的音频，这也充分体现了广播新闻编辑汇集天下精华的职能。

第四部分是连线本台记者，了解山东游客是否有受波及的情况。这说明编辑是个有心人，知道听众最关心什么，最想知道什么，摸准了听众的脉搏。

最后一个部分是新闻背景的补充。

整个板块完整而有冲击力，彰显了一个广播编辑在一巨大突发事件到来后所应有的新闻敏锐和智慧。

3. 改写文字

文字工作是广播编辑工作的重要内容。广播有不同于其他媒体的特性，因其线性传播方式和“伴随性”“易逝性”特点，决定了广播语言不仅要让听众听清楚，还要让听众能听明白。

因此，在写广播稿的时候，要多选择使用现代的、双音节的词语，避免使用古代的、晦涩的词语，尤其要避免使用容易引起歧义的谐音词；在句子方面要避免使用长句子和结构复杂的句子，还要注意采用有利于听清的语序；在使用数字时，要注意小数点的使用，尤其要避免数字的交叉使用，等等。总之，广播语言是一种最符合人的语言听觉习惯和人的思维特性的语言。只有当广播语言与人的语言听觉习惯和人的思维活动相一致的时候，这样的广播语言才是最好的。美国语言学家David Cohler也说过：广播要为耳朵写话。由此可见，广播文字遣词造句的原则是要适合于“听”，要容易听懂。不仅如此，还要让主持人、播音员读起来朗朗上口，有一种韵律美，这些都是很重要的。

例如前面河北新闻广播《第一民生》开始的新闻提要：

女：记者直击——石家庄长安区南村镇南村垃圾堵路成常态，无人清理闹人心。

男：省会首家低价超市型菜市场今天开业，菜价是否真便宜？

女：今日重点——邢台威县熊猫血小伙张延北手术今天进行，寒冷冬日生之大爱战胜死的威胁。

男：民生关注——保定清苑幼儿园崭新校车成摆设，深究原因为何般？

女：同款同包装同种药，不同药房价格竟相差一倍，秦皇岛市民很受伤。

男：新闻传到您耳边，欢乐送到您身边，“社区欢乐送”，校车安全大家谈。

从语言角度来看，除了第四句中的“为何般”有些不太符合大众的日常说法之外，其余每句都很有广播特点，既读起来顺，令人听起来清楚，也很有韵律感，是很好的广播语言。

而有的语言表达就需要注意。例如：

当地时间今天 14 时 46 分，日本本州东海岸附近海域发生 8.8 级地震。

其中，“14 时 46 分”，“十”和“四”以及“时”连在了一起，听起来很像绕口令，“时”也不符合日常口语表述习惯，故最好改为“下午 2 点 46 分”或“14 点 46 分”。

还有，这样的广播新闻语言也值得推敲：

上海中心大厦今年出地面，2014 年建成国内在建第一高楼，世界第三。

其中，“出地面”和“建成……在建第一高楼”，令人费解。前者，可能是漏掉了一个“浮”或“跃”字；而后者，则显然是欠推敲的结果。

4. 综合提要

综合提要可以细分为“综合”和“提要”两种方法。

综合就是汇总，即把相关的内容汇集到一起。

提要则是把新闻中最重要的东西“提炼”出来，**做成一个摘要，通常放在广播新闻的最前面，既方便听众了解后面的内容，也能够吸引听众关注重点内容**。

像前面的《直播山东》中，新闻编辑对日本历次地震的汇总，这是综合。

提炼内容提要则是广播新闻编辑在选编好新闻之后必须要做的一项重要工作。这就像我们在读书时，首先会看到“目录”一样。像河北台《第一民生》的开场部分和天津新闻广播、滨海广播、交通广播等的那些“新闻条目”就是内容提要。

5. 新闻排序（统计字数）

在完成了新闻的选择、修改、汇总、提要之后，接下来还有两项工作：

一是稿件编排——给稿件排序（要与前面的“提要”一致）；

二是要数一数字数，看看所编内容是否能填满节目（栏目）时间。有经验的编辑能很快估算出所编内容是够还是不够。

排序问题比较复杂，后文再讲，这里先讲字数问题。所编稿件能否装满新闻节目，此问题很重要。字数多了好办，撤掉后面的多余部分就行（稿件编排常常是按重要性依次编排的，放在后面的稿件，其时效性或重要性会差一些，因此可以撤掉）；而如果稿件字数不够，问题就比较大。剩下的时间怎么办？总不能一直放“补乐”吧。

要想知道所编稿件的字数到底够还是不够。这里首先要知道字数与时间的关系。按照中国当代广播“说新闻”的语速，一分钟大约在280字上下（过去，在“播新闻”的年代，播音速度较慢，一分钟大约200字。现在改为“说新闻”的方式，语速要快不少，但因主持人语速的快慢不同，字数会有一些浮动）。这样，只要数数所编稿件的字数，就能大体知道可以播报多长时间了。

从经验上来讲，编辑一般会多准备几篇稿件作为机动稿件。只要机动稿件的内容不要出现在前面的“提要”中，那么，主持人就能够根据情况灵活掌握了。

第五节 广播新闻编辑方法之四：新闻编排技巧

广播的新闻编排，与报纸的版面设计一样，有很高的技巧，它能充分体现编辑部的编辑思想，因此，千万马虎不得。

在报纸上，新闻被放置的位置、标题制作的大小，都可以体现编辑对这条消息的重视程度，而且也能体现编辑用意。好的编排会产生积极影响，不好的编排，会引发公众误解，甚至给媒体惹来麻烦。比如，有报纸将一条“大肉”生产的消息和一条“穆斯林”的消息放在一起，结果引发穆斯林到报社抗议。可见，新闻编排，不可随意，更不可马虎。

报纸是平面媒体，新闻是平面编排。读者先看哪条、后看哪条，爱看哪条、不爱看哪条，有随意选择的空间。而广播新闻只能前后编排，只能顺着播音员、主持人的声音一条条地听下去。因此，广播新闻的编排就要在如何排列上动脑筋，要努力做到轻重分明、主次清晰、层次明白、逻辑清楚、详略得当、引人入胜。

一、新闻编排原则

1. 新闻价值原则

新闻价值原则，就是要按照新闻价值大小的原则，将新闻价值大的新闻排在前面，新闻价值小的新闻排在后面。

判断新闻价值的大小，有以下几个标准：

（1）重要性。即考虑新闻对现实生活的影响程度；

（2）新鲜性。越是刚刚发生的新闻，其新闻价值越大；

（3）接近性。越是与听众生活联系紧密的新闻，其新闻价值越大；

（4）趣味性。即有意思的、能引起听众兴趣的新闻，其新闻价值也值得关注。

总的来讲，在新闻编排时，要对上述因素进行综合考虑，其中，重要性应放在首位。

2. 单元配套原则

所谓单元配套原则，是指在一套新闻节目中，把反映同一问题、同一内容或同一范围的稿件集中编排，不要在其中插“片花”，即不加间隔。

单元组合配套原则符合广播的传播特点，其优点是：听起来问题集中，容易引起相关或同类的对比，也有助于听众了解同一类事件。

需注意的是：容易令人产生不良联想甚至是容易令人引起误解的新闻不要编排在一起。

二、新闻编排方法

1. 轻重原则编排法

轻重原则编排法，就是把重要的内容放在前面，然后再将其余内容按重要程度依次排列。这是最常见的新闻编排方法。

2. 同类相连编排法

同类相连编排法就是把内容相近或重要性相同的几篇稿件相连，构成一组。如前面提到的《直播山东》（2011 年 3 月 3 日），就是把两条有关地震的重要消息不仅放在了头条，而且还连在了一起。请看该节目当天的内容提要：

（音乐，压混）

男：北京时间今天 13 时 46 分，日本本州东海岸附近海域发生 8.8 级地震。专家表示，地震造成的海啸不会对我国沿海造成太大影响；

女：云南盈江地震已造成 25 人死亡，255 人受伤，胡锦涛总书记、温家宝总理做出重要批示，要求把抢救生命放在第一位。

……

3. 对比组合编排法

对比组合法就是把两条内容不同或对比鲜明的稿件连排在一起，从而形成对比效应或反差效应。这种组合需看具体内容，应谨慎使用。

4. 配发评论编排法

配发评论编排法就是在重要的消息后配上评论。这样的组合既有叙也有议，给人有浅有深和有起有伏之感。

5. 长短多样编排法

单一或多样指的都是体裁。如果一个新闻节目中，除了消息之外，还兼有专稿、特写、评论、录音报道等，这样的新闻编排，会给人长短不一、形式不一的感觉，也会让人觉得篇篇精彩，听起来兴趣盎然；若是新闻的长短一样，形式一样，会让人觉得千篇一律，听久了会有乏味之感。

6. 区域组合编排法

区域组合编排法，就是把本市新闻排在一起，国内新闻排在一起，国际新闻排在一起，这也是最常见的编排法。

这样编排的好处：一是可以按地域上由近及远、相关程度递减原则编排；二是让听众听着不累，若新闻内容中的地点忽远忽近，会让听众有“杂乱”的感觉，或者是有跟不上的感觉；三是，这种编排法若与轻重组合编排法结合使用，会使新闻产生跌宕起伏之感。

美国哥伦比亚广播公司资深记者特德·怀特等在《广播电视新闻报道写作与制作》一书中，曾将广播电视新闻比喻成“一系列的山峰和峡谷”。这是因为，在一档新闻节目中，不可能每条新闻都非常重要，所以，在编排时采用轻重结合、有起有伏原则，就会使新闻产生一种内在的韵律，或一种“节奏”，就不会使听众产生听觉疲劳。

三、新闻选编与排序中应注意的问题

新闻编辑在新闻选择与排序中应注意以下问题：

第一，来源不确切的消息不要使用。第二，不要一味猎奇。第三，负面新闻不要过于集中选编。第四，注意避免将容易引起误解和错误联想的新闻编排在一起。第五，注意领导（省部级以上）的排序。

可供学习的节目：（1）央广的《央广新闻》（2017 年 10 月 1 日），该节目曾获第二十八届中国新闻奖一等奖。（2）央广的《天下财经》（2019 年 10 月 24 日），该节目曾获第三十届中国新闻奖一等奖。

第六节 广播新闻编辑方法之五：节目导播

在录播时代，广播新闻编辑只要将稿件编辑完成之后，其主要工作便完成了，剩

下的工作是录音制作——通常有专职录音师负责录音制作，编辑此时的职责是监听，以免播、录过程出现错误。

现在，绝大部分的广播新闻节目都已采取直播方式。直播方式大大简化了节目运作流程，节省了时间，提高了效率。

在直播方式下，编辑虽免去了录音监听的工作，但却担负起了直播“导播”的工作。

一、导播的含义

所谓“导播”，指的是按照广播正确流程进行播出的监控和把握。

广播的“导播”与电视或电影中的“导演”有显著区别。“导演”是表演者的指导者和影视表演流程的掌控者。而广播中几乎没有“演”的成分（广播剧或小说播讲中有一点，但所谓“演”，也只是依靠嗓音的变化、模仿和语气的不同来呈现的），因此，广播编导，特别是新闻编导，只有“导播”而没有“导演”，这是由广播的纯声音形态所决定的。

按理说，导播与编辑可以由不同的人来担任。但在实际工作中，导播往往由编辑一人承担。这样做的好处是：编辑很清楚所有稿件及节目的安排，因此有利于直播时的现场调度与指挥。

二、导播的职责

1. 监控职责

通常情况下，在节目流程已定之后，节目主持人会按照节目流程一步一步完成，导播此时的职责就是负责监听。只要节目正常进行，无需进行干预。

假如有什么不应播出去的内容播出了（例如接听的电话出现了不应有的内容），这时，可以通过导播台上的“紧急删除按钮”进行删除（如图 1-3 中箭头所指之处）。

图 1-3　广播电台导播间监控系统

另外，大家需要知道的是，为了广播的直播安全，各广播电台在直播系统中均增加了一个“延时”装置，可以让内容延时 7 秒播出，即听众在广播中听到的声音，比直播间的实际声音要慢 7 秒。这样，一旦在直播过程中发生内容上的问题，编辑可以立即按下该紧急删除按钮，将有问题的内容删除，令系统自动将删除后的内容重新衔接，让听众基本听不出有任何删改的痕迹。

2. 调控职责

所谓调控职责，是指在节目进行过程中遇到一些具体问题时，导播需现场进行处置。如遇到时间不够或时间富裕，以及何时接听听众电话等问题，导播可以通过对讲设备或电脑与直播间内的主持人进行沟通。

对讲系统的使用：按下图 1-4 中的对讲机上的按钮（箭头所指），即可对直播间内的主持人讲话——主持人会通过耳机听到。

图 1-4　广播电台导播间对讲系统和热线转接系统

使用对讲设备时一定要注意，要在主持人播音的停顿间歇，否则，在主持人正在播音时，导播若与其讲话，不仅会严重妨碍主持人的播音，更重要的是，导播的讲话声音很可能会从主持人的耳机中传出，被非常灵敏的话筒传出，听众会在收音机中听到。因此，在主持人主持的间歇，导播只要一按下按钮，主持人便知道导播有事情，他会立即把话筒关掉，听导播讲话。

还有的广播电台采用电脑方式与主持人联系，即导播在外面的电脑键盘上敲字，主持人便可在直播间内的电脑屏幕上看见内容。这样的联系方式更为简洁、安全。但缺点是，主持人若想与导播说话，还得采用对讲系统。

3. 接转职责

在直播过程中，节目会根据内容的安排，连线前方记者，播出记者的现场报道；或者，会接听听众的热线电话，甚至会采用三方通话。这时，导播就起到了一个桥梁的作用。

例如，前面提到的河北新闻广播的《第一民生》节目，其中石家庄农科院家属院的一位听众在热线中反映，早已交了小区天然气安装费用，但长时间一直没给接通天然气。应该说，在直播中接听听众反映问题的电话，这样的节目形式在目前直播广播中屡见不鲜。但该节目的不同反响之处在于，导播告诉听众不要挂断电话，然后立即接通了农科院后勤科牛科长的电话，当场向其咨询。应该说，能在直播节目中做到这一步，非常不容易。因为其中有太多的不确定因素：能不能立即找到管理单位，因为联系电话并不确定；即便打通了电话，能否立即找到负责人并不能确定；即便找到负责人但负责人是否愿意接听电话，负责人会不会半途挂断电话；即使不挂断，他会在电话中说什么也并不能确定。总之在这么多不确定的因素之下，节目编导勇于实践，最终完成了这一过程，而且获得了比较令人满意的结果，这实属不易。其中，导播的经验、公关技巧等都起着重要作用。

在直播节目中，常使用电话耦合器（见图 1-5）来接转听众或记者的电话。耦合器的具体操作如下：

首先，听众或记者来电时，耦合器上的数字键会闪烁（橘黄色灯闪动，频率很快）。

图 1-5　电话耦合器控制盒

其次，编导按一下闪动的数字键，即可接听来电。

再次，确认电话内容无误后，按下该数字键，同时，按下“HOLD”键（数字键不放开的情况下，点击“HOLD”键），这样，该条热线的电话就被保存了（保存后，该数字键还会闪烁，但闪动频率很慢，与来电时的闪烁很容易区分）。此时听众或前方记者即可在电话中听到广播（和听广播一样）。

最后，主持人如果要接听该热线，只要按下直播间内耦合器上的同一数字键，电话就接通了。

图 1-6　广播电台导播间（左）和直播间（右）的电话耦合器

另外需要了解的是，电台直播间的电话，一般都是一号多机的，即只要有空闲的电话，外面的电话都可以打进来（拨打的都是同一号码），不会占线。

第七节 广播新闻编辑方法之六：由幕后到台前

以往的广播编辑，很少有到台前来的，但现在，最新的广播形态已与过去有一些不同。广播编辑不仅担负着新闻的编辑工作，而且逐渐从幕后转到台前，在节目中直接出声。

目前编辑出声的形式主要有：

第一，对已编播的消息做最新的补充。

第二，对新闻背景进行介绍。

第三，对新闻事件进行深度挖掘或解读。

第四，对新闻事件进行点评。

如2010年12月22日中央人民广播电台经济之声的《天下财经》节目，其中，就有新闻编辑直接报道新闻的形式：

男：汇天下精华，听媒体声音。接下来“天下财经听媒体”，我们先听一听国外媒体都在报道什么话题。请进“天下财经”节目编辑李晓雨。晓雨，早晨好！

编辑：早晨好，大民！

男：你好！来给我们介绍一下国外媒体的最新报道。

编辑：好的。临近年底，银行家们的奖金问题，每天都占据着国外主流媒体的大面积板块，我们也连续两天报道了相关内容，但大家看到，在西方，金融危机和奖金危机是怎样画上等号的。今天的最新消息是，美国监管部门正在考虑是否要求大型金融机构延期支付高管的大部分的年底奖金，以此遏制这一促使金融危机的过度风险性举动。被视为对美国经济起着重要作用的大型公司，比如美国银行、摩根大通、高盛集团和摩根士丹利，将不得不以股票或是其他形式，而不是现金的形式延期支付年终奖金，而且只能是原计划的一半。这些公司中的多数在金融危机后已经减少了以现金形式发放奖金。奖金问题在英国闹得越来越厉害，前两天我们也报道了最近几周，银行业与英国政府之间的紧张关系正在加剧，因为在公共部门支出遭到大幅削减之际，银行仍在大举派发奖金，有消息说，出于对英国政府对金融服务业征税及监管的担心，在伦敦拥有一万一千名员工的摩根大通，威胁要撤离英国。摩根大通的选址计划一直被视为整个行业对伦敦的投入程度的风向标。外界猜测，该集团正在考虑减少在英国的投资。但是我们得到的最新消息是，摩根大通将把它们的欧洲投行业务的总部，迁至位于金丝雀码头的原雷曼兄弟伦敦总部。这一价值5亿英镑的交易，回答了外界对于大银行将纷纷迁出伦敦的担心。

男：好的，谢谢晓雨。

再比如，在前面的《直播山东》节目中，编辑对2011年3月11日日本发生8.8级大地震后所发生的后续情况，通过热线方式做了详细的介绍。

编辑从幕后转到台前来的优点：

第一，增强了节目内容的时效性。由于编辑从稿件编发到节目播出，是会有一个时间空当的，此时，很可能会有一些新情况发生。这种情况下，换稿是一种选择，编辑直接补充也是一种选择。从效果来看，后者效果更好。

第二，增加了节目的新鲜感和可听性。很显然，编辑直接出声，让节目在主持人的声音之外，增加了另一种声音元素，使节目的新鲜感大大增强。

因此，广播节目编辑应该掌握这一最新形式。

总之，广播新闻编辑的工作可以分为“播前”和“播中”，要做的工作可用六个字概括：

*播前：

（1）选——组稿（节目策划、内容组织、确定报道方式）；

（2）编——编稿（各媒体新闻汇集、选定、增删、修改、排序、提要）；

（3）排——排序。

*播中：

（1）监——监听节目内容；

（2）导——导播；

（3）连——连线（补充介绍新情况、新闻背景）。

只要熟悉和掌握上述内容，就可以胜任当代广播新闻节目的编辑工作。

第二章　广播现场直播的策划与编辑

现场直播，从性质上说与新闻节目无异，但两者的形式有较大不同。现场直播所采取的播出方式以及编辑手段等都与一般的新闻直播节目不尽相同，因此，有必要从编辑的角度加以介绍。

现场直播从新闻角度说，可以看成是一个完整的大型新闻报道；而从节目角度说，则是一个完整的新闻单元，因此也可以称为“现场直播节目”。

第一节　广播现场直播的定义及特点

现场直播过去叫作实况转播。随着科技进步与时代发展，广播报道的手段不仅更为先进，也更为多样。与旧名称相比，现场直播这一概念的内涵及外延更准确，其方法也越来越多。

一、广播现场直播的定义

广播现场直播是对一个正在发生的新闻事件同步进行报道的大型广播新闻形式。它以新闻现场的实况为主要声音信号源，以新闻现场发生的事件为主要报道内容，在与新闻事件同步的情况下，由主持人或记者按照新闻事件的发生、发展过程，边报道新闻现场的所见所闻，边对新闻事件进行必要的介绍与评述。

二、广播现场直播与一般新闻直播节目的区别

一方面，一般广播新闻直播节目，是对新闻的“集汇式”报道，是常态的新闻节目；而广播现场直播则是对一个新闻事件的报道，是针对特别事件安排的特别节目。

另一方面，一般广播新闻直播节目，是主持人在直播间播出的新闻节目；而广播现场直播，则更突出“新闻现场”，最典型的形态是在新闻现场进行节目主持或报道。

三、广播现场直播的特点

广播现场直播之所以被称为现场直播，而且被归属为新闻类，就是因为它要以重

要的新闻事件为直播对象，以现场直播为主要手段，而且要以在新闻现场为主。

1. 重要性

现场直播是针对重大事件组织的大型报道。如央视对国庆典礼或卫星发射进行的现场直播。（需注意：现场直播与现场报道不是一个概念。现场报道是记者发自新闻现场的报道，这个新闻现场发生的不一定是重大事件，如一起车祸，一场庭审等。）

2. 时效性

现场直播向听众报道的是正在发生的新闻事件，因此它与新闻事件的发生、发展是同步的，它也是广播新闻中最快的方式之一（与同为直播方式的记者现场报道一样）。

3. 完整性

现场直播是完整报道一个新闻事件。

4. 预知性

一般来说，现场直播的事件都是事先知道的，因此是有组织、有策划进行的。

5. 有限性

有限性，即时间有限，就是现场直播的时间长度是有限的。这一点也决定了现场直播中的新闻事件是有选择的，不是任意的。一般时长是一到两个小时。这当然要与新闻事件过程的完整性相吻合。

6. 不可重复性

因为现场直播与新闻事件发生的时间同步，因此具有不可重复性。若再次播出的话，那叫作“重播”。

7. 集体性

现场直播是需要集体行动的一种新闻样式，它需要采、编、播、技术等众多人员密切协作、共同完成。

第二节　现场直播的种类

随着广播的发展，现场直播的种类越来越丰富，但不管它怎样变化，仍有几种基本类型。

一、基本型——电台直播间与新闻现场串联

这种类型的现场直播，主要特点就是直播间和新闻现场相连。新闻现场可以有一个，也可以有两个或多个。

例如现场直播《嫦娥奔月——飞天庆盛世，千里共婵娟》（下文简称为《嫦娥奔月》）（中央台 2007 年 10 月 24 日播出，获第 18 届中国新闻奖一等奖）：

（节选）（《东方红》乐曲起……中央人民广播电台“中国之声”倾力推出嫦娥一号绕月探测卫星发射特别报道《嫦娥奔月》！）（音乐止）

女：收音机前的听众朋友！

男：香港特别行政区同胞、澳门特别行政区同胞、台湾同胞、海外侨胞们！

女：这里是中央人民广播电台“中国之声”，欢迎您收听嫦娥一号绕月探测卫星发射特别报道《嫦娥奔月》。

男：还有不到半个小时，长征三号火箭就将托举着嫦娥一号绕月探测卫星飞上太空，奔向月球。中华民族的千年梦想即将从这里启程。这是令亿万华夏儿女期盼已久的时刻。

…………

女：听众朋友，您现在正在收听的是中央人民广播电台“中国之声”嫦娥一号绕月探测卫星发射特别报道《嫦娥奔月》。很多听众朋友都给我们发来了手机短信说，“盛世又逢喜事，这是中华民族的又一历史创举。祝贺嫦娥一号能够发射成功，祝中国航天事业新腾飞”！现在我们听到的是前方的信号。……好的，现在我们来连线嘉惠，听听嘉惠的报道。嘉惠，你好！

记者：你好！现在我看到大屏幕上显示的倒计时时间已经是 2 分 49 秒，任务进程是 4 分钟准备，系统状态是控制系统准备好了，测量系统已经准备好了，动力系统也准备好了，应该说，火箭发射之前的一切准备工作都已经准备好了，就等着那个最激动人心的时刻了，现在我们从大屏幕上还可以看到乳白色的星箭组合体已立于塔架之畔，直指苍穹，长征三号甲运载火箭的二级箭体上，蓝色的“中国航天”四个大字分外地引人注目。火箭顶部整流罩中包裹着嫦娥一号绕月探测卫星，同样为蓝色的卫星标志也是清晰可见。那么，现在下面的工作人员正在做着最后的准备，他们现在的工作状态非常紧张，每个人脸上的表情非常严肃。

男：嗯，能够听到刚才喊到“2 分钟准备”这个口令了。

女：嗯，给大家报一下时，现在的时间是北京时间 18 点零 3 分零 10 秒钟。

记者：嗯，距离卫星发射还有 1 分 48 秒。

女：我们一起来等待这 1 分 48 秒的到来。这是一个非常激动人心的时刻。

在短信平台上，已经有很多听众朋友都在表达着同样的心愿。

男：是的，手机尾号3915的听众是一名大学生，他说，“我同时还是一位天文爱好者，一直关心今天的嫦娥奔月的特别报道，预祝火箭发射成功”。

……

女：好的，听众朋友，如果你想继续参与我们的节目，可以采取发送短信的方式继续加入。现在我们听到前方的信号是在做倒计时的准备，已经只剩40秒的时间。

记者：确实是这样。也许平常40秒钟的时间非常短暂，但是现在非常漫长，我们每个人的心都非常激动，现在我手心都出汗了。

男：马上要等到30秒了。

（现场音响：30秒！）

记者：29秒、28秒、27秒、26秒（现场音响“嘟——”），现在是24秒，我们每个人的神经现在非常地紧张，（现场音响“20秒！”）现在时间显示的是倒计时14秒！

男：让我们稍后来共同倒计时！

（现场音响：10、9、8、7、6、5、4、3、2、1，点火！点火！嘟——起飞时间幺八时洞5分洞4秒，开始转弯，开始转弯……）

男：好的，现在火箭已经起飞了，我们再把信号切到正在发射现场的中央台记者王亮那里，王亮，你好！

记者：（背景声很大）听众朋友们，18点05分，火箭点火了，带着一声震天巨响，火箭底部喷射出了橘红色的火焰，火焰把整个山谷照亮了，映红了整个天空！火箭已经起飞了，在腾起的巨大白色烟雾中直插苍穹。火箭的轰鸣声非常大，我感觉到脚下的山峦都在剧烈震颤，火箭巨大的轰鸣声好像要把天空都撕裂了，它向世界宣告，嫦娥一号卫星从这里起程，飞向月球！让我们一起为嫦娥一号祝福，祝它一路平安！

这是现场直播的基本形态：主持人坐镇直播间，特派记者分赴新闻现场——由一个个从新闻现场发回的报道构成现场直播。由于其自始至终围绕一起重要事件进行报道，因此与一篇单纯的现场报道有明显不同。这样的现场直播方式，简便但不简单。

二、临建型——临时直播间与新闻现场串联

这种类型的现场直播，就是把直播间移出电台，在新闻现场搭建临时直播间。该类型的现场直播，由于直播间前移，主持人和前方记者都在现场，因此能够让听众有更强烈的现场感。如《首都各界庆祝中华人民共和国成立60周年大会》（获第20届中国新闻奖现场直播奖特等奖，中央人民广播电台2009年10月1日播出）：

（开始曲）

男：中央人民广播电台！

女：中国广播联盟！

男：各位听众，香港特别行政区同胞、澳门特别行政区同胞、台湾同胞、海外侨胞们——

合：大家节日好！

女：我是中央人民广播电台播音员于芳；

男：我是中央人民广播电台播音员杨波。

女：首都各界庆祝中华人民共和国成立60周年大会，今天上午10点在北京天安门广场隆重举行，中共中央总书记、国家主席、中央军委主席胡锦涛将发表重要讲话，并举行盛大的阅兵式和群众游行。

男：现在我们是在天安门城楼为您播音，中央人民广播电台直播席就设在城楼东平台。60年前的1949年10月1日，中央人民广播电台就是在这里向全世界直播了开国大典的实况，毛泽东主席庄严宣告中华人民共和国、中央人民政府成立的声音，通过中央人民广播电台的电波，传到世界各地。

女：今天，来自首都各行各业各族各界的代表、全国各省、自治区、直辖市以及香港特别行政区、澳门特别行政区和台湾地区的同胞、海外华人华侨、外国友人代表等20万人，在天安门广场共同欢庆新中国成立60周年，我们中央人民广播电台将和亿万听众一起，见证盛大庆典的实况。

男：从天安门城楼向南望去，广场上，由北京8万名中小学生用花束组成的红色背景格外醒目，上面组合出金黄色大字——国庆。庆祝大会期间，他们将根据大会进程，依次展现41幅、共49次变化的背景文字和图案，与阅兵、群众游行等庆祝大会进程相呼应。

女：人民英雄纪念碑庄严矗立在天安门广场中央，从纪念碑到国旗旗杆基座的中轴线上，已经铺好长长的红色地毯，今天，国旗仪仗队将从纪念碑出发，在全世界注视下升起中华人民共和国国旗。人民英雄纪念碑正北方向树立着中国民主革命的伟大先行者孙中山先生的画像。

男：与历次国庆庆典不同，天安门广场两侧，特别立起56根以中国红和金色为主色调的民族团结柱，象征我国56个民族平等、团结、和谐。60个巨型红灯笼分成两列悬在广场上空，象征新中国60华诞。广场北侧靠近国旗旗杆，四千人组成的军乐团、民乐团、合唱团已经就位，他们将在两个多小时里，现场演奏、演唱阅兵和群众游行乐曲。

女：天安门广场外的国家博物馆和人民大会堂平台上，飘扬着无数面红旗，这两个新中国代表性建筑外侧，面向长安街，分别树立起一面超大高清电子屏幕，和人民英雄纪念碑两侧的超大电子屏幕一起，首次在国庆庆典期间全程播放现场实况。

男：各位听众，天安门前的金水桥，五座精美的汉白玉桥面铺上了红色地毯。胡锦涛主席将乘车从天安门通过金水桥驶上长安街，由西向东，检阅人民解放军陆海空三军和人民武装警察部队、民兵预备役部队。

女：我们从天安门城楼向东望去，受检阅部队已经到位，他们组成一个个方队，威武雄壮，军容严整，斗志昂扬。方队从天安门东侧长安街一直向东延伸，这是新中国成立以来，在天安门广场举行的第14次大型阅兵。

男：首都国庆60周年北京市筹备委员会新闻发言人介绍，这次阅兵将重点展示新中国成立60年，特别是改革开放30年来，国防和军队建设的成果，显示我国维护世界和地区和平与稳定的坚定决心和意志，展示人民军队威武之师、和平之师的良好精神风貌。

女：从1949年开国大典，到1959年国庆10周年，每年在天安门广场都有一次大规模国庆阅兵。1960年9月，中央本着厉行节约、勤俭建国的方针，改革国庆典礼制度，决定5年一小庆、10年一大庆，逢大庆举行阅兵。1981年，根据邓小平的建议，中共中央、中央军委决定，恢复阅兵。1984年和1999年国庆，都举行了盛大阅兵式。

男：我们看到，群众游行队伍也已经在东长安街沿线附近集结。群众游行以“我与祖国共奋进”为主题，分为奋斗创业、改革开放、世纪跨越、科学发展、辉煌成就、锦绣中华、美好未来7个部分，由10万群众和60辆彩车组成36个方阵。

女：各位听众，现在让我们的目光回到天安门。1949年10月1日，中华人民共和国在这里举行开国大典……

……

女：为了迎接今天举行的国庆60周年盛典，有“神州第一街”之称的长安街从今年3月开始，进行了为期5个月的大修，长安街首次实现了双向10车道的通行能力，新型修筑材料可以让路面顺利接受阅兵游行和武器装备车辆通过的考验。

男：长安街沿线步行道上，布置了22处姹紫嫣红的立体花坛。每个花坛都有叫得响的名字，像大地欢歌、和谐家园、神舟飞天，北京东单路口摆放着鸟巢和水立方花坛。我们了解到，为了迎接国庆，北京在全市布置了各类花卉四千多万盆。

……

男：中央人民广播电台中国之声、第二套节目经济之声、第三套节目音乐之声、第四套节目都市之声、第五套节目中华之声、第七套节目华夏之声、第九套节目文艺之声和藏语广播，今天都全程直播国庆庆典盛况，中国广播网、央广手机电视也将视频直播，各地人民广播电台将同步转播中央人民广播电台的直播信号……

（现场音响起。以下略。）

上例中，电台直播间前移到了新闻现场。该现场直播方式具有现场感强烈的特点，是目前比较常用的一种现场直播方式。当然，由于直播间外移需要更多的技术支持，故运行成本要高些，组织工作和准备工作也相对复杂和麻烦一些。

三、移动型——跟踪直播与电台直播间相连

这种类型的现场直播，就是把直播间设在直播车上，或设在其他移动的交通工具上，追随着新闻事件进行直接播出。

例如现场直播《雅典奥运火炬激情传递》（获 2004 年度中国广播电视新闻奖优秀现场直播奖，北京台 2004 年 6 月 9 日播出）。

（人民大会堂东门外广场主会场）

李凯：好，听众朋友，这里是中波 927 千赫北京体育广播和调频 87.6 兆赫北京文艺广播正在为您直播的雅典奥运火炬在京传递的特别节目，我是主持人李凯。

虹薇：我是主持人虹薇。现在是在人民大会堂的东门广场，今天雅典的奥运圣火将会第一次在北京进行传递。那么现在正在进行的就是长跑活动的启动仪式。

【出现场音响】王岐山：中共中央政治局常委李长春同志与来自雅典的奥运火炬传递者点燃奥运火炬！（掌声）

李凯：好，听众朋友、听众朋友，现在我们看到，两名雅典火炬传递者，一名手提火种盒，一名手持取火绳，登上了主席台，和李长春一起，将在天安门广场第一次将奥运圣火点燃。我们现在看到的是点火的仪式。

虹薇：对对对。

李凯：那么一个是手提火种盒，一个是手持取火绳，我们看到了奥运圣火已经第一次在天安门广场熊熊燃烧起来了！

【现场音响】

王岐山：请李长春同志将奥运火炬授予本次传递活动的第一名火炬手！（掌声）请国务委员陈至立同志为雅典奥运火炬在京传递起跑仪式活动鸣枪发令！

（音乐起。砰！发令枪声响。）（掌声）

王岐山宣布：仪式到此结束！谢谢大家！

（音乐起——压混）

李凯：好，听众朋友，现在火炬已经熊熊燃烧了，笑意写在火炬传递手、护跑手和广场 1000 名学生的脸上。过一会儿，传递车队将缓缓驶上长安街，迎着北京的朝阳汇入欢腾的人群！融入古老而又现代、传统而又浪漫的城市！

虹薇：我们看到第一名传递手、国际奥委会委员、中国奥委会副主席、

北京奥组委副主席于再清已经手持火炬出发了！

李凯：嗯。应该说，今天的传递线路是一条精心设计的线路，从人民大会堂到颐和园，全程是50多公里。线路呢，经过北京市的西城、东城、崇文、朝阳和海淀5个区，途径天坛、建外大街、隆福寺、景山、北海、什刹海、鼓楼、亚运村、北京奥运主体育场工地、民族园、海淀剧场、清华和北大校园等。应该说，雅典奥运圣火将在古老的古城风貌、魅力传说、现代风采和浪漫气息的衬托下，释放出更加炫目动人的光彩。

（以下略）

上例中，虽节目制作者在“现场直播”的名称前加了很多定语（“超大型全程移动”），但中心词是“现场直播”，而最鲜明的特征是“移动直播”——因新闻现场在火炬点燃仪式后就变成“移动”了。为适应这种移动新闻现场的需要，北京人民广播电台动用了两台直播车，全程移动直播长达8个多小时的雅典奥运火炬在北京传递的盛况。这样的直播方式，显然与新闻事件本身具有移动的特点相一致。

可见，移动直播具有跟踪及时和灵活机动的特点。当然，这种直播方式因为要动用汽车甚至是飞机，所牵涉的人力、物力要多一些，而节目的联络、衔接也会增加一些难度，其运行成本和节目运作难度也会高很多。

四、联播型——多家电台联合现场直播

随着广播的发展，目前现场直播的规模越来越大，手段也越来越先进。其中，多家广播电台联合进行现场直播，已成为经常被采用的一种现场直播方式。

如现场直播《站在9+2最前沿》（2005年7月26日），这是获第16届中国新闻奖二等奖的作品，由四川台联合广东、福建、江西、湖南、广西、海南、贵州、云南、香港和澳门共11家电台同时进行现场直播。

（节目开始曲）

吕丹：泛珠区域的各位听众朋友，大家好！这里是四川成都世纪城新国际会展中心。

贾亮：这里是“第二届泛珠三角区域经贸合作洽谈会”开幕式现场，您现在收听到的是由泛珠三角区域11家电台联合推出的大型广播直播节目《站在9+2最前沿》，我是节目主持人贾亮。

吕丹：我是主持人吕丹，我们将与11家电台的主持人一起，为您共同主持这次直播节目。

（各台主持人依次亮相）

（宣传词用普通话，问候语和自我介绍用各地方言）

四川台：“峨眉天下秀，青城天下幽，剑门天下雄。”大家好，我是四川电台主持人张洁，欢迎来到我们“天府之国”！

广东台："日啖荔枝三百颗，不辞长作岭南人"，大家好，我是广东电台的节目主持人景艳，欢迎大家来到广东，广东欢迎你！

福建台：请接受来自东海之滨海峡西岸的问候，我是福建电台主持人刘晓倩！

江西台："物华天宝，人杰地灵"，美丽的江西欢迎你，开放的江西欢迎你。大家好，我是江西人民广播电台的主持人尹民！

湖南台："悠悠湘江，八百里洞庭"，收音机前的各位亲爱的听众朋友大家好，我是湖南台主持人卢静！

广西台："桂林山水甲天下"，广西电台主持人杨华向您问好！

海南台：我是来自海南电台的主持人陈卓，请到天涯海角来，这里四季春长在！

贵州台："品茅台美酒，观黄果树瀑布"，欢迎大家到苗乡来，贵州电台主持人丹棱向大家问好！

云南台："苍山洱海，彩云之南"，大家好，我是来自云南电台的主持人秋玲，欢迎大家到云南来！

香港台："东方之珠，动感之都"，大家好，我是来自香港电台的陈笺，欢迎大家来香港！ Welcome to Hongkong！

澳门台：澳门是一个中西文化融汇的城市，我是龚惠芬，欢迎到澳门来！

吕丹：好，听众朋友们，现在是北京时间 8 点 57 分，"第二届泛珠三角区域经贸合作洽谈会"的开幕式马上就要开始了！

贾亮：我们的直播现场设在充满现代气息的成都世纪城新国际会展中心，这座气势恢宏的建筑呈扇形展开，九个主展馆足以装下二十多架大型客机。它是目前中国功能最完善、最现代化的会展场馆。

吕丹：那么，今天的成都世纪城新国际会展中心绿树掩映、花团锦簇、彩旗飞扬，来自泛珠三角区域各省区的数千名嘉宾已经步入会场，静候着开幕时刻的到来。

贾亮：好，听众朋友，现在是北京时间 8 点 59 分，"第二届泛珠三角区域经贸合作洽谈会"的开幕式马上就要开始了。

（仪式信号切入）

大会司仪（男）：下面我们有请中共四川省委副书记、常务副省长蒋巨峰先生主持今天的开幕仪式。

大会司仪（女）：有请。

蒋巨峰：现在举行开幕式启动仪式，有请 11 个省区的行政首长上前，准备启动"第二届泛珠三角区域经贸合作洽谈会"开幕式的按钮，让我们以热烈的掌声请中共四川省委书记、省人大常委会主任张学忠先生宣布"第二届泛珠三角区域经贸合作洽谈会"开幕。

张学忠：现在我宣布："第二届泛珠三角区域经贸合作洽谈会"开幕。（现场音响……）

蒋巨峰：现在我宣布："第二届泛珠三角区域经贸合作项目集体签约"开始。（现场音响……）

蒋巨峰：各位领导，各位嘉宾，女士们，先生们，"第二届泛珠三角区域经贸合作洽谈会"开幕式及集体签约仪式到此结束。

（信号切出仪式现场）

贾亮：好，听众朋友，现在是北京时间9点16分，"第二届泛珠三角区域经贸合作洽谈会"开幕式已经结束了。我们现在看见各省区行政首长正通过合作之门，踏着红地毯步入了展馆。

（现场直播总版头）

吕丹：潮起珠江，浪涌天府！泛珠区域各路嘉宾乘潮踏浪来到天府之国四川，聚首此次区域合作、共谋发展的盛会，四川省委书记张学忠一番致辞浓缩了四川对本次大会的期盼之情。

【录音】（张学忠讲话。略）

贾亮："9+2"动起来，泛珠三角区域经济撼动了南中国！对于"合作发展，共创未来"这个主题，国务委员兼国务院秘书长华建敏对此做了精彩点评。

【录音】（华建敏讲话。略）

（片花）

吕丹：收音机前亲爱的朋友大家好，感谢您和我们一起站在"9+2"最前沿，放眼泛珠11省区，直击精彩大碰撞。

贾亮：吕丹啊，我发现咱们各个台的美女主持人好像已经跃跃欲试了，是不是该请她们上场，把各自省区参加这次盛会的最新动态介绍给大家呢？

吕丹：贾亮，我今天要在这里卖个关子，你想让她们出场啊，恐怕还得先过我这一关，今天我可是设置了11个谜局喔。

贾亮：是嘛，还设了谜局，而且是11个。

吕丹：那当然了，你想想，咱们泛珠三角区域的11个省区，既有着深厚的历史与文化底蕴，同时又充满生机、朝气蓬勃，它们本身就是一个个各具特色、充满魅力的美丽谜局，听众朋友和我们一样，只有猜破了这些谜，11个省区各自蕴藏的巨大财富才会展现在我们面前，让我们去了解、让我们享受。贾亮，你该不会是害怕猜谜吧？

贾亮：说到害怕倒是不会，猜谜是从小就会，现在你就开始说吧。

吕丹：那好。你可听好啦，这第一个啊，是司马迁在《史记》中的一句话："水旱从人，不知饥馑。时无荒年，时人谓之……"贾亮，这个"谓之"之后的内容就需要你来补上了，答案呢也就在这段话里。

贾亮：我想这个也不是特别难，因为大家都知道，这段话就是司马迁对都江堰建成以后，川西平原富庶景象的描述。所以说“水旱从人，不知饥馑。时无荒年，时人谓之”，这后头叫作“天府之国”。我觉得我第一关过得还不错吧。

吕丹：是的，很顺很顺。

贾亮：好，下面我们就请东道主四川电台的节目主持人。

（以下略）

这台现场直播，既是直播间外移，也是多家电台联合，这意味着多家电台共同筹划和组织广播内容，而且同步播出。这种直播方式，其幕后的组织、协调工作会更复杂，但其影响范围也更大。

五、天地串联型——以卫星连线为标志的超远直播

“天地串联型”现场直播，通常根据新闻现场距离超远，无法实现有线联系的实际情况，通过卫星连线，进行现场直播。这可以说是一种最新式的、采用高科技手段实现的现场直播。

例如现场直播《穿越青藏高原》（获第 17 届中国新闻奖一等奖，中央台 2006 年 7 月 1 日播出）。

（片头。略）

【音乐】（歌曲《天路》）

苏阳：中央人民广播电台！

王盈：中央人民广播电台！

苏阳：收音机前的听众朋友们大家好！您正在收听的是中央人民广播电台的特别节目《穿越青藏高原》，这里是北京直播间，我是主持人苏阳。

王盈：我是主持人王盈。

（移动直播间信号）

宇廷：朋友们，大家好！这里是《穿越青藏高原》特别直播节目的列车直播间，我是主持人宇廷。

庞莹：听众朋友好！我是庞莹。我们正在即将从拉萨火车站发出的首趟列车上为您传递来自青藏高原的“中国之声”。

（格尔木现场信号）

于芳：听众朋友们，大家好！这里是“青藏铁路通车庆祝大会”格尔木会场的直播间，我是主持人于芳。

徐强：我是主持人徐强。

（拉萨现场信号）

大魏：听众朋友，大家好！这里是拉萨直播间，我是主持人大魏。

嘉惠：大家好，我是嘉惠，我们现在在拉萨火车站向听众朋友问候！

（歌曲扬起——压混）

（北京直播间信号）

苏阳：听众朋友，伴随着耳边熟悉的歌曲，我们的思绪飘荡在遥远的青藏高原，神圣的雪峰和空旷的原野正敞开胸怀，它们将和我们一起见证今天这样一个激动人心的历史性时刻！

王盈：今天是7月1号，中国共产党迎来了建党85周年的纪念日，在85年的光辉历程中，一代又一代中国共产党人团结带领全国各族人民，在艰难困苦中奋起，在艰辛探索中前进！

苏阳：今天是7月1号，青藏铁路这条世界第一钢铁巨龙在决策者和建设者们的奋斗下，翻重山，越峻岭，跨戈壁，过荒漠，划破青藏高原千万年的沉寂，今天将迎来它在青藏高原上的首次穿越！

王盈：我们中央人民广播电台今天也将在四个半小时的直播行程当中，多角度、全方位聚焦青藏铁路，并将和您一起来见证首日全线开通试运营的每一个激动人心的时刻！

苏阳：刚才我们听到了来自中央人民广播电台4个直播间的问候，下面我们将再次请出格尔木直播间、列车移动直播间、拉萨直播间的主持人。首先请出列车移动直播间的主持人庞莹。庞莹你好！

（通过卫星传送的移动直播信号）

庞莹：你们好！收音机前的听众朋友，欢迎大家光临中国广播史上第一个列车直播间。即将从拉萨开出的第一趟列车，此刻正静静地停靠在崭新的拉萨火车站，现在我们车内的所有座位都进入了待运状态，再过一段时间，随着列车的启动，我们将通过海事卫星设备带您领略青藏铁路沿线独有的高原风光！为您传递来自世界第三极的声音！……各位听众，列车开启之后，我们再见！

（卫星信号止）

（格尔木直播现场信号）（主持人介绍青藏铁路通车庆祝大会的准备情况。略）

（拉萨直播现场信号）（主持人介绍拉萨火车站庆祝通车典礼的准备情况：再过两个小时，庞莹他们乘坐的列车将从拉萨站启动。略）

（北京直播间的主持人介绍参与节目的三位嘉宾——铁道部铁道科学研究院首席专家钱立新、中央人民广播电台前副总编张小平、国家发改委宏观经济研究院副院长王一民，并介绍热线电话和手机短信参与方式等。然后现场采访专家，谈青藏铁路修通的意义、是单轨还是双轨、是否电气化、如何解决冻土层等问题。略）

【预制录音材料】（介绍背景，音乐，压混）20世纪50年代，中央决策要把铁路修到拉萨。青藏铁路分两期工程：第一期工程，西宁至格尔木，全长814公里……第二期工程，格尔木至拉萨，全长1142公里。2001年6月

29号开工建设，2005年10月15号青藏铁路全线铺通，2006年7月1号通车运营。它以惊人的建设速度，重大的科研成就……将掀开青藏两省区经济建设崭新的一页。

（格尔木信号）前方记者现场报道格尔木庆祝大会准备情况：听众朋友大家好！我现在是在格尔木站前广场，这里是青藏铁路通车庆祝大会的主会场……今天整个会场非常热闹，来参加大会的大约有2600多人……（以下略）

（拉萨信号）（主持人介绍庆祝大会的准备情况，采访拉萨火车站副站长……以下略）

前方记者从拉萨发回现场报道：我现在就在拉萨开往兰州的列车旁边的站台上，再过一会儿，我们就要从这里出发，我现在的心情可以用两个词来形容，一个是荣幸，一个是激动，而且充满了向往……列车一共包括了16组的车厢，车厢的颜色整体上是深绿色的，比我们一般看到的列车的颜色要深很多。据我了解，这是一种特殊的涂料，能够长时间地抵抗紫外线和风沙的侵袭，以及日夜温差较大给列车所带来的一些影响。（上车）列车的不同之处，是座位下有吸氧的装置；列车的玻璃有夹层，可以把高原上的紫外线降低到13.3%……（以下略）

（片花）

（格尔木现场信号）

于芳：中央人民广播电台！

徐强：中央人民广播电台！

于芳：各位听众，香港特别行政区同胞、澳门特别行政区同胞、台湾同胞们，上午好！现在我们是在青海省的格尔木火车站直播间，青藏铁路通车庆祝大会今天上午将在这里举行。过一会儿将现场直播现场大会的实况……

（以下略）

上例中，既有电台内的正式直播间（基本型），也有设在格尔木庆祝大会现场和设在拉萨火车站的临时直播间（临建型），还有设在列车上的移动直播间（移动型），更有创新意义的是租用了卫星线路，这是中国广播史上前所未有的。如此大规模、超远距离和采用高新技术手段进行的现场直播，其组织难度、衔接的复杂程度可想而知。但从整个过程看，几路信号衔接轻松流畅，音质清楚，导播调动紧张而有序，称得上是一场距离超远、规模超大、具有高科技含量的高水平的现场直播，为中国广播开创新的现场直播方式树立了新的里程碑。

六、全媒体直播型——以广播直播＋网络直播为代表的多媒体形态

随着网络的不断发展，特别是随着移动互联网的兴盛与成熟，广播现场直播开始向多媒体形态发展——网络加入其中。

如湖北之声（FM104.6）2020 年 1 月 23 日的现场直播《我们在一起——直击武汉紧急关闭离汉通道》（该节目获第三十一届中国新闻奖一等奖）。

从内容上看，该节目全景记录重大历史时刻——它是唯一一场全景记录武汉关闭离汉通道、停运公共交通的新闻直播。1 月 23 日（这一天是腊月二十九）凌晨，武汉发布紧急通告“10 点起，暂时关闭离汉通道、停运公共交通”。湖北之声于当天上午 9 点 45 分，果断启动全天候应急直播《我们在一起》。首场 75 分钟直播，全程见证这一重大历史事件。十多路记者前往火车站、机场、地铁、公交、商超、社区等多地直击了武汉“封城”全过程；实时记录了十多个典型场景的真实状况：火车站慢慢关上的站门、机场循环播放的广播提示、地铁站缓缓落下的卷闸门和最后一趟驶过的列车、商超里有些慌乱的市民和耐心告诉大家物资充足不用抢购的店员……就是那一刻真实的武汉，壮士断腕的背后是众志成城、团结一心的英雄气概！应急实战展现了媒体综合实力。这场应急直播是一场突如其来的战斗，湖北之声打得精彩漂亮。

从形式上看，湖北之声在现场直播的同时，与九头鸟 FM、长江云、蜻蜓 FM 等十多个互联网平台同步直播。直播过程中，互动平台几乎被网友留言挤爆，不少网友表示，听了直播后，自己从“恐慌”变得慢慢平静了，更多人留言“愿意和武汉战斗在一起”！该作品在抗击疫情期间被多家业内单位和媒体高度评价，充分彰显了主流媒体在应急报道中的责任和担当。

新型的全媒体现场直播已经突破了传统的与听众的互动手段——将传统的三种互动手段：（1）拨打热线电话；（2）发送手机短信；（3）网上参与讨论发展到可以在网上直接观看在线直播。

如荣获第十八届中国新闻奖一等奖的现场直播《“嫦娥一号”绕月探测卫星发射特别报道》在三个半小时的直播中，就运用了网上视频直播、网上图文等手段。

总之，多媒体技术、移动技术和卫星通信技术使广播的现场直播如虎添翼，成为广播创新的不竭源泉。

第三节　编辑在现场直播中的职责

现场直播是一项需要密切协作的集体报道方式，而且，编辑在整个运作流程中非常重要。

现场直播的运作流程如下：

图 2-1　现场直播流程图

一、确定选题

确定选题非常重要。它包括该选题都有哪些具体内容，是否受社会关注，能否进行现场直播，怎样进行现场直播。作为一名新闻编导或组织者，首先要对选题进行判断，有的选题需要经过集体研究，并上报领导批准后才能最终确定。

二、了解新闻内容

选题确定后，接着要了解新闻内容，其中涉及新闻的发生、发展过程怎样，新闻背景如何，新闻中的知识点、难点在哪里。新闻涉及的人物是谁以及涉及的部门、范围都有哪些，等等，编辑都要做到心中有数，了解要细。

三、研究直播方案

了解新闻内容后，即可确定直播方案：采用何种方式直播，是否需要请嘉宾，需要与哪些部门协调，需准备哪些设备，这当然要根据新闻事件的特点来研究确定。一般讲，直播方案也要上报领导批准。

四、勘查现场

勘查现场主要是就外移直播方式而言的。因为离开了广播电台，很多问题都需要特别解决，例如具体的直播位置、周围环境、电源、电话线路（包括电话机的准备）、音频信号传送方式以及网络信号等，都需要在勘查现场后具体研究确定。因此，勘查现场需要多部门（与传音、网络等技术部门）协同进行。

五、确定人员分工

上述问题做到心中有数后，便可以研究和确定人员分工了。一般来讲，现场直播的人员大致有如下分工：（1）总撰稿；（2）总串联主持（如果有几个直播现场的话，还需要更多的主持人）；（3）前方记者；（4）直播现场总编导（可以由总撰稿担任，因为他对直播方案最清楚）；（5）热线导播（负责热线电话的接听）；（6）音频信号传送（技术人员）；（7）现场监听（现场有信号不等于广播中有信号，因此需要有现场监听人员，一旦广播中无信号或信号突然中断，能够在第一时间发现并及时采取补救措施）。

现场直播是一项需要团队密切协作的工作，有时甚至需要调动全台力量。比如前面提到的《穿越青藏高原》，在报评中国新闻奖时，作者名单就有60多人，估计没上名单的幕后英雄还有很多。可见，现场直播需要非常细致的分工和全体采编播以及技术人员的密切合作。

六、文案准备

现场直播的文案准备大致有以下几个方面：

第一，开场白。开场白主要包括节目的呼号，介绍现场直播的主旨——新闻事件的主要内容、意义，介绍现场直播涉及的有关人员、嘉宾等。

第二，介绍相关新闻背景和相关的知识点。

第三，进入正题。一旦进入正题后，文案准备倒相对简单了，因进入正题后，即切入新闻现场的信号，或穿插记者报道、嘉宾现场解答以及接听热线、插播短信等。这时，主持人的灵活性也就体现出来了。因此，这一部分的文案设计，只要按照新闻事件的发展，有一个大概的时间安排及内容要点就可以了。

第四，准备必要的点评（可以做成卡片，让主持人灵活穿插使用）。

第五，结尾。结尾包括对当天现场直播的总结——事件的点评、意义的概括、主题的升华，等等。特别需要注意的是，有的新闻事件可能会有不同的结果，因此要准备两套方案。例如卫星发射既有成功的可能，也有失败的可能，一旦失利，直播怎么办？所以要有预案。

1. 开始语（介绍新闻由头、现场环境、新闻背景、直播方法等）
2. 届时切入新闻现场实况音响
3. 按照新闻的进展顺序进行介绍、评述
4. 与前方记者连线
5. 现场访谈直播顾问
6. 结束语（有多种结尾可能的，要有不同预案）

图 2–2　现场直播文案结构框架示意图

【注】现场直播的文案写作要点：一是写“话”，即不是写文章，要适合主持人“说”。二是要看“单播”还是“对播”，将文稿写成男女对播或一人主持形式。三是除文案外，还需一导播表，即现场直播流程表，以便让全体编播人员知道每一个环节的时间及内容，做到心中有数。

七、预制件准备

所谓“预制件”，是指提前做好的“录音报道”（如录音专稿等）；提前做好的片头、片花、广告宣传带等。一般来讲，在现场直播中，事先预制好的“录音报道”所占比例（所占时间长度）不宜超过“现场”直播（否则有喧宾夺主之嫌），而且，对需要提前录制的内容，一定要提前做好，不能马虎。另外，就是要认真准备片头、片花以及宣传带等，这也是很费时、费事的工作，但很重要，必须提前做好。

八、直播现场布置

如需搭建临时直播间，就更需提前选址，提前搭建，周密布置。既要考虑线路、照明、通讯、直播台，甚至会标，还要考虑防风、防雨雪等等，这些都要提前准备好。如果要租用卫星线路，那工作就更需提前申请，提前准备。

九、直播

上述所有准备工作完成之后，即可静候直播。一般来说，直播当天，全体相关人员在带齐所有必要直播器材、物品的前提下，至少要提前一至两个小时到达现场，进行直播前的最后准备——包括直播台的摆放，线路连接，设备调试（技术人员必须到场）等等。设备安装调试完成后，主持人要试音，然后是最后的“备稿”（熟悉稿件）、认识要采访的嘉宾等。一旦直播开始，就必须按照分工，各就各位，各负其责，保证现场直播圆满完成。

第四节　编辑对现场直播过程的把握

编辑在现场直播过程中主要把握好以下几点：

一、把握好内容

要紧扣主题，突出重点。因为在现场直播过程中，主持人的机动性、灵活性比较大，所以，如果你是这场直播的总编导（导播），就要时时注意把握好内容，防止偏离中心，尤其不能出现导向性错误。

二、把握好时间

一是要掌握好总的时间——什么时间开始，什么时间结束。二是要注意掌握好各个小环节的时间——如果小环节超时，那很有可能会影响现场直播的整体把握。因此，时间的掌控应该在稿件上体现出来，通常的做法是要认真填写“导播表”，标注出时间安排，让大家心中有数。

三、把好热线关

热线是连接直播现场与听众的桥梁，也是比较容易出问题的环节之一。因此，要严格把关。一是要注意防止接进与节目不相关的热线，二是注意防止热线电话内容冗长或者偏离主题。

四、衔接好各直播环节

在整个现场直播过程中，一是工作人员多，涉及的方面也多，有技术、记者、编辑，还有主持人、前方记者甚至是外场主持人等，所以，各个岗位必须衔接好。二是直播过程中的内容衔接点多，比如在直播过程中，有可能要先插入新闻现场的信号，然后是记者的现场报道，随后是接听热线，再念手机短信，还要进行网上互动、插播必要的节目宣传带以及广告，甚至还要及时处理广播信号问题，等等，这些环节常常是环环相扣，内容庞杂。所以，作为现场直播的组织者、指挥者，必须头脑清楚，将所有问题处理好，将所有环节衔接好。

五、密切关注新闻事件的变化

要注意新闻事件和新闻现场的变化，有的直播要准备几套预案，防止情况发生变化时措手不及。

第五节　编辑对突发事件的应对

随着社会的发展和各种通信设备、交通设备的使用，广播新闻应对突发事件的能力也在不断提高，而对广播编辑来说，也形成了新的挑战。

请看江西台 2005 年 11 月 26 日播出的节目《九江发生 5.7 级地震，震区主干道交通安全畅通》（获第 16 届中国新闻奖“消息类”作品二等奖）：

主持人：听众朋友，听众朋友，现在是 9 点 15 分，我们刚刚得到消息：我省九江发生了地震。现在，我们中断正常节目，插播这条消息：今天上午的 8 点 50 分左右，九江的瑞昌市附近发生了 5.7 级地震，目前，省有关方面正在按照紧急预案进行处置。现在，我们也在联系相关地区，了解地震的情况，地震有没有对交通造成影响。刚才我们直播室也有晃动，现在才明白，是九江发生地震了。现在我们的编辑已经联系上了瑞昌市交警大队丁大队长，我们来听一下电话。

【音响】（电话铃声）

主持人：丁队长，您好！丁队长，您好！听得见吗？（电话忙音）请编辑继续联系丁队长。地震发生以后，很多听众打来电话、发来短信，问到底是怎么回事，是不是发生了地震？现在我们的记者正在向有关方面了解最新的情况。听众朋友，下面我们连线到九江市交警支队大桥中队的肖队长。（电话接通）肖队长，刚才九江发生了地震，那么现在九江大桥的情况怎么样？

肖：秩序良好，整个路面上的车辆和流量正常得很。

主持人：那么地震发生的时候，桥面上是个什么情况？

肖：我们是 8 点钟交接班，当时我和同事两个人在整理文件，就感觉一下子房子震动，因为我们的值班室正好在桥面的引桥路口上，我们误认为是重型车辆路过，所以我们两人就出去看了一下情况，当时桥面的车辆、流量正常，没有一点异动。过了大概 5 分钟，就接到底下电话，说发生地震了，我们 101 的总台通知我们所有的路面交警上路值勤巡逻，保证秩序。（连线止）

主持人：听众朋友，现在我们再来关注一条消息：记者刚刚从地震局了解到，如果还有余震的话，地震局会通过手机短信通知市民，请大家放心。好，编辑再次接进来瑞昌市交警大队丁大队长的电话。（电话接通）丁队长，您好！

丁：好的。

主持人：我们刚刚知道，九江瑞昌发生了地震，现在情况怎么样？

丁：老百姓有点惊慌，所有的市民全部都从房子里出来，满街都是人，城区的交通秩序比较混乱。

主持人：地震发生的时候，您是在什么地方，当时的情况怎么样？

丁：当时我在路面值勤，在瑞昌到码头去的路上，叫瑞南线，新修的水泥路，一辆桑塔纳从我旁边过，突然间发现水泥块好像跟地面脱层了，晃得很厉害，马上反应过来是地震，这时候紧接着旁边砖瓦厂的工人从里面往外跑，哇呀呀说地震。（连线止）

主持人：丁队长，请稍等一会儿，我们来关注一条即时路况：目前九江市浔阳路烟水亭路段的行人非常多，双向已经拥堵。（电话忙音）这是本台九江四号路况信息员提供的即时路况。在这儿我们也要请司机朋友注意了，现在九江市区很多人都出来了，道路上的行人也比较多，要注意行人安全。好，又有一路电话，这是高速交警三大队周林辉大队长，（电话铃声）来了解昌九高速公路的情况。（电话接通）周队长，地震对高速公路有没有影响？

周：地震对高速公路的行车影响不大，发生地震的时候，我们在高速公路上巡逻，79 公桩，往九江方向，高速公路上没有什么感觉，可是我们看到下面村庄的老百姓从家里往外跑。（连线止）

主持人：听众朋友，今天上午的 8 点 50 分，九江瑞昌市附近发生了 5.7 级地震，通过前面的连线，我们了解到，目前地震对九江长江大桥，还有昌九高速公路一些交通主干道没有造成大的影响；在瑞昌地震中心，人员的伤亡情况我们还不是很清楚，但是城区的交通比较乱。同时，九江市区的交通也有些乱，有关方面正在采取紧急措施，也请大家锁定 FM105.4 江西交通广播，我们将及时报道。

上例中，主持人与相关交警的电话连线，是听众在节目中听到的内容，但一些幕后工作显然要依靠节目的编导。

第一，编播人员的新闻意识、服务意识和应急指挥能力。地震发生仅20多分钟，江西电台的一档交通广播节目即迅速调整节目内容，转为跟进报道震后交通状况，希望能为疏导交通尽一点力。

第二，突发事件导致节目内容的不确定性。地震发生后，该节目迅速跟进。不是立即派记者，而是马上连线有关交警，了解震后交通情况。这一做法，看似简单，但存在风险。首先，能否在震后民警忙于指挥交通的情况下找到相关民警，并不确定；即便找到该民警后，他是否有时间配合电台，向听众介绍情况，也不确定。从本例中不难看到，那位丁大队长，两次撂了电话：第一次，是主持人接听后发现是忙音（实际电话已接通，但就在编辑接通其电话而主持人尚未接听之前，丁队长因忙于指挥交通，不能长时间等候，将电话挂断）；第二次是主持人在与丁队长讲话过程中，请丁稍等，插播一条路况信息。此时，丁队长再次将电话挂断。这说明，交警非本台记者，他可以配合也可以不配合。但从另一方面讲，或许正是这种原汁原味的广播，让听众听到了一种更真实的东西。

该节目片段告诉我们，面对突发事件，编导采取这样的连线方式是有风险的，因为不是事先安排，也非连线本台记者。但这样的节目方式更显大胆和真实。

这里，我们能看到编播人员敢冒风险和知难而上的一种能力和精神。

第三，编导日常准备的重要性。如果编导手里没有这些交警的联系方式，那么，该节目是无法取得上述效果的。但从中我们也可以看到，节目编导手里似乎只有交警的电话，而无地震局等相关部门的电话，这使得突发事件的应对多少有些欠缺。

上例提示我们，要想当好一名广播新闻编辑，就要做好平时功课，比如储存好相关政府部门的电话，以及一些重要服务单位的电话、联系人等等，这样，在紧急情况下，就可以做到从容面对。

我们再来看黑龙江人民广播电台《叶文有话要说》（2007年6月26日播出，获第18届中国新闻奖“新闻现场直播”节目二等奖）。

（《叶文有话要说》节目开始曲）

主持人：欢迎大家收听《叶文有话要说》。咱们今天继续在节目当中谈生活，谈情感，谈婚姻。为什么节目一开始我声音显得有点急促？因为三线有一部电话在等待。据导播跟我们说，说这位女士现在面临危险，她说要在临死之前跟叶文通个话。咱们马上把电话接起来。你好！这位女士，你好！（热线接通）

女士：（有气无力地）是叶文吗？

主持人：（急切地）是我是我，你怎么啦？

女士：（抽泣声）

主持人：说话。快说话告诉我，我着急啊！你怎么啦？我刚才听导播说，你在家把煤气给打开了？你快告诉我，现在怎么样？（抽泣声）不要光哭，现在有没有危险？

女士：（声音微弱）我就是想和你说几句话。

主持人：你说你说，快说！

女士：我已经怀孕四个月了（抽泣），（主持人：怀孕四个月，然后呢？）我丈夫抛弃了我。他就在外边找女人，看我挺着大肚子能把他怎么办！（抽泣）

主持人：现在你真的是把家里的煤气给打开了吗？是不是？

女士：我不能活下去了。我已经为他做掉了第四个孩子。（抽泣）

主持人：你听我说，你听我说，你打电话的时候，能不能到靠近窗口的地方？（忙音、电话突然挂断）电话断掉了。她说话的时候声音在发抖，而且喘得很厉害，怀孕四个月，可能是，这种微弱的呼吸代表她正在危险当中！我不瞒大家说，我现在在直播间里，我的手在发抖！她的手机号码我们已经记下来了，是139××××1938。她姓江，导播告诉我，她的电话已经转全球呼了。各位朋友，收音机前有没有她的亲属？或者是朋友？听到我们的节目了吗？如果有听到这个节目的朋友，知道她家庭住址在哪，赶紧报110，或者赶紧冲到她家去，把她家的门撞开，她现在情绪很混乱，很容易出危险的。如果这位女士你在收音机前的话，我想对你说几句话：你现在怀孕已经四个月了，别的你可以不管，但是你现在肚子里有一个刚刚成形的小宝宝，难道你愿意带着他跟你一起死吗？那是不是太残忍了？孩子有活下来的权利，请你哪怕看在他的份儿上，你也不要选择这条轻生的道路啊！希望就在你前面，请你走到窗户跟前，你伸手把窗户拉开，马上就可以了。你知道吗，那个男人，他也许现在也在收音机旁，我想告诉他，赶紧回家！因为你的妻子现在面临了危险！你不能够这样折磨她！如果你这样折磨她，让她寻了短见的话，不光是她，还有你未出世的孩子，也会一同命丧黄泉！这对一个男人来讲，你会一辈子良心不安的！不行！我们一定得救救她！……导播告诉我说了，江女士的电话刚接通时，我们就把这个突发事件跟我们的领导汇报了，我们的导播间立刻成立了由我们的节目总监张新牵头的临时救援指挥中心。现在咱们有三路记者正在赶往中国移动哈尔滨分公司、120急救中心，以及110指挥中心，还有一路记者在随时待命。同时我们也希望更多的收音机前的朋友们，您能够加入进来，咱们一起把那位轻生的女士找到，把她从死亡线上拽回来！

……

主持人：我们现在派出的三路记者已经分别赶往了中国移动的哈尔滨分公司，还有110指挥中心，还有120的急救中心。他们那边的情况怎么样了呢？导播告诉我说，派往中国移动哈尔滨分公司的记者赵蕾，她的电话已经

接进来了。我们听一听，她能不能为我们提供一些营救江女士的有价值的线索。你好，赵蕾！（热线接通）

记者：叶文，你好！我现在就在去往哈尔滨移动公司的路上。刚才我已经和10086的客服人员沟通过了，希望他们能够告诉我江女士手机登记的一些信息，可是他们说，手机的详细信息是属于个人隐私，所以没办法向咱们透露，但是我现在已经跟移动公司的10086客服中心的班长台联系上了，他们正在向领导请示呢，希望能够特事特办，调出江女士的手机登记信息和联系电话，因为，生命高于一切，再多拖延一分钟，江女士可能就会多一分危险。希望我能够马上得到有价值的线索。叶文，我的报道就是这样，稍后我们再连线。

主持人：好的，希望赵蕾能够带给我们好消息。……下面让我们连线去往110指挥中心的记者崔英。你好，崔英！110指挥中心那边的情况怎么样了？（热线接通）

记者：叶文，你好！我现在就在110指挥中心，110的领导也在我身边。因为他们不知道具体地址，所以暂时无法出警。不过，110正在制订营救预案，下面请110指挥中心的宋警官介绍一下他们这边的营救方案。

……

主持人：谢谢，谢谢！再见！……听众朋友们，导播示意我，我们的记者崔英已经赶到了道里区城乡路395号，现在现场的情况怎么样了呢？请我们的导播把现场记者的电话切进来。崔英，你好！（热线接通）

记者：叶文，你好！我已经赶到了城乡路395号，我是跟随110警车赶到现场的。我看到现场黑压压一片全都是人，江女士住处的2单元门口，人群自然地让出一条通道，现在110民警已经冲上楼去了，冲上去了他们已经。啊，叶文，120急救车也已经赶到了，急救人员已经拿着担架上楼了，有人下来了，我看见有十几个人，把江女士抬下来了！

主持人：太好了，崔英！江女士还活着吗？

记者：江女士现在脸色有点惨白，紧闭着眼睛，不过医生已经给她戴上了氧气罩，120急救医生说，她还有呼吸！

主持人：太好了！

记者：叶文，江女士已经被抬到救护车上了，我也上车了，就赶往最近的武警医院。现在，现场情况就是这样！现在医生正在抢救，我不便多说，我们稍后再连线吧。

主持人：好的。刚才我们的记者说，江女士还有呼吸，她还活着！真是太好了！我在直播间为江女士和她肚子里的孩子默默祈祷！希望她们母子平安！

……

该节目由一个打进直播间的热线电话引起，结果一个日常的主持人谈话类节目演变成为一个新闻现场直播节目，因此在节目样式上有所突破（非预知）。同时，它让我们看到了广播节目在面对突发事件时所具有的优势，也看到了新闻编导在突发事件发生后的应急反应能力。

第一，凸显了节目编导在突发事件面前所表现出的处置能力和应对能力——成立临时指挥中心，记者分三路出发，寻找解救途径，最终通过特事特办，在移动公司打出了江女士的“电话单”，成为事件转折点。可见指挥正确，组织有方。

第二，该节目最打动人之处，是它扣人心弦，充满悬念。听众不知节目的走向如何，甚至编播人员也不知道。但编导人员这种面对突发事件的正确应对，值得我们钦佩和学习，这一节目也彰显了广播的优势。

第三章　广播新闻评论节目的编辑

一般来说，“广播新闻评论”可以分为“广播新闻评论稿件”和“广播新闻评论节目”。前者多由广播记者采写而成，目前经常使用的体裁有“录音评论”“录音综述”和“录音述评”，也有广播编辑配发的“本台评论”。后者多指以节目形态出现的完整的、大的“广播新闻评论”单元。

记者怎样写“录音评论”“录音综述”和“录音述评”，我们已在《广播音响报道实用教程》中做了详细介绍，这里只谈与广播新闻编辑关系比较密切的广播新闻“短评”和直播的广播新闻评论节目。

第一节　广播新闻短评

首先要明确的是：在广播中，给新闻配发短评的工作，往往是落在新闻编辑身上的。这是我们这里为什么要介绍它的缘故。

为新闻配发短评，首先要解决的一个问题是，为什么样的新闻配发短评？换句话说，什么样的新闻需要或值得配发短评？这是每一个编辑在面对无数个新闻时所要首先考虑的一个问题。

一、短评的含义

新闻媒体上的评论都是对新闻事件或社会现象发表的议论。短评也是评论，它被称为评论中的“轻骑兵”。

一般讲，**短评是一种言简意赅的点评。**

报纸上的短评，可以分为“编者按”“编后话”；而广播短评则常常被称为“短评”或“本台短评”，通常放在新闻的后面。

二、短评的特点

一般来讲，短评是一种轻型评论，其评论对象一般不是对整个事件或整个对象做全面的、完整的评论，而是抓住新闻事件中最重要、最有意义的一个侧面或一个点，做一种或启发，或归纳，或就事论事，或浅显易懂的点评。

因此，短评的特点是篇幅短小，简明扼要，源于报道，高于报道。

三、当代广播短评的种类

1. 编辑配发短评

如2010年11月18日天津滨海广播的《滨海第一线》节目，在《今日头条》栏目中，就配发了“本台短评”：

（栏标乐：今日头条）

男播：关注“今日头条”。听众朋友，北京时间11月17号上午，权威机构、国际超级计算机TOP500组织正式发布第36届世界超级计算机500强排名榜，安装在国家超级计算天津中心的“天河一号超级计算机系统”，以峰值速度4701万亿次，实测速度2566万亿次的优异性能，位居世界第一。中国首次站到了超级计算机世界之巅。我们来听滨海广播记者刘××的报道。

记者报道：在位于滨海新区的国家超级计算天津中心，记者见到了速度王“天河一号”。140个看上去像黑色冰箱的机柜，一闪一闪的绿色小灯，显示着机柜中的两千多颗中国自主研发的中央处理器CPU芯片运转良好，就是它，打败了此前全球最快的超级计算机——美国美洲虎，将全球计算机运算速度提高了三分之一。代表“天河”团队刚刚从美国领奖归来的国家超级计算天津中心主任刘光明感慨地说：（录音）这一个时刻我们已经等了整整20年了。

记者：作为我国首台自主研制的千万亿次超级计算机系统，“天河一号”是在国家863计划重大专项支持下，由国防科技大学与滨海新区密切合作取得的成果。

……

记者：未来，天河一号还将面向全球的个人用户开放，只要用户通过网络或卫星登录账户，“天河一号”都会为各种语言、各种肤色、各种不同需求的用户提供强大而又贴心的服务。

（记者报道止）

男播：请听“本台短评”——《加强自主创新，推动产业结构升级》。近年来，滨海新区以高水平、大项目、好项目为抓手，加快推进结构调整，取得了良好的效果。但是从全球范围来看，滨海新区的大部分产业，仍处在以生产加工为主的产业链末端。如何才能改变目前的国际分工地位，天河一号的成功证明，我们必须将科技创新和技术进步作为转变经济发展方式的中心环节，只有掌握核心技术和自主知识产权，利用技术优势，推进重点产业和行业，向产业链价值链的高端发展，才能抢占产业发展高地，实现经济结构的优化升级。这既是滨海新区在新一轮开发开放中的迫切任务，也是滨海新区实现国家定位、探索新型工业化道路过程中的重要使命。

女播：好的，以上是《今日头条》。

此种点评方式，对编辑的综合能力（新闻把握能力、写作能力）是个考验。

2. 主持人进行点评

这种方式进行的评论，常常并不明确说是“短评”。

（栏标乐：民生万象）

男播：听众朋友，随着滨海新区开发开放的步伐逐步加快，以及一系列引进人才政策的出台，新区外来人口急剧增长，并保持每年30%的速度递增，滨海新区外来建设者目前的规模已经达到33万人。

女播：这些外来建设者为滨海新区的快速发展做出了巨大的贡献，同时他们也逐渐地融入滨海新区，成为了滨海新市民。从今天开始，我们将为您推出系列报道“走近滨海新市民，介绍他们在滨海新区的奋斗与成长”。今天请听第一篇——《东疆港是我成就梦想的地方》，与我们的记者李志强一起走近东疆保税港区、太平洋国际集装箱码头外来工李振广。

（记者报道录音：现场音响，压混：记者见到李振广的时候，他正带领自己班组的三个同事维修着太平洋集装箱码头13号岸桥的电子控制线路……作为奖励，李振广将获得天津市的正式户口，并享受申请保障房等市民待遇。他成为一名真正滨海人的梦想即将成真。

李：有三个词可以形容吧：感动，感激，感谢！感到很有归属感，在这。

（记者报道止）

男播：目前有33万像李振广这样的外来建设者在滨海新区默默地奉献着自己的力量，怎样让这个群体共享城市发展的成果，扎根滨海、融入滨海，也是政府和社会应该认真考虑的问题。一个可喜的消息是，滨海新区将于近期推出一系列针对外来建设者的服务政策。未来，外来建设者将会在申购保障性住房、子女教育、社会保险等方面享受到同城待遇。落户政策也将会有更大的政策倾斜。我们来听一下记者靳鑫发回的报道。

记者：对于外来建设者最为关心的户口问题，滨海新区副局长王秀侠介绍说，目前新区在大型企业外来员工落户方面，继续享受政策倾斜。

录音：一方面是引进成建制企业人员落户……

记者：新区教育局局长金红阳说，只要符合四个条件，外来建设者子女都可以在新区享受和新区市民同样的义务教育。

录音：只要符合我们讲的四证：有……证，我们就能保证他享有我们居民一样的义务教育学习条件。

（报道止）

女播：听了我们的报道啊，相信很多外来建设者会对未来的生活更有信心的。

男播：是啊，同城待遇，体现出的是一座城市对每一位外来建设者的尊重，也体现出以人为本的执政理念。当然，滨海新区出台的这些政策可能还不够全面、不够彻底，在全国来讲，彻底解决外来务工人员的问题，也的确非常复杂，需要稳步推进。但是，改革的趋势是不可逆的，我们也希望滨海新区在这方面的探索和实践，能为国内其他城市和地区提供宝贵的经验。

在报道结束后主持人进行的点评，可以由记者在写稿时一并完成，也可以由编辑在编稿时加上。这样的评论，并不强调是短评，而是采用主持人发表感想的方式，对新闻进行评论，因此更容易被听众所接受。

3. 专家点评

这种点评方式目前比较常用的是电话连线方式，可以事先录好，也可采用直播方式。录音方式的优点是，能避免直播连线电话万一不通的风险，而且能事先知晓点评的时间长度，以便更好地掌控时间。而直播方式的连线点评，优点是更具现场感和时效性，缺点是有一定的不确定因素，不知连线能否成功，再一个就是时间难以掌握。

采用专家点评的方式，关键是编辑要预先选好点评的新闻，并事先和专家进行联系、沟通，包括点评的内容、核心论点，以及采用何种连线方式、点评时间长度等等。

如2011年3月11日的《直播山东》节目中，有这样一个段落：

男播：正在进行的全国两会上，有关住房的话题成为各方热议的焦点。温总理在政府工作报告中提到，十二五期间，将新建各类保障性住房和棚户区改造3600万套，预期在十二五末，即2015年，将会有20%以上的家庭住房是通过政府的保障或者政策支持来实现的。这些数字如何来解读？请听本台特约评论员张金岭带来“新闻短平快”。

（片花：短评、快评，新闻短平快）

电话录音：应该说20%的这个保障覆盖面不算低。世界上发达国家像法国、德国、英国这些国家保障性住房的覆盖面大概也就是在20%上下，有的国家是15%，有的国家高一点，也就是20%左右。同时呢，剩下的这个80%，它也是要调控的，不是要放开，把它变成一个自由市场。我们理解是这样，就是说，20%覆盖不到的这些人群，比如中高收入人群，他是要靠这个80%的市场化的路径来解决自己的住房问题，但是80%这部分，也不是一个投资或投机让你去赚钱的一个市场，而是让你花钱，到这个80%的市场里面去解决你的基本住房需求。前一阵在调控房地产市场的时候，有一些经济学家、有一些舆论指出来，这个国家限购，包括银行对贷款的限制，说这是国家行政力量对市场进行的一种干预，实际上，在市场经济国家，不光是中国，就是这个市场调节和政府行政权力对市场的这种干预，它不是一个静态的东西，它是一个不断浮动的变量的过程，就是在中国，在目前这种阶段，在中国这种城市化快速推进，每年要有一千万农民转移到城市里面来，住房需求很强劲的这种情况下，如果我们允许社会上那些高收入人群不断地利用手里的这种资源，不断地利用房地产市场去炒房，去投机的话，这实际上是对中下层生活空间的一种挤压。我们的理解就是，这种2+8的房地产市场格局，就是要构建一个无论是国家保障，还是让你自己花钱到市场上去买房，去解决居住问题，就是要让房子本身，让整个房地产业回归到一种民生属性，而不是这种投资、投机呀，不是要把它搞成这样一个市场。

4. 连线其他媒体点评

这种方式的点评与专家点评略有不同，它是请其他媒体的编辑来进行新闻点评。如2011年11月1日的央广《新闻与报纸摘要节目》：

男播：我国已是全球汽车产销国，但汽车年出口仅有58万辆，只占总产量的3%，差距为何如此之大？《经济日报》提醒，汽车出口，走出去，更要走进去。

（电话连线点评）：我是《经济日报》总编室夜班编辑王×。中国车走出去容易，真正走进去很难。我国汽车前十年至十五年，出口的模式属于贸易模式，这种模式就是找到一个经销商推销产品，它首先看重的是产品，第二才是品牌，第三是高端。长期这样，中国汽车出口很难形成品牌竞争力。要把贸易方式转成营销方式实现彻底转型，决不能再走低成本、低价格、低质量的路。

《新闻和报纸摘要》本来编发的就是《经济日报》的权威消息，这里，将无声变为有声，不仅形式更加活跃，而且有一种媒体联合的意味，很有特点。

前两种，可以统称为“编辑点评”；而后两种可以合称为“连线点评”。

需要指出的是，广播中几乎没有请专家到直播间进行点评的，这与电视新闻有很大不同。原因是：

第一，广播不出画面，因此，专家在哪里点评从本质上说区别不大。

第二，通过电话连线进行点评（录音或直播），既方便又节省，因此是广播点评的好方式。

四、新闻点评的方法

1. 新闻解读法。所谓新闻解读，就是抓住新闻中不容易理解的问题，请专家来进行解读，或自己来解读（编辑自己写作）。

2. 意义揭示法。“意义揭示法”就是透过论据提供的现象，揭示出事物的本质、或事物所蕴含的深意，从而让人更深刻地理解事物。

3. 小中见大法。所谓“小中见大”，就是从一体化的事情说起，从中见到大的方面，即所谓“窥一斑而见豹”。

4. 独辟蹊径法。以独特视角给人以启迪。

第二节　直播评论节目的编辑

直播评论节目，即采用“节目”形式对新闻事件进行评论，通常时长至少在 30 分钟以上，或者 60 分钟，甚至更长。

一、直播评论节目的形式

直播评论节目的形式可以有多种：

1. 主持人评论形式

即主持人在节目中直接对一个新闻事件或一个社会现象进行评论。通常采用一对主持人在节目中聊天的方式。如天津生活广播的《点评生活》就是针对当天的一些新闻或社会热点，逐一进行评论。

2. 听众参与讨论形式

即选取一个新闻热点，邀请热心听众到直播间进行讨论。这样的节目形式更“草根”，更贴近百姓。

3. 专家评论方式

即邀请专家对一个新闻事件进行评论。主要是围绕新闻热点或社会热点，请专家来发表各自观点。双方可以观点不一致，可以进行观点的碰撞。这样的形式，更具“高端色彩”，对于讨论一些带有社会深层次问题的解读、分析，或带有一定知识性的问题的普及介绍，特别适合。

当然也可以上述几种办法相结合。

直播讨论节目因为要给大家发表空间和展开讨论的空间，因此一般以 30—60 分钟为宜。

二、直播评论节目的编辑步骤及方法

1. 抓好选题

选题是评论性节目的重要一步，对编辑来说也是非常重要的一个环节。选题选得好，老百姓关心，参与热烈，收听率上升；反之则效果不会好。

那么，如何选好题，应注意以下几个方面：

（1）抓有争议的最新热点。这里有两个关键：一是有争议，才有讨论的必要。二是最新热点。只有是最新的热点，才会有新鲜感，也才能吸引人。

（2）抓有讨论空间的新问题。有讨论空间，就是有讨论的余地，说明该问题带有一定的复杂性，大家会有很多话想说，而不是三言两语说完了，剩下的时间就大眼瞪小眼。

（3）抓老百姓关心的事。老百姓关心，才会有更多的人听。

（4）抓与地域相关的事。有的事和老百姓关系密切，但却可能是其他地方的事，因此，这种事值得不值得讨论，关键还要看和当地百姓的生活是否关系密切。

2. 搜集问题

搜集问题也非常重要。身为节目编辑，只有当你给主持人准备了足够的问题，主持人在讨论中才能做到提问准确，切中要害，也才能做到问题源源不断，足以支撑一个小时或更长时间的讨论。

搜集问题的主要方法：

（1）到网络上去搜索。现在网上的内容包罗万象。只要是社会热点，网上都会有所反映。因此，到网上去搜索是非常好的一个方法。

（2）关注报纸、电视等其他媒体。但一般说来，其他传统媒体的传播速度要慢于广播，因此，最好的搜集平台还是网络。

3. 搜集参考资料

所谓搜集参考资料，就是为主持人提供足够丰富的资料，以便于其深入了解事实，了解相关知识，了解相关的新闻背景，为深入讨论做准备。

需指出的是，直播节目的讨论，问题会是包罗万象，涉及生活方方面面的，而主持人由于所学专业的局限和生活阅历的不足，很可能对很多领域的问题知识储备不足。因此，编辑应该尽可能地为主持人提供丰富的资料。

4. 列讨论提纲

即根据最终搜集到的问题和汇集到的参考资料，列出讨论提纲，包括准备好必要的“新闻背景”介绍等。当然，这个提纲只是给主持人的参考。主持人可以进行二度创作，可以加进自己的想法和问题。

5. 送审

这个环节是必要的。

6. 联系专家

如果邀请了嘉宾，将提纲传给嘉宾一份，让他们知道讨论内容和大致的问题。

7. 播出监控

到这时，编辑的身份又转化为“导播”。

下面，以天津生活广播2012年12月9日编辑的一套《周日论坛》稿为例，来看看编辑思路与方法。

【片头】近日，国家质检总局就《产品质量申诉处理办法（征求意见稿）》公开征求意见。其中列出了质量技术监督部门不予受理的八种情况，包括“申诉人购买产品时知道或者应当知道产品存在质量申诉所涉及的质量问题的”。这一规定立刻引发了舆论的热议。那么，知假买假到底该不该索赔？质监部门应该不应该受理？今天的周日论坛，我们就来聚焦这一社会热点。

嘉宾1：南开大学法学院副教授李某某。

嘉宾2：天津国浩律师事务所律师杨某。

主持人：近日，国家质检总局就《产品质量申诉处理办法（征求意见稿）》公开征求意见。其中列出了质量技术监督部门不予受理的八种情况，包括“申诉人购买产品时知道或者应当知道产品存在质量申诉所涉及的质量问题的”。这一规定立刻引发了舆论的热议。我们先来了解一下相关的新闻背景。

【新闻背景】意见稿明确了申诉方式：申诉人提出产品质量申诉，应当提供经其本人或者其法定代表人（或者主要负责人）签名的注明为“产品质量申诉”的书面材料，并写明申诉人和被申诉人的姓名（名称）、地址、联系电话、明确的申诉诉求等信息。受理时限方面，被指定的质量技术监督部门应当自接到产品质量申诉之日起10日内受理。

同时，意见稿还列出了8种质量技术监督部门应当不予受理的申诉，而1998年版本的《产品质量申诉处理办法》中只规定了3种不予处理的情况。此次意见稿中新增的不予受理情况包括：申诉所涉产品质量问题已超过法定诉讼时效的；被申诉人死亡或者终止，且无权利义务承受人的；申诉人购买产品时知道或者应当知道产品存在质量申诉所涉质量问题的；被申诉产品已经超过产品质量保证期的，但尚未超过明示的安全使用期限的除外等。

意见稿还对产品的质量鉴定费用问题给出了具体规定，规定产品质量检验、鉴定费用由提出产品质量检验、鉴定的一方预付，但申诉人和被申诉人另有约定的除外。经产品质量检验、鉴定，判定产品存在质量问题的，该费用由责任人承担；无法明确责任人的，由双方共同承担。这意味着，如果产品质量有问题，商家必须承担检验、鉴定的费用。

由于检验费用不菲，以前经常有消费者买到有质量问题的商品，提出申诉后因为高昂的检测费用而自认倒霉，放弃追究商家责任，现在有了这一条，消费者权益将得到保障。

主持人：从这个征求意见稿中可以看出，产品质量如果有问题，质检费用将由责任人也就是造假一方承担，这个变化还是很大的。那么争论的焦点在知假买假到底质监部门该不该受理这一点上。从征求意见稿中可以看到，98年的《产品质量申诉处理办法》中只规定了3种不予受理的情况，现在是增加到了8种，其中大家意见最大的就是知假买假该不该受理。我想先请二位亮明自己的观点，是同意、赞成质检总局的这一规定，还是不同意不赞成？

（专家表态）

主持人：有网友认为，这一规定其实是质检部门在推诿责任。“如果买到假冒伪劣产品，去找质检投诉，却被告知我应当知道这个产品有问题，那岂不是要忍着吃哑巴亏？”

江苏省消协秘书长童天武认为，只要产品质量不合格，无论消费者知不知情，质检部门都应该受理，这是消费者的权利。目前行政部门执法的力量有限，而消费者等社会监督的力量尤为重要。在一定程度上，消费者知假买假，可以有效规范企业的经营行为。如果不予受理，只会助长企业的违法行为，降低违法成本，导致不正当市场竞争。二位怎么看？

（参考）“知假买假”将不予受理，质检总局想告诉我们什么？2012-12-4

据悉，质检总局正酝酿修改相关规定，今后“知假买假”将不予受理。这一信息告诉我们什么？我的解读是：在假冒伪劣横行的中国，今后只能有“顺民”，不能有“刁民”。就纳闷了，有关部门为什么倾向于不在乎制假贩假者做初一，却十分在乎一些消费者做十五？难道他们是亲戚，是亲三分向不成？明明你们自己这个懒猫不捉鼠，而狗拿了耗子有人却在乎拿住耗子的是不是猫，岂非怪事！质检总局应该将主要精力用于是否有人制假贩假、打击制假贩假上，今后却不得不分出一部分“有限的精力”用于鉴别是否“知假买假”上来，这不是本末倒置了吗？！原来的基本程序是：顾客买假——到有关部门投诉——有关部门确定是否贩假——对贩假者实施处罚——顾客也得到赔偿。修改相关规定后将是：顾客买假——到有关部门投诉——有关部门确定是否贩假的时候，先鉴定顾客是否“知假买假”——顾客与有关部门公说公有理、婆说婆有理一番——贩假者赚得盆满钵满逃之夭夭——顾客得到一肚子气。呵呵，有关部门舍近求远是为什么，真的不知道！这里要说的是："知假买假"是质检部门鉴定得了的吗？他们有这个职责、相关功能和权限吗？

王海等一些"职业打假人"是伴随假冒伪劣横行而产生的，不管其是否属于"投机获利"，其针对的始终都是制假贩假，尽管一些人对他们"不齿"，但从客观上他们还是弥补了执法力量的不足。不管你如何对他们不齿，但"王海们"的存在始终威胁的是那些制假贩假者，没有伤害普通消费者一根毫毛。因此，我更愿意给其积极正面的评价。随着假冒伪劣的减少和消失，"职业打假人"的利润空间将减少或不复存在，他们也就会自然消亡，这有什么可怕的呢？进而说：是谁怕"王海们"呢？可是，有关部门一方面打假不力，另一方面却将一部分矛头对准了这些"打假盟军"，实在令人匪夷所思！

主持人：现在消费者普遍认为，凡是卖假货的，绝大部分都是知情的，或者说是故意的，都是知假卖假，是在故意坑害消费者，赚取昧心钱。那么，老百姓针锋相对，以毒攻毒，采取同样的对策，知假买假，然后，向商家索取高额赔偿，这样，就可以使厂家和商家产生畏惧心理，以此来杜绝假货。可现在的问题是，厂家、商家"知假卖假"可以，消费者"知假买假"就得不到支持。这是为什么呢？很多消费者会问：这样的规定，到底是保护了谁呢？

（参考）不受理"知假买假"想保护谁　综合新闻深圳商报 2012-12-04

本报昨日报道，国家质检总局就《产品质量申诉处理办法（征求意见稿）》在网上公开征求意见。在意见稿中，消费者知假买假申诉被列入不予受理的范围。意见稿一经发布，立即在社会上引起热议，网友几乎一边倒地认为，新规有保护商家的嫌疑。

《产品质量申诉处理办法》作为消费者权益保护的一项重要法规，对打击假冒伪劣产品意义重大，在产品质量特别是食品安全问题频发，各方都在探讨如何严厉打击制假售假，建立社会诚信体系时，质检总局的作为着实令人诧异。

虽然，目前质检总局未向社会公开其立法理由，但从质检总局一贯的立场看，不受理"知假买假"很大程度上是为了保护所谓的无恶意售假企业，避免不知情或无恶意售假企业，被恶意打假，最终蒙受不白之冤。

既然这样，那首先就要搞清楚这个世界上到底有没有无恶意售假这一说？

或许，很多企业面对售假卖假的指责时，都会装成一脸无辜的样子，那都是供应商干的，我们被蒙蔽了，我们不知情，沃尔玛、家乐福就经常拿这种腔调回应媒体，应付消费者。可事实真是如此吗？

先不说这些企业每个品类的商品都配置了专业采购人员，基本一眼就能辨别出商品的真假好坏。单是现有的商品流通体系，就完全有能力追踪溯源，而且商品的批发销售渠道也非常透明，商家要想避免售假，可以从厂家直接进货，或与正规的代理商合作，所有商品都可以实现有案可查。通过现有的商业信用体系很容易就知晓商品的真假，甚至连普通消费者都可以用手机扫一扫就能辨别真假，那商家还有什么理由说自己无恶意售假呢？

既然现有的市场环境不存在无恶意售假一说，那国家质检总局为什么就不能承认所有的售假行为都是恶意的，都应该受到严惩？这些普通老百姓都能看明白的道理，国家质检总局是真不明白，还是揣着明白装糊涂？制定出“知假买假”不受理的条款又是为了保护谁呢？

主持人：有人认为，中国商业诚信环境不断恶化，一个重要原因正是对消费者权益保护不足造成的，现在消费者的保护不是过度，而是严重不足。国外保护消费者最重要的手段是集体诉讼，在国内是不支持的，这已经造成单一消费者面对强势企业时，难以维护自己的合法权益，虽然有时能赢几场官司，可赔的钱往往连律师费都不够。知假买假，让商家多赔点钱，挽回点损失，这都是消费者保护不足的法律体系逼出来的。二位怎么看？

（参考）“知假买假”难申诉是保护假货　来源：黄石日报　时间：2012-11-28　东楚网黄石新闻网

日前，国家质检总局就《产品质量申诉处理办法（征求意见稿）》规定，消费者在购买产品时，如果知道或者应当知道产品存在质量问题，事后就质量问题进行申诉，质量技术监督部门有可能不予受理。

近年来，王海式的职业打假人“知假买假”，进而索赔，以打击假冒伪劣，被人赞曰“弥补了政府工作人员和消费者在信息不畅、消息不灵等方面的不足，推动和促进了国家公权力法律职能的发挥”。如果质检总局此番出台的“知假买假”不予受理的规定落地，王海式的职业打假将会遭遇尴尬，这是群众不愿意看到的。

主张不保护“知假买假”的理由是：“知假买假”的目的是打假，而非消费。事实上，这种看法将消费者的定义狭隘化了。按照国际标准化组织的定义，消费者是指出于个人目的购买使用商品服务的人。按照欧盟的定义，消费者是指基于非行业或职业目的购买使用商品服务的人。何况，在打击假冒伪劣的战斗中，消费者是相对于经营者而言的，既指消费某种商品的个人，也指群体，不管是什么样的消费者，都应在法律法规保护之列。

进一步说，消费者“知假买假”进而索赔，保护了其他绝大多数消费者利益，有助于改善整个食品消费环境。曾有消协人士向媒体透露：如果不“知假买假”，往往没办法证明商家卖出的是假货。既如此，在假冒伪劣商品层出不穷的今天，何不给“知假买假”一个宽容的环境，使之对不良违法商家形成监督，进而促进商家自律，遏制假货猖獗，规范市场秩序呢？

哪怕“知假买假”带有明显私利性质，是为了追求赔偿，也未尚不可。一位法律专家说得好：“知假买假”者所获的利，是购买假货后在法律范围内应得的赔偿，并没有损害任何正当利益。“一方是制假售假，动机极恶；另一方只是利用法律，打假获利，顶多是动点小心思，无论从法律还是伦理角度考虑，都能看出应该保护哪一方。”死抠消费者的购买动机，对“知假买假”申诉不予受理和保护，反而给商家制造了妄言消费者“知假买假”，或以“知假买假”抗辩、抵制法律制裁的天赐良机，不利于打击假冒伪劣。

主持人：当然，或许国家质检总局会说，新规是针对王海这类职业打假人的，是为了防止法律被滥用。二位认为这样的说法靠谱吗？我们的社会上多一些王海这样的职业打假人难道不好吗？职业打假人到底具有积极意义还是只有消极意义？我们到底该不该支持王海式的打假？

（参考）知假买假不可申诉引热议　网友力挺“王海式打假”2012 年 12 月 03 日　07：15　来源：深圳商报

近日，国家质检总局就《产品质量申诉处理办法（征求意见稿）》（以下简称意见稿）在网上公开征求意见。在意见稿中，消费者知假买假申诉被列入不予受理的范围。意见稿一经发布，立即在社会上引起热议。昨天，记者通过微博发现，网友几乎一边倒地认为，意见稿的这一规定有保护商家的嫌疑，在假冒伪劣产品较多的今天，应当大力提倡“王海式打假”。

随着近年来假冒伪劣产品的不断出现，食品安全问题频频发生。产品出现质量问题如何申诉，一直是消费者关心的话题。

意见稿明确了申诉方式：申诉人提出产品质量申诉，应当提供经其本人或者其法定代表人（或者主要负责人）签名的注明为“产品质量申诉”的书面材料，并写明申诉人和被申诉人的姓名（名称）、地址、联系电话、明确的申诉诉求等信息。受理时限方面，被指定的质量技术监督部门应当自接到产品质量申诉之日起 10 日内受理。

意见稿列出了 8 种质量技术监督部门应当不予受理的申诉，而 1998 年版本的《产品质量申诉处理办法》中只规定了 3 种不予处理的情况。意见稿中新增的不予受理情况包括：申诉所涉产品质量问题已超过法定诉讼时效的；被申诉人死亡或者终止，且无权利义务承受人的；申诉人购买产品时知道或者应当知道产品存在质量申诉所涉质量问题的；被申诉产品已经超过产品质量保证期的，但尚未超过明示的安全使用期限的除外等。

对于意见稿中不予受理的“知假买假”这一条，网友“天下为公居士2010”直言，质检总局这一规定“有保护商家的嫌疑”。网友“ezcui”则称：“职业打假具有积极意义。”山西弘韬律师事务所刑事部主任王立功认为，王海式打假应支持。

中消协原副秘书长武高汉称，从意见稿的字面理解，这条规定将打击

“知假买假”的王海式维权。“质监部门作为公正的第三方，不管申诉人的诉求是什么，都应该依法出具科学准确的检测检验结果，不能以任何理由拒绝任何人的合法要求。”

（原标题：网友力挺“王海式打假”）

主持人：我们来深入探讨一下知假买假的法律问题。有人认为，知假买假是对消费者的“有错推定”。为什么这么说呢？因为，按照《消费者权益保护法》，消费者享有知悉所购买、使用的商品或者接受的服务的真实情况的权利。但是，现在真实的情况是：由于信息不对称、不透明，以及监管部门对经营者和商品质量的监督力度不够，经营者“知假卖假”的情况时有发生，于是出现了“职业打假”人。但是，如果因为出现了职业打假人，就以此来判定市场上“知假买假”的现象多发，有人认为，这就大错特错了。一方面，消费者要掌握很多技能和知识，才可以判断一些产品是否存在质量问题。因为生活中绝大多数消费者是不可能成为“万事通”的。另一方面，与极少数“职业打假”不同，绝大多数消费者一次性购买某一商品或者服务的数量很小，即使十倍索赔也没有多大牟利空间，加之复杂的索赔程序和漫长的时间消耗，没几个人愿意“知假买假”。于是，在这种现实背景下，如果规定消费者“知道或者应当知道”所购商品存在质量问题，质监部门就不该受理，有人认为，这就隐含了双重不合理性。一者，具有实际解释权的质检部门判定消费者“知道”，是典型的“有错推定”，因为没有证据能够证明消费者对某一产品的技术和质量了如指掌；二者，判定消费者“应当知道”则带有明显的强迫性。相反，“不知道”就成了自我过错，这会形成另一种“有错推定”。事实上，在万千事物面前，消费者有充分的“不知道”的权利。二位怎么看这种“有错推定”？

（参考）“知假买假”是对消费者“有错推定”2012年12月03日06：57 来源：四川在线　作者：燕农

日前，国家质检总局发布了《产品质量申诉处理办法（征求意见稿）》，其中明确规定“申诉人购买产品时知道或者应当知道产品存在质量申诉所涉质量问题的”，质量技术监督部门应当不予受理。此条规定引发热议，该不该以及如何确定申诉人事先知不知道产品存在质量问题成为争议焦点，也有网友担忧质检部门推诿责任。（12月2日《新快报》）

按照消费者权益保护法，消费者享有知悉其购买、使用的商品或者接受的服务的真实情况的权利；经营者向消费者提供商品或者服务，应道依照《产品质量法》和其他有关法律、法规的规定履行义务消费者与经营者之间本不会存在“知假买假”的关系。但是，由于信息不对称、不透明，以及监管部门对经营者和商品质量的监督力度不够，经营者“知假卖假”的情况时有发生，于是出现了极少数设若自己不称“职业打假”而无从判断的“知假买假”案例。

若以此判定市场上“知假买假”现象多发，就是大错特错了。一方面，消费者要掌握很多技能和知识，才可以判断一些产品是否存在质量问题。这一前提要求，限制了时下快节奏生活中绝大多数消费者成为“万事通”的可能。另一方面，与极少数“职业打假”不同，绝大多数消费者一次性购买某一商品或者服务的数量很小，即使十倍索赔也没有多大牟利空间，加之复杂的索赔程序和漫长的时间消耗，没几个人愿意“知假买假”。

在这种现实背景下，规定消费者“知道或者应当知道”所购商品存在质量问题，就隐含了双重不合理性。一者，具有实际解释权的质检部门判定消费者“知道”，是典型的“有错推定”，因为没有证据能够证明消费者对某一产品技术和质量了如指掌；二者，判定消费者“应当知道”则带有明显的强迫性。相反，“不知道”就成了自我过错，这会形成另一种“有错推定”。事实上，在万千事物面前，消费者有充分的“不知道”的权利。

在产品质量参差不齐的市场环境中，监管力不从心以及监督乏力的现实，都让引入消费者监督变得迫切和必须。一定程度上，消费者通过举报、送检、索赔等多种形式实施的质量监督，是对目前有关部门监督不力的弥补和监督不够的补充。但遗憾的是，复杂的监督实施程序和高昂的监督成本，客观上阻断了消费者的监督路径。譬如，不久前广州媒体报道，目前食品检测技术很发达，但到有关检测部门送检婴幼儿配方奶粉中三聚氰胺单项费用需450元，做一个婴幼儿配方奶粉全检则需要3万元。

消费者对市场的监督不是太多而是太少，消费者维权不是太轻松而是太沉重。这种情势下，需要为消费者监督市场“开闸放水”，而不是继续设置阻力。“知道或者应该知道”本就无厘头，由有关部门予以判定更有点像“葫芦僧判断葫芦案”，与其在这方面大花力气而厘不清，不如祭起《产品质量法》严管经营者和生产者。

主持人：还有就是有关欺诈的判定问题。支持王海现象的观点认为经营者卖了假冒伪劣，消费者买了假冒伪劣产品，这个行为是客观存在的，因此可以判定欺诈已经存在，可以依照“消费者权益保护法”第49条或者按照“食品安全法”一赔十的条款进行索赔。但问题是这里是否有个“四要件论”？消费者买了，这是第一要件；经营者卖了，这是第二要件；经营者知假卖假，这是第三要件；消费者知假买假，这是第四要件。如果消费者在买假冒伪劣产品的时候不知情，就构成欺诈；如果消费者买假冒伪劣商品的时候知情，就不构成欺诈。对这个问题，二位怎么看？

（参考）"知假买假"存争议

武高汉：支持王海现象的观点认为经营者卖了假冒伪劣产品，消费者买了假冒伪劣产品，这个行为是客观存在的，因此可以判定欺诈已经存在，可以依照消法第49条或者食品安全法的一赔十条款进行索赔。不同观点是四要件论，消费者买了是一要件，经营者卖了是二要件，经营者知假卖假是第三要件，消费者知假买假是第四要件，如果消费者在买假冒伪劣产品的时候不知情，就构成欺诈；如果消费者买假冒伪劣商品的时候知情，就不构成欺诈。我个人认为在市场经济条件下，判断一个人的主观是非常困难的。我认为应当以行为论来判定欺诈构成。

胡钢：消费者权益保护法第49条推出了双倍赔偿的惩罚性条款，可以说开拓了我们国家传统民法上的补偿原则或者叫填平原则，引入了英美法系惩罚性赔偿的制度。近年来特别是在三鹿事件以后，食品安全法引入的十倍赔偿办法把惩罚性赔偿制度进一步扩大了。未来恐怕惩罚性赔偿制度还有一定的成长空间。

主持人：还有一个问题就是，“知假买假”与“知假造假”这一对矛盾如何解决的问题。有人认为，“知假买假”是个“盾”，它是对付“知假造假”这个“矛”的。这些年，我们的消费者被假冒伪劣产品坑害得苦不堪言，几乎是“家家都有一本血泪账”。为什么假冒伪劣产品在中国大行其道，因为消费者面对着那些“知假造假”生产者手中的“矛”，却没有“知假买假”的盾去防护。因此只能在被动中枪、鲜血淋漓之后，才能去找质检部门申诉。对这样的观点，对于这种只有“矛”却没有“盾”的现实，二位怎么看？

（参考）“知假买假”与“知假造假”的矛盾论，2012年11月28日16：14　来源：《北京晚报》

国家质检总局日前就《产品质量申诉处理办法（征求意见稿）》公开征求意见。意见稿中列举了8种不予受理的申诉，其中最引人注意的是“申诉人购买产品时知道或者应当知道产品存在质量申诉所涉质量问题的”。

这一条被媒体解读为消费者“知假买假”或难申诉，也就是说王海式打假行为将在国家技术监督部门不予受理。

从条文字面上说，中消协原副秘书长武高汉的理解是确实会打击“知假买假”的王海式维权。他认为，法律法规应该鼓励消费者维权，现在所谓的王海式“刁民”不是太多，而是太少了。

同是上述条文，中消协投诉部主任邱建国的理解是：“如果消费者以低价买了一个外观存在瑕疵的冰箱，购买时是知情的，并且和商家达成了协议，这样的话消费者再去申诉，质监部门不受理。”但他又说，即便“知情”确实建立在买卖双方自愿的基础上，但对于很多涉及到消费者人身安全的“生死合同”，质检部门也应该介入。武、邱二人均表示，意见稿应该对细节进行详细解释。

一个关系国计民生的法律法规条文，倘若连中消协的专业人士都产生理解上的不同，说明这里有必须改进的地方。具体如何改进，应当请法律界人士提出意见。

我们知道，质量问题包罗万象，假冒伪劣产品是质量问题的一部分，却又不是质量问题的全部。即使是“假冒伪”的产品，有时候并不“劣”。相反，真货也可能出现劣质产品。

消费者最痛恨的假冒伪劣产品，绝大部分属于生产厂家“知假造假”，这不同于一般的产品设计缺陷，或生产过程中的把关不严而出现质量问题。我同意武高汉先生的看法，质检部门作为公正的第三方，不管申诉人的诉求是什么，都应该依法出具科学准确的检测检验结果，不能以任何理由拒绝任何人的合法要求。

国家质检总局草拟征求意见稿条文的同志没有读过《矛盾论》不要紧，但如果连矛盾这个名词的字面意思都不懂得，那就麻烦大了。“知假买假”是个“盾”，它是对付“知假造假”这个“矛”的。这些年，我们的消费者被假冒伪劣产品坑害得苦不堪言，几乎是“家家都有一本血泪账”。为什么假冒伪劣产品在中国大行其道，因为消费者面对着那些“知假造假”生产者手中的“矛”，却没有“知假买假”的盾去防护。只能在被动中枪、鲜血淋漓后，才能去找质监部门申诉。

按道理说，消费者购买任何产品都要给国家纳税，国家监管部门有责任有义务保证消费者不买到假冒伪劣产品。因为国家税收的一部分用来养活监管部门，这就是消费者的一个“盾”。消协也是消费者养活的，也理应是一个消费者的“盾”。这两面“盾”现在被假冒伪劣捅成筛子了，身上大窟窿小眼儿的，消费者这才有了自己的“义勇军”或“专业队”，也就是王海式“知假买假”的那批人。站在保护消费者的立场上，质检部门应当欢迎有“义勇军”或“专业队”加入打假行列，让自己这个“盾”像个“盾”的样子。现在的征求意见稿，要消费者放下自卫的“盾”，由着“知假造假”那帮人祸害，这是为什么？

主持人：也有专家认为，对“知假买假”不予受理应理性看待。他们认为，有一部分网友过于偏激，因为大家都把矛头指向了新规，限制“知假买假”，其实“假”和“质量有问题”是两个不同的概念，假的不一定质量就有问题，真的也不一定质量就没问题。华南师范大学政法学院副教授陈雪认为上述规定在表述上是没问题的，二位怎么看这个问题？

（参考）广东科德律师事务所律师、法学教授魏秀玲也站在网友这一边。她指出，消费者要掌握很多技能才能知道一些产品是否存在质量问题，很多质量问题需要通过专业鉴定才能确定，而且我们很难弄清楚消费者事先是否知道产品存在质量问题，质检部门这一新规有主动缩小监管范围的嫌疑，不是“正能量”的体现。

不过，也有专家认为网友过于偏激，因为大家都把矛头指向了新规限制

“知假买假”，“其实‘假’和‘质量有问题’是两个不同的概念，假的不一定质量就有问题，真的也不一定质量就没问题。”华南师范大学政法学院副教授陈雪认为上述规定在表述上是没问题的。

主持人：也有专家认为，在消费中可能会出现这样的情况，也就是卖方可以证明买方事先知道产品有质量问题，比如，如果消费者与商家协商后，花低价买了质量稍有问题的产品，然后又找到质监部门申诉，这显然违反了买东西时的口头约定，类似这种情况质监部门确实不需要受理。对这样的现象，该怎么处理？

（参考）“知假买假”申诉或不被接受　专家：凭什么判断“知假”2012年12月01日　来源：中广网

日前，国家质检总局拟出新规：拒绝受理知假买假申诉。由此引发多方争议，“王海式”职业打假是否会遭遇红灯，不法商家是否会有空子可钻，对于消费者是否有失公平。天天315本周关键词：知假打假。

中广网北京12月1日消息　据经济之声《天天315》报道，11月26日国家质检总局发布了产品质量申诉处理办法的征求意见稿，意见稿里拟定拒绝受理知假买假的申诉，在这份意见稿里还列出了8种质量技术监督部门不予受理的情况，第六条就是申诉人购买产品时知道或者应当知道产品存在质量申诉所涉质量问题的，质量技术监督部门不予受理。中国消费者协会前副秘书长武高汉和北京潮阳律师事务所律师胡钢讨论这个话题。

如何看待这份征求意见稿？

武高汉：“王海现象大讨论”已经过去了15年，当年就有两大派的不同观点，第一派支持，第二派反对，15年后的今天一个法规的讨论稿提出要以法律形式把一种观点承认下来并且予以固化，对此我认为，如果这个讨论稿经过讨论最后正式颁布了，那将酿成大错。

胡钢：从消费者权益保护法到产品质量法实施到现在的十多年来，对于知假买假应该怎么处理，普通老百姓、学界、法律实践部门都有不同的观点，这个意见稿是国家质量监督检验总局根据产品质量法进行修订的，是希望不断的规范产品质量申诉的处理流程、规范等等，实际本质上是属于一个程序法规。

主持人：我看到，中国人民大学商法研究所所长、中国消费者协会副会长刘俊海就公开表示反对这一规定，他认为此举只会鼓励造假售假行为，降低失信成本，提高失信收益，降低维权收益，提高维权成本。鼓励“知假买假”“疑假买假”有助于净化市场，根治假冒伪劣行为。二位怎么看？

（参考）新产品质量申诉处理办法：消费者知假买假难申诉　来源：杭州网2012年12月2日

今日热点

知假买假，然后找商家索要赔偿，著名的职业打假者王海曾因此而出名。

但今后，这样“知假买假”的行为可能行不通了。日前，国家质检总局就《产品质量申诉处理办法（征求意见稿）》（以下简称意见稿）公开征求意见，列出了质量技术监督部门不予受理的八种情况，其中一条是“申诉人购买产品时知道或者应当知道产品存在质量申诉所涉质量问题的”。

这一条款一出炉，就引起热议。中消协原副秘书长武高汉表示，从意见稿的字面理解，这条规定确实会打击“知假买假”的王海式维权。

中国人民大学商法研究所所长、中国消费者协会副会长刘俊海公开表示反对，他认为此举只会鼓励造假售假行为，降低失信成本，提高失信收益，降低维权收益，提高维权成本。鼓励知假买假、疑假买假有助于净化市场，根治假冒伪劣行为。

也有人支持这一条款，举例说假如消费者低价购买了一样外观有瑕疵的商品，购买时是知情的，并和商家达成了共识，但转头又去申诉，这样的话，质检部门就不该受理。

意见稿同时指出，被指定的质量技术监督部门应当自接到产品质量申诉之日起10日内受理，并对产品质量鉴定费用问题给出了具体规定，规定产品质量检验、鉴定费用由提出产品质量检验、鉴定的一方预付，但申诉人和被申诉人另有约定的除外。经产品质量检验、鉴定，判定产品存在质量问题的，该费用由责任人承担；无法明确责任人的，由双方共同承担。这意味着，如果产品质量有问题，商家必须承担检验、鉴定的费用。

由于检验费用不菲，以前经常有消费者买到有质量问题的商品，提出申诉后因为高昂的检测费用而自认倒霉，放弃追究商家责任，现在有了这一条，消费者权益将得到保障。

目前，此意见稿正在公开征求意见中，公众可在2012年12月5日前反馈意见。

主持人：我也注意到，著名民法专家何山最近表示，质检部门作出知假买假申诉不受理的规定，这是在立法指导思想上出了偏差，该办法在起草时更多地偏向于从经营者角度思考问题，而不是站在维护消费者权益或者提升产品整体质量水平的角度去思考问题。他认为，如果这一法案一旦通过，就开了一个不好的先例，会造成不好的影响。二位怎么看？

（参考）受理质量申诉该否对知假买假关门

2012年11月30日08：12来源：中国消费者报 作者：王照重

本报讯（记者　王照重）近日，国家质量监督检验检疫总局发布的《产品质量申诉处理办法》（征求意见稿）第七条规定“申诉人购买产品时知道或者应当知道产品存在质量申诉所涉质量问题的”，质检部门应当不予受理。多位消费维权专家及职业打假人士对此表示，这条规定客观上纵容了制假造假行为，也与党的十八大的相关精神不符。

中国人民大学商法研究所所长、中国消费者协会副会长刘俊海认为，该规定起到了“让好人受气、坏人神气”的效果。刘俊海说，打假行为依其法律性质可以分为公法范畴中的行政打假行为和私法范畴中的民事打假行为与商事打假行为。行政打假行为仅是诸多打假行为当中的一种。

著名民法专家何山表示，质检部门作出知假买假申诉不受理的规定，在立法指导思想上出了偏差，该办法在起草时更多地偏向于从经营者角度思考问题，而不是站在维护消费者权益或者提升产品整体质量水平的角度去思考问题。一旦通过，就开了一个不好的先例，会造成不好的影响。

北京市律师协会消费者权益法律事务专业委员会主任、北京市中银律师事务所律师葛友山告诉记者，如何判断消费者在购买时应该已经知道商品存在质量问题？这涉及到举证的问题。由于举证存在一定困难，可能出现经营者、消费者、接受申诉的质量主管部门三方之间来回拉锯、扯皮的情况。

主持人：中国消费者协会原副秘书长武高汉认为，知假买假不受理，这一规定人为地将申诉人分为两类，而且是选择性地受理，在一定程度上把知假买假者拒之门外，从某种程度上说是对申诉人的歧视，很不合理。二位怎么看这一观点？

（参考）党的十八大提出，要“畅通和规范群众诉求表达、利益协调、权益保障渠道”。刘俊海认为，有关部门应该把思想统一到党的十八大精神上来，践行以人为本的科学发展观，把切实畅通群众维权通道，提升违法成本，提升维权收益；降低执法成本，降低维权成本，作为一个重要的内容（相关报道详见本报今日 A4 版）。

主持人：我注意到，人民网最近就搞了一个调查，结果是：六成多的网友反对“知假买假维权不予受理”这一规定。二位怎么看网络调查所反映出的这一现象？

（参考）2012-11-28 23：54：00　来源：人民网（北京）

人民网北京 11 月 28 日电（记者　袁悦）消费者在购买产品时，如果知道或者应当知道产品存在质量问题，事后就质量问题进行申诉，质量技术监督部门有可能不予受理。

据此新闻，人民网推迟调查，知假买假维权拟将不予受理，您咋看？

截至 28 日 23 时 30 分，共有 2622 人次参与，其中，15.1% 的网友（397 票）表示“支持，确有类似王海者动机是为谋利”；67.3% 的网友（1765 票）表示“反对，‘知’与‘不知’假谁说了算”；16.7% 的网友（439 票）表示“建议，商家诚信经营，质检加强监督”。此外，还有 0.8% 的网友（21 票）选择“其他，我有话要说”。

主持人：那么现在，在我们国家，拒赔“知假买假”，现在这一时机到了吗？

2012年11月29日　来源：华商报

（参考）国家质检总局发布的《产品质量申诉处理办法（征求意见稿）》规定：消费者如果早知道产品存在质量问题，仍然要购买的，事后欲就此质量问题进行投诉的，质检部门有可能不予受理。有关人士指出，这将制约职业打假人。（11月28日《南方日报》）关于知假买假，最著名的人物莫过于被称为"刁民"和打假英雄的王海。从这两个矛盾的称谓可以看出舆论评价的两极化。有人认为，如果买到假货完全可以到相关部门举报，并按照法律规定索取赔偿，怎么能把假货当成商机和致富途径呢？也有人说，这其实是以个人的行为对市场进行净化。

当年，主流舆论是认同王海的，因为市场需要这样一个人物。在市场经济初期，还没有质量规范意识，没有品牌意识，处于一种粗线条的蓬勃发展时期，同时，《消费者权益保护法》刚刚出台，人们还不知道买到假货可以索赔。于是，王海具有了特殊的时代意义：既可以作为假货的克星存在，将那些制假售假者置于一种潜在的风险中；又可以为消费者权益保护法做一个间接宣传。

那么，今天的消费者权益状况如何呢？必须看到的是，如今假货依旧泛滥，甚至一些知名品牌也有质量瑕疵，连最需要规范和标准的食品、药品也会出现安全问题。并且，消费者维权时的现实难题是，经常出现认证难、索赔难，新征求意见稿也规定"检验、鉴定费用由提出产品质量检验、鉴定的一方预付"。

既然如此，现在拒赔知假买假就早了一些，因为消费者权益依然没得到完善保护，知假买假也就还没有失去存在的价值和意义。

主持人：那么我们该采取什么措施，减少假冒伪劣，保护消费者的权益，二位有什么好的建议？

主持人：目前，知假买假不受理还只是一条原则性的规则，我们建议，国家质检部门应该进一步细化，否则这一规定很可能会成为地方质检部门不受理申诉的依据，让消费者在进行申诉的过程中遇到更多障碍。因此，国家质检总局应该对征求意见稿的细节进行详细解释。总之，我们期待国家能够通过立法，更好地限制甚至是杜绝知假造假、知假卖假，更好地保护消费者。好了，今天的周日论坛就到这里，感谢二位专家的精彩观点，也感谢收音机前各位听众朋友的陪伴，咱们下周同一时间再会。

上例只是一个讨论提纲。实际操作中，主持人会有一些临场发挥和变动，但作为文案，或许能给大家一些启发：

一是选题有讲究。知假买假到底该不该索赔，此问题大家关心。选题非常贴近百姓生活。而且，国家质检总局正在征求意见，故选题时效性强。再者，该选题讨论空间大，争论点多，足以支撑节目时间。最后一点，这样的选题"安全度高"，不会有导向问题。

二是问题设计有深度。其中，编辑帮主持人设计的问题较多，且问题“走向”循序渐进、逐步深入。很多问题较专业，如法律中的“有错推定”“商业欺诈”等，可见编辑对此问题进行了深入研究和思考。

三是语言符合广播特点。可以看到，这是个讨论提纲，而非一篇新闻稿件。其中，编辑给主持人设计的问题很适合“说”，基本不用费很大力气，就可直接进直播间。因此，这是一个符合专业要求的广播提纲。

四是参考资料丰富。提纲中，既设计好了“片头”“新闻背景”（片头和新闻背景是要提前录制好，在节目中播出的），也提供了比较丰富的参考资料，为主持人深入思考和二度创作（主持人完全可以有自主的余地）提供了空间。

第四章　广播社教节目的编辑

广播社教节目，顾名思义，**就是指广播新闻节目之外具有社会、教育属性的节目**。

广播社教节目范畴很宽泛，其内涵非常丰富，可以说是包罗万象。正如本书绪论中所说，它是新闻节目和文艺节目之外所有节目的统称，一般来讲，可以细分为公众类节目、知识类节目和对象类节目。

第一节　广播社教节目的发展及特点

广播社教节目是相对广播新闻节目而言的。广播新闻节目的特点是时效性强，内容以对“新近发生的事实的报道”为主；而广播社教节目则有很大不同。

一、广播社教节目的发展

纵观中国广播几十年的发展，人们或许会发现，广播社教节目，无论节目名称还是节目形式，变化是比较大的。

像早年的广播社教节目，多是正统的“科普节目”。例如我们今天能听到的天津台1960年的一套《科学与技术杂志》节目：

（节目开始曲，压混）
女：《科学与技术杂志》节目，现在开始广播。
男：《科学与技术杂志》节目，现在开始广播。
女：在今天的这个时间里，播送的内容有——
男：农业科学知识——谈谈霜冻；
女：你知道吗？立体电影为什么会有立体感呢？
男：知识小品——我们生活在声音的世界里。
（音乐止）

女：各位听众，今年由于干旱的影响，有些农作物播种比较晚了一些，成熟期也就相应地推迟了。同时根据气象预报，今年在某些地区，有提早出现霜冻的趋势。因此，今年开展防霜冻斗争，必须早做准备，以便有计划、有准备地预防早起霜冻。下面，我们就跟大家谈谈有关霜冻的一些科学常识。

男：发生霜冻的主要原因有两个，一个是由于冷空气的侵袭；一个是由于地面大量散热所造成的。北方的冷空气常常沿着地面向南方流动。这种因空气水平流动而造成的霜冻叫“平流霜冻”。……

（间隔乐）

男：在庆祝建国十一年的欢乐声中，我市立体电影与观众见面了。

（立体电影音响）

男：看立体电影，在感觉上是观众打破了与银幕的界限，观众就好像身临其境，跟影片里的游人一起，欣赏着秀丽的河山。碧绿的江水，就好像从观众的身旁缓缓流过，随风摇曳的树枝迎面扑来，都仿佛伸手可攀。

（观众看立体电影时发出惊奇的声音）

……

早年的广播节目，无论其节目名称还是节目形式，特点就是中规中矩：①形式单一，采取录播形式；②语速缓慢；③节目短，节目长度以15—30分钟居多；④制作手法简单，像上面长度为20分钟的广播节目，其中用到音响，制作已算精良；⑤名称直接，如“文革”时期的广播节目名称《对工人广播》《对人民公社社员广播》《人民解放军节目》《红小兵节目》等。

而随着社会的发展，特别是随着改革开放，广播社教节目成了内容和形式最为丰富的一种类型：①形式多种多样，如专题节目、访谈节目、服务节目，可直播，可录播；②节目样式除播音形式外，更多是主持形式；③大板块，综合性强；④节目名称丰富，更贴近生活，富有现代气息和富有人情味，如《相亲相爱一家人》《女人花园》《爱情零距离》《百姓嗜好》《天天美食》《穷游天下》《悄悄话》《宝宝贝贝》《老来乐茶馆》，等等。

究其原因：第一，社会生活的不断丰富、不断变化使然；第二，广播自身不断推陈出新的动力使然。

二、广播社教节目的特点

第一，时效性相对不强，但信息范围广，综合性强、承载量大。

第二，相对于广播新闻节目更注重新闻性的特点而言，广播社教节目更注重报道事件的社会意义和事件中所蕴含的真善美。

第三，广播社教节目更注重传播科技文化知识。

第四，广播社教节目更注重传播内容的趣味性、贴近性。

第五，广播社教节目的语言更加丰富多彩，也更加朴实。

第六，当代的广播社教节目，更具个性。

第七，广播社教节目更注重音响的运用。

第八，制作更加精良，更加注重可听性。

形象地说，新闻节目像是“快餐”，追求的是一个“快”字；而社教节目则像是“正餐”，讲究的是一个“精”字。新闻节目如果面向的是公众，那么，社教节目则面向不同受众，有针对性地进行传播。

三、广播社教节目的学习要点

从编辑角度而言，广播社教节目的编辑手法与广播新闻节目的编辑手法有很多是大同小异的，甚至在很多方面，诸如选稿、文字编辑、节目导播等方面，都是相通的。因此，本章仅就一些不尽相同处，做一点补充。

第二节　广播社教节目的编辑视角

广播新闻节目的编辑与广播社教节目的编辑在编辑理念、编辑方法上没有根本不同。若非要找出二者在技巧上有哪些不同，从广播社教节目的编辑视角来总结，可归纳为以下几点：

一、编资讯

何为“资讯”？百度百科对“资讯”的解释是：**资讯是用户因为及时地获得它并利用它而能够在相对短的时间内给自己带来价值的信息**。

资讯与新闻的区别在于：资讯包括了新闻、供求、动态、技术、政策、评论、观点和学术的范畴。

可见，**资讯的概念要大于新闻，它包括新闻，但又远不止于新闻**。

如今，新闻节目在关注资讯，社教节目也在关注资讯。资讯成了“兵家”必争之地。这是因为：

第一，21 世纪是一个资讯爆炸的社会，其中包括了大量有用的信息。如何在海量资讯中给听众提供其所需要的东西，既是新闻广播的责任，也是社教节目的责任。

第二，很多广播社教节目是综合性的，这就决定了广播社教节目的内容要大于新闻，它是一个更为广阔的资讯平台，内容可以包罗万象（当然，每个节目都会有所侧重）。

像中央人民广播电台经济之声的《天下财经》节目，看似受众面窄，是一个经济类的广播节目，但它除了汇集国内国际的经济新闻之外，还汇集了对股市、基金、期货、汇率、汽柴油价格、食品价格等信息的介绍，以及深度的行情分析等，既有宏观的，也有微观的；有的是新闻性的，有的是专题性的。因此，从这个角度说，《天下财经》节目包含了经济的方方面面，因而也是综合性的。

那么，广播社教节目的编辑应如何做好资讯的编辑工作呢？这是广播社教节目编辑在开始编辑之前首先要考虑的问题，即面对浩瀚的资讯海洋，编辑要剔除那些与节目定位不符的内容，选取有用的东西。在与节目定位相符的前提之下，尽量做到丰富，既有信息，也有观点；各条信息间既独立，又有内在联系。

例如中央人民广播电台经济之声的《天下财经》节目（2010 年 12 月 22 日播出，获第 21 届中国新闻奖新闻编排二等奖）中有这样一个片段：

（音乐，压混）

男主持人：下面我们再看一下房地产界的著名“炮手”任志强。今年年初，任志强预测今年房价的同比涨幅至少将会达到 5%，凡是预测房价会跌的都是瞎说。对于任志强的观点，2 月 21 号知名地产评论员牛刀以《悲哀，开发商对 2010 房价全体误判》为题发表博客，叫板任志强。他表示，如果今年 70 个大中城市的房价同比涨幅超过 5%，以后就再也不谈房价了。但是，涨幅如果不足 5%，也请任志强从此闭嘴。那么到了今天，2010 年即将过去，究竟谁输谁赢呢？在日前举办的“2010 年中国房地产市场形势分析会”上，任志强表示，70 个大中城市房价同比涨幅比从年初的 10% 以上回落至 11 月的 7.7%，和自己当初预测的至少达到 5% 差不多，即使 12 月再降一些，涨幅也会达到 6%。任志强还说，目前，土地价格一直呈上涨的趋势，因此，房价下跌的动力不足。

女主持人：接着说任志强。任志强喜欢写博客，现在更是在微博上与粉丝频频互动。日前他又在《经济参考报》发表文章说，多年的政策导向与宣传，误导了市场与民众，并呼吁，让市场归市场，保障归保障。文章提到，历史的政策混淆了两者之间的关系，并试图让市场替代政府的责任。于是才造成了政策和民众消费预期的扭曲，让市场不是市场，保障也不是保障。多年的政策导向与宣传，误导了市场与民众，让他们错误地认为，在政府行政调控市场的政策压力之下，可以轻松地满足拥有产权或者住房的梦想，在每一次调控之后的失望当中，这个梦不但没有实现，反而是越来越远了。

（音乐，压混）

男主持人：再来看一下财经评论员叶檀的观点。对于目前备受关注的房产税的方案，叶檀日前撰文说，房产税方案其实是照顾既得利益阶层，显然有失公平……

在不到两分钟的节目时间里，从房地产界著名人物任志强与财经评论员牛刀之间的打赌，说到任志强在报刊上发表文章，再到财经评论员谈房产税，主持人娓娓道来，而其中所蕴含的信息耐人寻味，也体现出编辑汇集资讯的能力以及编辑在节目中所发挥的作用。

二、打新闻擦边球

一个好的社教节目编辑，他编辑的节目内容可能与最新或大家最关注的事沾边，但又并非“消息”。

例如天津文艺台的《开心群英会》节目，它是一档文艺资讯节目（每天中午 12 点播出）。2013 年 3 月 30 日的节目中共安排了四项内容：

（1）张国荣离奇自杀 10 年祭；

（2）邱启明离开央视近况；

（3）央视主播文静主持时“卖萌”令观众耳目一新；

（4）电影导演徐铮和周立波最近的口水战。

再例如天津新闻广播的《历史回声》节目，2013 年 4 月 11 日编播的内容是“政坛铁娘子撒切尔夫人”——因为三天前，2013 年 4 月 8 日，英国前首相撒切尔夫人不幸离世。此时选编这样的内容，显然颇具新闻眼光，而且肯定会吸引听众。

可以看到，这是节目编辑为听众送上的一道道“大餐”，虽说每篇都不是新闻（不是新闻的写法），但每篇都很有新闻性，而且说的又都是文艺圈里的事，可听性很强，因此能牢牢抓住听众的耳朵。

这说明社教节目的编辑同样要有新闻眼光，只是，他们不是直接编选新闻本身，而是打新闻的“擦边球”。这可以说是容易抓住听众耳朵的诀窍之一。

三、抓深层次的东西

好的社教节目编辑，很善于抓新闻背后深层次的东西。

如央广 2013 年 4 月 4 日早 6:30 的《天下财经》，其中的“今晨数据观察”和“今晨周刊观察”，编辑就抓了三个深层次的问题：

（1）为了构建大交通格局，交通运输部正在调整和完善综合交通运输规划，统筹铁路、公路、水路、民航的发展，发改委也在研究制定城市群综合交通网规划方案，有人预计，“十二五”后三年，铁路、公路、港口、机场的投资规模可能达到四万亿左右。如此大规模的交通运输建设项目究竟是否可行，其中会出现什么问题，节目编辑请专家做了分析；

（2）截至目前，全国 16 家上市银行已经有 12 家公布了 2012 年的业绩报告，而银行的资产质量问题受到重点关注，其中 11 家银行不良贷款余额上升，8 家不良贷款余额和不良贷款率双升。对于银行不良贷款上升的形势，节目编辑请专家做了分析；

（3）最新出版的《第一财经周刊》封面上有一个大标题是微信选择题。内容是：微信最近的日子变得突然不好过起来，面临着很多难题。那么，原本蒸蒸日上的微信为什么会身陷决策藩篱？节目编辑约请《第一财经周刊》的记者做了深入分析。

这样的节目内容，显然不是在报道新闻，而是节目编辑对新闻的深层次解读。这体现了专题节目编辑与新闻节目编辑不同的着眼点。

例如2010年12月11日黑龙江人民广播电台在《早餐前后》节目中推出的大型系列报道《粮安天下》，报道源于前一天，也就是2010年12月10日，黑龙江省政府召开新闻发布会宣布，黑龙江省粮食产量首次突破千亿斤，并超过粮食大省河南省，成为中国第一产粮大省。第二天，黑龙江人民广播电台推出了大型系列报道《粮安天下》。作品跳出常规农业报道就事论事的局限，站在历史的高度，用全球视野来审视黑龙江实现粮食千亿斤的重要意义，不仅以细腻的笔触，更是以一种势不可挡的气势，通过一个个典型事例，全景展现了昔日北大荒是如何一步步成为今日天下粮仓的。作品播出后令很多人震惊，大家不禁奇怪，这样一组大型报道，难道是在一夜之间采访完成的吗？

其实，这组报道始于2008年4月，当时，正值世界粮食危机开始大规模爆发，在这一背景下，黑龙江省政府提出，全省要实现粮食产量超千亿斤，争取成为全国粮食生产第一大省。黑龙江电台的编播人员在获悉这一消息之后，敏锐地意识到，省政府提出的这一目标一定会成为省政府的工作重点之一，也一定会成为全省的奋斗目标，这个目标一定会实现。那么，目标实现之日，就应该是推出报道之时。于是，电台立刻成立了专题报道组，派出多路记者，分赴全省各粮食主产区，深入进行采访，在随后三十三个月的跟踪调查采访中，记者掌握了大量第一手的资料，亲眼目睹了黑龙江省是怎样全面落实省政府这一奋斗目标的。就这样，当2010年12月10日，省政府召开新闻发布会，宣布黑龙江省粮食总产量首次突破千亿斤，并超过河南，成为全国粮食第一大省之时，由于前期做了大量工作，有非常详实的材料作为基础，于是编辑迅速整理素材，写出了第一篇报道，第二天一早在节目中推出。紧接着，编辑又写出第二篇和第三篇报道，最终，成为一组系列报道，并引起不小的轰动。

可见，广播社教节目的编辑也要有新闻敏感，只不过他是借用这种新闻敏感去写作专题性报道，而不是简单地报道新闻本身。这是广播社教节目编辑的节目策划与广播新闻编辑的新闻策划存在的略微不同之处。

四、抓问题

抓问题，而不是抓新闻本身，这是社教节目编辑的独特视角之一。

例如2010年7月，党中央提出“加快转变经济增长方式”。中央人民广播电台经济之声《天下财经》节目敏锐地意识到这一问题的重要性，以及转变中可能会遇到的阻力、难点，于是精心策划大型系列报道《经济转变100问》。经过历时半年的精心组织和准备，推出后引起了很大反响，被全国20多家电台先后转播，并成为中央人民广播电台当年的报道重点。其中，我们可以看到这样的选题：

（1）经济发展方式为什么非转不可？

（2）中国经济该向哪里转？

（3）转变经济发展方式的阻力在哪里？

（4）转变经济发展方式政府需要转什么？

（5）为什么转变经济发展方式的关键在调整经济结构？

（6）收入差距为什么会越来越大？

（7）加快经济发展方式转变如何避免简单化？

（8）中国的经济发展如何避免走环境污染的老路？

（9）加快经济发展方式转变怎样发挥民营经济的优势？

（10）为什么转变经济发展方式必须依靠改革创新？

（11）转变经济发展方式需要怎样的市场环境？

（12）中国的进口战略怎样适应经济发展方式转变的要求？

（13）怎样抓住战略机遇，加快转变经济发展方式？

从上述选题中可以看到，选题切合当前中国经济改革的实际。显然，如果缺乏对中国经济的深入了解，是提不出这些问题的。该报道播出后，引起强烈反响。

可见，广播社教节目的编辑，不仅要有丰厚的专业知识，有深入的调查研究做积淀，同时，还要有敏锐的新闻嗅觉和政治嗅觉，能抓住重要的政策导向。只有这样，才能抓到好的选题，策划出好节目。

五、关注重要时间节点

所谓抓重要时间节点，就是注意在一个重要的时间或纪念日到来前，组织好相关报道。

例如，在2000年即将到来的时候，中央人民广播电台在每晚9:30—10:00播出的《经济与社会》节目中策划了一组报道——《拥抱新世纪》，节目以翔实的内容和丰富的资料，谈了我们应该以怎样的姿态迎接新世纪。

同样是在中国广播诞生60周年之际，中央人民广播电台又策划组织了大型系列报道《谁持彩练当空舞》，向听众介绍了中国广播所走过的辉煌历程。

2001年，世贸组织正式批准中国加入世贸组织的第二天，中央人民广播电台《午间半小时》节目推出《WTO，中国对接世界》8集系列广播谈话节目。节目围绕中国“入世”这一重大新闻事件，进行了多角度、多侧面、多层次的报道，内容涉及汽车、家电、农业、金融、纺织、人才、反倾销、反补贴等领域。节目所请嘉宾都是各领域的专家，具有权威性。

2004年12月1日，在世界第17个“艾滋病日”之际，广东电台策划了现场特别节目《有爱进行时》，节目将电台直播间设在了广州市第八人民医院的“艾滋病之家”——艾滋病的病区，并在节目中邀请到了三位特别嘉宾，他们都是艾滋病的感染者，节目通过三位艾滋病感染者的讲述，展现了他们积极乐观向上的精神。

六、抓知识

广播社教节目的特点之一就是知识性。关注新知识，特别是关注眼下听众最想了解的知识，这是广播社教节目编辑的重要关注点。

七、编杂志

广播社教节目或者专题节目，很多其实就是“广播杂志”，即具有广播杂志的特点。

那么如何做到“杂”，诀窍之一就是抓听众感兴趣的东西，抓一些新鲜、令人开阔眼界，但又并非新闻的东西。

如天津新闻广播的广播社教节目《历史回声》，2013 年 4 月 4 日播出的内容——《口误，政治家嘴边的炸弹。》就很吸引人。

其中列举了：没学好地理的政治家、说错人名结果得罪了人的政治家、在涉及历史时出错的政治家、说错敏感词引起误解的政治家，以及大国领袖间的示威和示好等。像这样旁征博引的节目，视野开阔，颇有杂志之风，很适合广播。

八、抓服务

广播社教节目的功能之一就是服务。新闻节目是满足人们对于信息的需求，广播社教节目是满足人们的知识需求、服务需求、沟通需求等。如很多电台开办了“美食”类节目、“红娘”节目等，这是满足听众“吃”和“交友”的需要；而像天津台的《百姓嗜好》节目，是满足人们的业余爱好；“科技大篷车”则是送服务下乡，到田间地头去解决农民朋友的生产难题……诸如此类，都属于社教类节目的范畴，也无不体现着广播的服务意识。限于篇幅，这里就不一一介绍了。

总之，在如今快餐文化大行其道的形势之下，社教类节目是另一种口味的文化。如果说以前的社教节目仅仅是引导、是作为一种载体来教育受众，那么如今的社教节目则为受众开辟出一片沟通心灵的天地。这就要求广播社教节目所传递的信息，不但要有新闻性，要有思想性，还要广博，要耐听，有趣味性，要有情有意。

第三节　广播社教节目的编辑技巧

广播社教节目的编辑手法，从原则上讲，与新闻节目的编辑手法并无根本不同。但由于节目要求不同，编辑手法也略有不同。概括起来主要有以下几点：

一、摘

摘，即根据需要将刊发于其他媒体上的内容进行有目的的摘选。这是广播社教节目中最常用到的编辑手法，也是相对比较简单的手法。具体讲有两种形式：

1. 选摘文字内容

选摘文字内容，即有目的地从其他媒体上选摘相关文章。

广播社教节目的选摘与新闻的选摘不同之处在于，新闻选摘主要考虑的是时间，是长度，因为节目时间有限，所以主要是压缩长度。而社教节目的选摘则更多的是考虑内容的选择与调整。

例如天津新闻广播的一档广播杂志节目《历史回声》，2013 年 4 月 4 日播出的内容《口误，政治家嘴边的炸弹》，主要选自《环球人物》2013 年第 6 期上的一篇同名文章。原文开始部分如下：

> 在媒体高度发达的今天，政要们说话需要十分谨慎，一不小心出现口误，小则成为坊间流传的笑话，严重的会酿成政治风波。很多人都记得，美国总统奥巴马 2009 年 1 月第一任期就职时，念错了只有 35 个单词的总统宣誓词，闹出了笑话。好在他吸取了教训，今年 1 月，在第二任期就职时没有出问题。不过，在国际政治场合，类似的各种口误还是层出不穷。
>
> **没学好地理的政治家**
>
> 新任美国国务卿约翰·克里，眼下正在开展出访“处女秀”，从 2 月 24 日到 3 月 6 日，他陆续访问欧洲和中东的 9 个国家。媒体评论美国外交政策重现对欧洲和中东的重视，同时也在议论克里出访前闹的笑话：2 月 20 日，他在美国弗吉尼亚大学发表就职后的首次公开演讲，谈到了要如何在“吉尔萨克斯坦”开展工作。这陌生的国名让人摸不着头脑。人们后来对照美国国务院发布的克里演讲的文稿，才知道克里要说的是“吉尔吉斯斯坦”。看来，他是把吉尔吉斯斯坦和哈萨克斯坦这两个国家混为一谈了。克里在当国务卿之前，曾经在美国参议院外交委员会工作多年，并担任该委员会的主席，称得上是外交老手。他居然会出现这样的口误，实在令人费解。
>
> 其实，在美国政治家中，说错外国地名的还真不止他一个。这可能和美国人从小不注意学习世界地理有关。美国国家地理杂志曾经做过调查，发现半数美国人在地图上找不到纽约，63% 的美国人不知道当时美军正在作战的伊拉克在什么地方，不知道阿富汗地理位置的美国人更高达九成。据悉，还有的美国人分不清“台湾”和“泰国”。甚至以“高智商”出名的美国总统奥巴马，也在地理上出洋相。2012 年 4 月，奥巴马出席美洲国家首脑会议，当时阿根廷和英国正为马尔维纳斯群岛（英国称福克兰群岛）的归属问题起

争执。奥巴马在讲话中表达了美国在这一问题上的中立立场，同时可能是为了表示对美洲国家阿根廷的友善，用了阿方的“马尔维纳斯群岛”之称，却又误说成了马尔代夫群岛。后者是印度洋上的一个岛国，曾经是英国殖民地。这个口误，可谓弄巧成拙，让阿根廷人更不高兴。

比起美国人来，法国人一向自诩“有文化”，但法国领导人也闹过“地理笑话”……

修改后的节目如下：

在信息高度发达的今天，政要们说话那是需要十分谨慎，一不小心出现口误，小则成为笑话，严重的那会酿成政治风波。请听：“口误，政治家嘴边的炸弹”。

（音乐。音效）

没学好地理的政治家

新任美国国务卿约翰·克里，不久前陆续访问了欧洲和中东的9个国家。然而，他在出访前闹了笑话：在美国弗吉尼亚大学发表就职后的首次公开演讲时，他谈到了要如何在“吉尔萨克斯坦”开展工作。这陌生的国名让人摸不着头脑。人们后来对照美国国务院发布的克里演讲的文稿，才知道克里要说的是“吉尔吉斯斯坦”。看来，他是把吉尔吉斯斯坦和哈萨克斯坦这两个国家混为一谈了。克里在当国务卿之前，曾经在美国参议院外交委员会工作多年，并担任该委员会的主席，那称得上是外交老手。他居然会出现这样的口误，实在是令人费解。

其实呀，在美国政治家中，说错外国地名的还真不止他一个。美国国家地理杂志曾经做过调查，发现半数美国人在地图上找不到纽约，63%的美国人不知道当时美军正在作战的伊拉克在什么地方，不知道阿富汗地理位置的美国人那更是高达九成。

比起美国人来，法国人一向自诩“有文化”，但是，法国领导人也闹过“地理笑话”……

对照上述文稿和文案，不难发现，编辑有几处未摘。一是开头部分，说奥巴马第一任期就职演说时说了只有35个单词的总统宣誓词；二是有的美国人分不清“台湾”和“泰国”；三是奥巴马将阿根廷的马尔维纳斯群岛说成了马尔代夫群岛。

第一处，说奥巴马就职演说时说错了只有35个单词的宣誓词，但究竟说错了哪个单词，原文并未写清，故即使选编，听众也不会明白。再加上，这一部分在原文中用于开头，是为了引出正文，所以未选。第二处，显然涉及敏感的台湾问题，而且原文中只有一句话，故不选也罢。第三处，编辑可能考虑到前面已列举过美国领导人说错地名的例子。或认为，按照文章逻辑，已从美国领导人说到一般美国人，再回过头说美国领导人，有重复之嫌，故未选（其实这一部分未选值得商榷——倘若将“这可能和美国人从小不注意学习世界地理有关”一段与后面介绍奥巴马的内容对调，问题即解决）。

但不管怎样，从中还是能看出编辑的选编眼光：一篇很有意思的文章，而且符合节目定位——谈历史对今天的影响，另外，编辑在选编时考虑问题也比较周到。

2. 选摘音响

除了文字之外，广播编辑还会尽可能和有目的地选摘其他有声媒体上的相关音响，如影视资料等。

如前面提到的《历史回声》，在选编“政坛铁娘子撒切尔夫人”的文字时，又摘选了有关撒切尔夫人的影视资料，使节目更具广播特点，也更具可听性。

二、改

改，即编辑根据需要对原文内容进行修改。具体讲有以下几方面：

1. 改文字

改文字有两种情况：

一是修改编辑认为表述不够准确的文字；二是修改不符合广播特点的文字。这是广播编辑在选编文章时必须要做的一项重要工作。如上例中：“在媒体高度发达的今天”，编辑修改成“在信息高度发达的今天”——编辑或许认为，发达的是信息，而非媒体；“小则成为坊间流传的笑话”，被改成“小则成为笑话”——笑话不一定只在坊间流传。

修改不符合广播特点的文字，这同样重要。如上面提到的《口误，政治家嘴边的炸弹》，原文中有这样一个段落：

> 2012年11月，奥巴马访问缅甸，他是第一个这样做的在任美国总统，吸引了全球媒体的关注。可是，虽然他声称“十分重视”缅甸，却还是没“做好功课”。会见缅甸总统吴登盛时，他按照西方人习惯称后者“盛总统”。其实，“登盛总统”才是合适的称呼。见到缅甸反对派领导人昂山素季时，奥巴马来了个美国式的“深情拥吻”，但在随后的新闻发布会上，他又多次把昂山素季读成了“昂延素季”，让身边的昂山素季颇为尴尬。美国媒体也说，奥巴马的口误，会让缅甸人“感到不安”，不知美国总统是否真的那么重视他们的国家。

编辑修改后的文字：

> 2012年11月，奥巴马访问缅甸，他是第一个这样做的在任美国总统，吸引了全球人们的关注。可是，虽然他声称“十分重视”缅甸，却还是没“做

好功课”。会见缅甸总统吴登盛时，他按照西方人习惯，称呼说是“盛总统”。其实呢，“登盛总统”才是合适的称呼。见到缅甸反对派领导人昂山素季的时候，奥巴马来了个美国式的“深情拥吻”，但是在随后的新闻发布会上，他又多次把昂山素季读成了“昂延素季”，让身边的昂山素季颇为尴尬。

其中，编辑改动的地方不少：除了将“媒体”改成了“人们”之外——这是作者认为不准确而改之的；还有就是将“称后者为”改成了“称呼说是”，将“见到反对派领导人昂山素季时”改成了“见到反对派领导人昂山素季的时候”，将“但在随后的新闻发布会上”改成了“但是在随后的新闻发布会上”，编辑将其中不符合广播收听特点的文字都做了修改（如单音节词改为双音节词）。

2. 改叙述角度

改叙述角度，即编辑根据需要对原文做更大的改动。

例如，天津新闻广播有一档在晚间播出的新闻杂志类主持人节目——《新闻夜谈》，2013 年 4 月 8 日播出的内容有三：（1）香港演员成龙欲出售自己收藏的四栋古建筑给新加坡一所大学，引发争议；（2）解密领导人身边的翻译工作；（3）66 岁的著名教授易中天要当主持人。其中第三个内容摘自当天的《北京日报》。原文是一篇问答式的记者专访，而编辑则将其改成了通讯形式，这样的改动显然很大。其中，原文是用第一人称，编辑均改为第三人称。

3. 改时间

编辑在对社教类稿件进行修改时，考虑的角度与新闻不同。新闻编辑在编新闻时通常会突出时间，因为在新闻中，时间是六要素之一，非常重要。而在杂志类文章中，由于时过境迁，加上叙述角度的不同，原文中所使用的时间已未见得合适，故需修改——或明晰，或淡化。

例如，原文中若只写月和日，未写明年份（因写稿时距事发时间很近），编辑在编稿时就需注明“今年”或“去年”。

而在有些情况下，因为时过境迁，或时间要素已变得不那么重要，就可以忽略。如《口误，政治家嘴边的炸弹》中：

> 新任美国国务卿约翰·克里，眼下正在开展出访“处女秀”，从 2 月 24 日到 3 月 6 日，他陆续访问欧洲和中东的 9 个国家。媒体评论美国外交政策重现对欧洲和中东的重视，同时也在议论克里出访前闹的笑话：2 月 20 日，他在美国弗吉尼亚大学发表就职后的首次公开演讲，谈到了要如何在“吉尔萨克斯坦”开展工作……

原稿写作显然距离约翰·克里出访不久，因此用了很多时间性很强的词，如“眼下”以及很具体的时间等，但随着时间推移，时间在这里变得不那么重要，故编辑在选摘时便改成：

新任美国国务卿约翰·克里，不久前陆续访问了欧洲和中东的9个国家。然而，他在出访前闹了笑话：在美国弗吉尼亚大学发表就职后的首次公开演讲时，他谈到了要如何在“吉尔萨克斯坦”开展工作……

4. 改标题

广播编辑常会根据具体情况，保留原文的小标题，或删掉小标题。广播中以删掉小标题居多，因为在多数情况下，标题与正文在广播中很难区分，除非加上音效，像《口误，政治家嘴边的炸弹》中就采用了这种方式。

5. 改引语

对原文中一些带引号的段落（即表示某人的讲话内容）做一些技术处理，有的保留是谁谁说，有的则变成一般陈述的语气。

总之，根据需要对原文进行修改是广播编辑的一项重要工作。

三、调

调，即调顺序。调整文稿的播讲顺序是广播编辑常常会用到的手法。通常情况下，这是出于文章内在逻辑的考虑而采取的一种修改方法。

比如前面提到的《新闻夜谈》中“解密领导人身边的翻译工作”一文，摘自2013年4月6日“中国网·新闻中心”上的一篇文章。编者在编辑时，就将原文的一些播讲顺序做了调整。例如其中有这样一个段落，原文是这样的：

领导人翻译今何在？

傅莹曾在外交部翻译室工作，曾经担任邓小平的翻译，曾任中国驻菲律宾、澳大利亚、英国等国大使，亚洲司司长。傅莹是新中国第二位女副外长，也是首位少数民族女副外长，是全国人大首位女发言人。

张璐在时任总理温家宝的记者招待会上，流利翻译总理引用的古诗词，受到追捧。张璐现为外交部翻译室英文处副处长，仍在从事一线翻译工作。3月9日，十二届全国人大一次会议邀请时任外交部部长杨洁篪答中外记者问，张璐担任翻译。

过家鼎曾为周恩来担任翻译，曾任中国常驻联合国代表团一秘、中国驻马耳他、葡萄牙大使、外交部翻译室主任等职。退休后参与创立策马翻译有限公司并担任翻译总监兼培训总监。近期，策马将在孙宁的家乡南京，酝酿试点培养面向南外保送生的翻译培训课程。

朱彤曾为多位国家领导人做翻译。在时任总理朱镕基的记者招待会上，翻译朱彤给外界留下良好印象，一度有“第一翻译”之称。2003 年，朱彤加盟德意志银行。2011 年，朱彤被任命为德意志银行中国区总经理。

编辑修改后的播出版本为：

女：那么像我们过去所熟悉的那些领导人的翻译，他们现在都在做什么工作呢？像我们刚才提到的张璐，她在时任总理温家宝的记者招待会上，流利翻译总理引用的古诗词，受到过追捧。张璐现在是外交部翻译室英文处的副处长，同时还在从事一线的翻译工作。在今年的 3 月 9 号，十二届全国人大一次会议邀请时任外交部部长杨洁篪答中外记者问的时候，就是张璐担任翻译。

另外，很多人都熟悉朱彤，朱彤曾经为很多位国家领导人做翻译。在时任总理朱镕基的记者招待会上，翻译朱彤给外界留下了良好印象，一度有“第一翻译”之称。在 2003 年的时候，朱彤加盟了德意志银行。在 2011 年的时候，朱彤被任命为德意志银行中国区的总经理。

还有傅莹。傅莹曾在外交部翻译室工作，曾经担任邓小平的翻译，曾经任中国驻菲律宾、澳大利亚、英国等国家的大使、亚洲司的司长。傅莹是新中国第二位女副外长，也是首位少数民族女副外长，是全国人大首位女发言人。

另外像过家鼎，他曾经为周恩来担任翻译，曾任中国常驻联合国代表团一秘、中国驻马耳他、葡萄牙大使、外交部翻译室主任等职务。退休之后参与创立策马翻译有限公司并担任翻译总监兼培训总监。据说近期，策马将在孙宁的家乡南京，酝酿试点培养面向南京外国语学院保送生的翻译培训课程。

上例中，编辑对原文顺序的调整，主要是考虑前面的介绍顺序，将前面从未提到的傅莹放到了后面，将已经退休的过家鼎放到了最后。

四、合

合，即综合。一是将两篇文章合二为一；二是将多篇文章的素材进行整合。

像前面提到的《口误，政治家嘴边的炸弹》，实际上就采取了“合”的编辑手法。编辑不仅选摘了《环球人物》的同名文章，后半部又选摘了 2012 年 11 月《壹读》上的一篇特稿《大国领袖间的“示威”与“示好”》，最后合二为一，使节目做到了适宜、好听。

当然，要做到综合运用而又恰到好处，这取决于编辑知识的广泛和对节目的准确把握。

五、评

评，即点评。有时，原文中并无点评，编辑在选编时常会加上点评。如“解密领导人身边的翻译工作”一文的最后，编辑就借主持人之口点评：

总之，看这些大牌翻译，事业发展得都不错，每个人的归宿也都很好，从两会到现在，翻译一直都是很多人关注的一个焦点。我想通过这段时间的宣传，估计想学外语当翻译的大学生会越来越多了。其实每一行都是这样，学起来容易，做好了难，尤其是做精了，那就更难。所以不管想学哪行，不管想做哪行，都要踏踏实实的、认认真真的，一步一步，稳扎稳打。这样，不管你做哪行，你都能够成为这个领域里的领军人物。

可见，广播社教节目的编辑可以根据需要，采取或摘或改或调或合或评的办法，灵活处理文稿，让听众听清楚，听明白，并从中获得知识，获得美的享受。

第四节　广播现场特别节目的编辑组织技巧

广播现场特别节目是电台特别策划或安排，并在现场举办的广播节目。它不以报道新闻为目的，而是为了举办某个特别专题或某个特别的服务活动。所以它应该属于广播社教节目的范畴。

广播社教类的现场特别节目包括进社区举办听众服务月，与听众联谊，或者下厂、下乡，将广播服务送到工人、农民朋友的身边，再或者是在某个特殊的纪念日，到某个特定地点举办纪念活动等。

此类节目的特点是，可以进一步密切广播与听众的关系，拉近距离，加强服务，增进了解，让广播更好地架起人际间沟通的桥梁。

例如广东卫星广播在第十七个世界艾滋病日到来之际，就把特别节目的直播间搬到了广州第八医院的艾滋病区：

（开始曲）

女：今年 12 月 1 日是第 17 个世界艾滋病日，我们特别将直播室搬到了广州市第八人民医院。今天节目中，邀请来三位特别的嘉宾，他们都是艾滋病的感染者，但是他们和我们一样，都有着健康积极的生活态度，也希望交到志趣相投的朋友。今天节目中，如果你想和他们相互了解、交朋友的话，那就赶快进入我们的特别节目吧！

男：欢迎收听广东卫星广播世界艾滋病日特别节目《友爱进行时》，我们现在是在一个特别的直播室，位于广州第八人民医院的红丝带之家——艾滋病的病区之中，我是主持人小易。

女：我是主持人喃喃。今天是12月1日，也是第十七个世界艾滋病日。我们在今天的特别节目中请来了三位嘉宾，他们虽然都是病毒的感染者，但是我们可以感觉到，他们的心理状态都非常好。

男：今天的特别节目是为我们现场的三位特别嘉宾寻找一些志趣相投的朋友，如果你需要通过我们的节目和他们进一步地沟通、交朋友的话，就可以通过短信和热线的方式来参与。短信平台、移动用户可以发送短信到08813888，联通用户可以发送短信到8813888，现场热线是……

女：现场的热线是83710370。好，我们的特别节目将会从8点半一直到10点钟，马上来到下面的这一环节。

（片花）

男：好，现在是“我想试着了解你”。

女：没错，今天我们节目的三位特别嘉宾分别是小飞、小方和阿强。小飞是男生，27岁，性格呢有些内向，他喜欢的颜色是黑色、白色，最喜欢的一本书是《我要生命有晴天》，最大的愿望是做一个正常人，希望结交到能和自己平等相处的朋友。

男：小飞，你好！

小飞：大家好，我叫小飞。如果想了解我，请关注下面的节目，谢谢！

……

现场直播与现场特别节目有以下显著不同：

第一，产生方式不同。

新闻现场直播是对一个重大新闻事件的报道，是先有新闻，后有现场直播。

而现场特别节目则由于没有新闻事件，所以直播“由头”往往是广播电台的编播人员自己策划的，是自找“由头。”

第二，角色不同。

新闻现场直播因为是报道新闻事件，所以其报道内容、节目流程等都要受新闻事件的制约。而现场特别节目因无新闻事件，故所有的广播内容以及运作流程均不受新闻事件的制约，可以由编辑自由支配、掌握。

但因此，广播现场特别节目也呈现出一些特点或难点：

第一，策划难。现场特别节目因无新闻事件做依托，故所有内容均需“无中生有”。

第二，组织难。因无新闻事件，故所有人、事件均需自己组织。

所以，搞好一场有特点、有轰动效应的现场特别节目，更需电台编、采、播人员的智慧。

除此之外，现场特别节目中的一切播出手段，包括组织方式等，均与现场直播相同，比如前方记者的现场报道、嘉宾的现场解说、互联网互动、热线电话、短信参与和网上互动，等等。故此类直播文案的写法、现场勘察、人员分工组织以及现场导播等，均可参照前面新闻现场直播的方法，这里不再赘述。

第五节　广播谈话节目的编辑方法

人物访谈节目可以有新闻性强和新闻性不强两种。广播中常常会开办访谈类节目，而此类节目的编辑方法与前述略有不同，故需专门加以介绍。

人物访谈类节目自20世纪90年代中后期在我国传媒业兴起后，培育出了不少品牌栏目和知名主持人（记者），也使大量杰出嘉宾（采访对象）的人生故事广为传播。例如电视媒体的《鲁豫有约》《名人面对面》《杨澜访谈录》《对话》等；广播媒体的《人物春秋》《今晚有约》《夜访百家》等。

可以说，广播相较于电视有更好的隐匿性，广播人物访谈节目更有益于被访对象在相对轻松的状态下完成被访过程，也更便于节目与受众进行交流。而且，这种由私人话语空间向公共话语空间的转换，很大程度上满足了人们的精神需求，同时也给广播事业的发展带了强劲动力，因而广播人物访谈节目至今仍蓬勃发展且日臻成熟。

人物访谈节目的性质决定其要吸引受众，在很大程度上要依靠主持人和被访者的语言魅力。如果对话过程中"亮点"不足、层次感缺乏，就很难开掘人物性格、展现人生画卷，节目会流于死板和模式化。因此，广播人物访谈节目要充分挖掘人物性格，在展现其人生画面、激发其诉说欲望上下大力气，其编辑技巧也不同于一般的社教节目，具有一定的特殊性。

一般来说，访谈类节目的编辑难点有四：

一是难在选题上，即访谈嘉宾的选择，要在众多符合节目要求的嘉宾中做筛选和排序。

二是难在"邀请"上，越是名人，难度也就越大。

三是难在访谈内容的设置上，要让主持人和被访者舒适、自然地交谈，不露痕迹、层层深入呈现访谈主题。

四是难在直播访谈过程的把握上。

第四点不在编辑的职责范围之内，故这里只讨论前三点。

一、选题的基本方法

1. 选题来源

（1）频道内部记者、编辑互通有无。人物访谈类节目的性质是"对人的访谈"，因此，频道内的各档节目记者和编辑都可以提供个体人物的采访线索。例如，某些新闻类节目，记者在采访新闻事件过程中会发现与事件相关的人物；社教节目由于题材广泛，也会发现鲜活的人物线索。

（2）从其他媒体的报道中发现线索。人物访谈节目不追求新闻时效性，更不是报道新闻事件。因此通过其他媒体的报道，节目编辑可以发现具有访谈价值的人物。

（3）节目编辑自己拥有的线索途径。该类节目编辑在长期工作实践中，会与一些部门建立并保持联系，这些部门会提供大量线索来源。

（4）以重大历史事件为背景。曾经发生过的历史事件在某个特定时间点会具有一定的意义，这一背景也是人物访谈类节目选题的来源。例如“改革开放三十年”，结合这一背景，可以选择与此事件相关的人做访谈。

（5）重要节假日。春节、元宵节、三八节、青年节、母亲节、儿童节，等等，可在这些特殊的日子，选择适合的访谈人物。例如春节，民俗专家、春晚演员、晚会导演等都可以成为人物访谈节目的选题来源。

（6）听众互动。无论是在节目直播中还是在节目以外，我们可以从听众互动中发现一些选题线索。

2. 选题筛选

对选题的价值、可行性、可操作性进行评估和论证。面对众多选题来源，编辑要根据节目定位来筛选、排序。因为人物访谈可包括新闻人物访谈、社会人物访谈、娱乐人物访谈、教育人士访谈、科技人士访谈、商业人士访谈，等等，所以，究竟谁是最佳人选，应根据节目定位，有针对性地挑选访谈对象，这样才能保证节目特色。

通常在筛选选题时，应考虑以下因素：

（1）新闻价值。由于广播媒体的自身新闻属性决定了选题要具有一定的新闻时效特点，即便不是新闻人物的访谈节目，在几个选题都符合节目定位的前提下，首选新闻时效性强的选题。

①被访对象新近发生了一些动态性的事件，例如：运动员刚刚获奖、科技工作者刚刚研究成功了课题、歌手发行了新专辑、知名人士做了公益性事情，等等。例如作家莫言获得诺奖后即成为很多访谈节目的首选人物。

②社会关注度较高的人物。例如，在全国两会期间，某个人受到了大家的关注，该选题可以被优先选择。

（2）宣传价值。在重大社会事件发生的时候、重大历史事件发生的时候、重要节假日的时候，节目编辑会提前策划系列访谈，此时，一般性的个体访谈选题可以延后选择，因为系列性地推出与大背景相关的人物访谈对于提升节目的宣传价值有益。

二、访谈对象的选择和邀约

确定选题以后，广播人物访谈节目编辑要展开对被访对象的选择、确定和邀约工作。该环节对于访谈节目来说是最困难，也是最关键的。

1. 访谈对象的选择标准

（1）表达能力是否较强。广播人物访谈节目的核心之一就是被访者，其表现往往决定了节目的传播效果。一个不善于表达的人，即便编辑设置了丰富的访谈提纲，或有主持人的积极引导，被访者或许依旧无法精彩地说出听众想听到的内容。

（2）人生故事是否精彩。广播人物访谈节目的内容是否精彩决定了其能否吸引听众连续收听。内容的精彩来自被访者故事的精彩与否，一位被访者的各方面都符合节目定位需求，但唯独其在故事性方面较为欠缺，该访谈对象依然不适合。

（3）谈品是否高尚。即便访谈对象符合了前面的两条选择标准，但是其谈品很差，政治觉悟低、语言不干净、情绪不易控制、经常跑题，等等，出现这些情况对于节目的质量会产生不良影响，因此该访谈对象也不适合。

2. 邀请嘉宾的基本技巧

（1）提前做好功课，尽可能熟悉对方

确定某选题以后，编辑需要提前通过各种途径了解被访者全面、详尽的情况，在众多信息中进行筛选，选择并确定从哪一个角度进行访谈。例如 2012 年伦敦奥运会上，在男子体操吊环决赛中，夺冠热门陈一冰尽管出色地完成了动作，仍“意外”夺得银牌。该人物自然是众多人物访谈节目不可错过的最佳人选，但是关于陈一冰，其经历、故事太多了，从哪一个角度完成访谈需要编辑费些功夫。与此同时，编辑的访谈角度是否独到，是否能打动被访者，也决定了接下来的邀约过程能否顺利。

（2）做好自身宣传，让对方了解节目

一档人物访谈节目的知名度决定了被访者是否愿意接受访谈，例如《鲁豫有约》《杨澜访谈录》等品牌节目是不愁没有选题的。而对于一些知名度较低或者是一些地方媒体的访谈节目，大众的知晓度不高，此时，做好自身宣传非常重要。一是通过网络做宣传，建立节目博客、微博，及时发布访谈内容和音频，增加粉丝互动。二是邀约之始，要开门见山推介节目，尤其要将节目的重要成绩向嘉宾说明，给对方留下第一印象。

（3）通过多种途径，达到邀约目的

①通过本频道内部记者、编辑所拥有的相关部门的联系方式获取。

②通过其他媒体记者所拥有的被访人物联系方式获取。例如，该人物已被某媒体记者采访过，可以通过记者所在的媒体联系到该记者，从而获得被访人物联系方式。

③通过相关报道所提供的信息获取。例如，某报道提到该被访对象所从事的工作，可联系被访对象所在单位获得其联系方式。

④通过微博搜索被访人物的微博，给对方发私信联系访谈。

⑤通过已访谈过的嘉宾获得其他被访者联系方式。例如，节目曾访谈过某位嘉宾，而即将要访谈的嘉宾，其工作性质或生活领域与曾经的嘉宾有关联。

（4）邀请嘉宾序列化

所谓序列化，就是邀请一个，待播两个，联系三个，研究四个，关注五个。这样才能做到以不变应万变，保证节目在遇到变故时能正常播出。

三、访谈提纲的准备方法

1. 确定访谈主题

为什么要约访该嘉宾？要达到怎样的传播理念？具体说就是围绕嘉宾哪一个方面展开访谈。尤其是访谈一位已经为听众所熟识，或被多位同行采访过的人物，访谈主题的独特性更为重要。例如，访谈作家黄宗英，人物访谈节目编辑可以主要围绕黄宗英近年在事业上取得的成绩作为访谈主线，所提的问题也围绕这方面展开。如“您觉得您所从事的工作中，无论表演还是写作，在哪一方面您得到的快乐最多？”“我想黄老师是下海比较早的，但是经过在深圳的那样一次磨炼也许可以说是一次失败后，您后来有没有向商界做出再一次挑战的举动？”编辑还可以围绕黄宗英的生活写访谈提纲，从黄宗英做的菜到织的毛衣乃至案头的照片，这种编辑思路仿佛是带听众一起上她家做客。

需注意的是，有的访谈主题容易确定，有的则需深入挖掘。例如获第20届中国新闻奖二等奖的广播访谈《小丽的面人有颗心》（宁波台2009年9月26日播出），由一个普通的爱心捐助事件深入到了一个易被人忽略的层面，即如何表达爱心，如何从被捐助者的角度思考问题，如何尊重被捐助者等。这样的访谈角度和问题抓得准，抓得好，不仅有社会意义，而且主题预设正确，引领得当，探讨有深度。从中可以看到主持人具有以下特点：

（1）主持人对访谈内容的案头准备，特别是对主题的探究以及访谈拟达到的理论层面，访谈前就已心中有数。这与主持人对问题的归纳能力和对主题的把握能力关系密切。

（2）主持人对问题进行了精心设计，特别是对后续问题的准备，访谈的走向、深度等，都有充分的准备和把握。

（3）善于运用采访音响。

（4）善于倾听，善于发现。一旦抓住谈话中的“点”，能随机应变，使谈话步步深入，而不会让问题从眼前滑过。

（5）善于穿针引线。何时插话，何时转移话题，把握有度。在谈话中能照顾到每一位嘉宾，不使其冷场，很多细微之处都恰到好处。

2. 确定结构编排思路

所谓结构编排就是对人物访谈节目进行整体编排和布局，整体把握访谈主题与片花、采访、音乐、音响、互动之间的衔接。

（1）如何切入话题。俗话说，万事开头难。在人物访谈节目中，如果能巧妙、准确地进入预先设置好的话题，这就成功了一半。人物访谈节目进入话题的总原则是能够触动嘉宾和听众的心灵，使他们产生共鸣。

①开门见山式。在节目开头用高度凝练、简洁的语言将访谈的主题、目的告诉听众。

②表现式。以展现嘉宾的特长、才艺为开场白。在访谈娱乐明星的时候，这种方式是最常用的，可以让嘉宾先唱一首歌或播放他的代表作品，通过作品进行访谈。

③回忆式。在深入展开访谈之前，和访谈人物共同回顾一些往事，使之产生共鸣和交流的情愫。

（2）话题展开。在人物访谈节目中，巧妙、准确地进入话题只成功了一半，而另一半则在于对话题展开的设计。何时播放采访？何时播放片花？何时展开互动？何时配以音乐？这些都需要在话题展开过程中精心设计。

例如，天津电台生活广播《夜访百家》节目曾经访谈过一位配音员——李立宏，他是 2012 年堪称最火的纪录片《舌尖上的中国》的配音。本期访谈所确立的主题就是李立宏的配音经历，他参与过电影、电视剧的配音，也参与过动画片的配音。访谈展开过程中，在即将要谈到某一个领域的配音经历的时候，顺势播放他的代表作片断，增强了节目的可听性、节奏感。

（3）结束访谈。在结尾处，语言设计的方式也不尽相同。主要有以下几种：①总结式。②精辟点评式。③抒发感情式。④故事启发式。

第六节　广播谈话节目的发展及其导播技巧

一、广播谈话节目的发展

老广播年代，听众与广播的互动只能通过写信，因此“听众信箱”是当时广播中比较“火”的节目。随着时代的发展，录播式的“听众信箱”已不能满足人们的需求，于是，直播方式的“听众信箱”便呼之欲出。

1987 年 5 月 11 日，上海人民广播电台经济台的主持人直播节目《蔚兰信箱》开播。

仅仅过了一年，1988 年 5 月 3 日，上海电台播出了蔚兰应广大听众要求，将与听众见面的消息。当晚，原定发票 1000 张，结果前往索票的听众超过两万！

1988 年 5 月 6 日下午，在上海云峰剧场举行的见面会上，“蔚兰热”被推向高潮：整个见面会现场是一片欢呼和掌声的海洋，人们拿着鲜花争相涌上主席台，与蔚兰握手，请她签名留念，无数个“蔚兰迷”如痴如狂……

《蔚兰信箱》开播不到一年，为何会取得出人意料的社会效果？

广播由录播到直播，一扫往日录播的沉闷，使广播节目变得清新，对象感和交流感增强，主持人与听众的距离拉近。于是，在电视还远未普及的那个年代，“听众信箱”节目迅速火爆，出现前所未有的轰动效应。

但随着时间的推移，更多的听众来信堆满主持人的案头。这时，仅靠来信和在广播中回复已使听众感觉意犹未尽了。

1993 年前后，随着一个契机的出现——电话初装费用的大幅降低，固定电话迅速走入寻常百姓家，这时，以广播热线为直接交流形式的广播节目便应运而生。

以湖北人民广播电台 1993 年开播的全国首批情感谈话类直播节目《今夜不寂寞》为例，该节目每晚播出，时长为 1 小时，每次节目都会接听很多听众的热线电话，并且经常是节目播出结束之后听众的电话仍然不断。听众不仅被节目扣人心弦的主题和动态交互式交流所吸引，也为主持人的倾心、交心所吸引。

节目开办不到半年，听众纷纷来信、来电，要求与《今夜不寂寞》节目主持人见面，要一睹她们的风采。为此，节目组在武汉举行了一次听众见面会，原本 200 人的会场，居然来了 3000 多位听众，当时，武汉会展中心的大门外，出租车排成长队鸣笛参与，掌声、欢呼声汇成一片，从四面八方赶来的听众一遍遍高喊着主持人的名字，对这种热烈场面没有任何心理准备的主持人，一次次流下激动的热泪。

目前，随着广播的发展，特别是随着移动互联网的不断成熟完善，广播访谈也逐渐从单纯的广播延伸为“全媒体”。如湖南人民广播电台 2020 年 12 月 30 日的广播访谈节目《从十八洞村到沙洲村》（该节目获第三十一届中国新闻奖一等奖），是在我国决战脱贫攻坚和决胜全面小康这两大重要战略的背景下策划而成的。

从内容看，节目通过回望两个湖南小村庄脱贫巨变和探讨乡村振兴，折射两大战略的生动实践与奋斗历程，吹响了“十四五”全面推进乡村振兴的冲锋号。时机把握恰当，既分享胜利，更聚力前行。2013 年，习近平总书记在湖南湘西十八洞村考察时，第一次提出了“精准扶贫”的重要理念。2020 年 9 月，习近平总书记再次来到湖南，考察了郴州市汝城县文明瑶族乡沙洲瑶族村，该村从当年的“半条被子”到如今整村脱贫走上“幸福路子”，翻天覆地的变化映照出共产党百年来的不变初心。访谈在“十三五”与“十四五”历史交接之际，选择这两个具有典型代表意义的湖南小村庄为新闻访谈对象，展示脱贫巨变，探讨乡村振兴，践行习近平总书记提出的“脱贫摘帽不是终点，而是新生活、新奋斗的起点”精神，对推进脱贫攻坚和乡村振兴有效衔接，实现全面乡村振兴具有提振信心、凝聚力量的鼓舞与激励作用。

从形式看，节目将访谈现场设立在“半条被子”专题陈列馆，访谈在故事讲述中彰显时代记忆，在专家点评中涤荡思想，每个问题层层递进，让人听后有感动，更有启迪。可谓高能量、高传播。节目前期通过微信征集互动话题，为构建超人气打下“基座”，节目通过湖南电台经济频道、新闻综合频道、潇湘之声三频联合呈现，同时还通过湖南村村响广播 40.57 万只大喇叭、芒果动听 App 等全媒体播出，并拍摄制作成短视频花絮在抖音和微信推广，有效地激发了听众网友的互动，实现了节目影响力与传播力的持续发酵。

二、广播访谈的导播

广播访谈的导播，作为一种常态的广播职能，是伴随着直播节目的出现，特别是伴随着热线电话在广播中的使用而出现的。

在“珠江模式”出现以前，常态的广播节目并不需要“导播”（只有个别“实况转播”的广播节目才需要“导播”）。因为节目在录制过程中，编辑已监听了录制过程。因此在播放时，就只需有专人负责上带、播放、换带（当时采用的是开盘式磁带录音机）即可——这一职位的名称叫“传音员”，而不叫“导播”。

而随着大量直播形式的广播节目的出现，特别是随着电话（家庭电话和手机）的普及，电话逐渐变成“广播热线”，一个真正意义上的职业——导播便应运而生。

可见，广播的导播是和热线电话的出现与使用密切相关的——即使是在互联网非常发达的今天，电话互动依然不可或缺，因此，导播在广播中的位置依旧重要。

一般而言，广播节目的主持人与电视节目的主持人，在播出方式上有很大不同。电视节目主持人，无论是新闻节目还是其他专题节目，主持人基本不负责操控设备，完全由导播或导演负责。而广播节目主持人则不同，在直播过程中，开、关话筒，播放音乐、查看短信平台、上网搜看论坛、帖子等，甚至插播广告（现在已由电脑控制）都需要主持人在直播间亲自操控（前提是这些操作基本可以做到无声响）。而唯独热线电话的接听不能亲自负责。这当然是因为接听电话不可能在无声状态下进行，而听众打来的热线电话能否接进直播间，又的确需要有专人把关。因此，导播的职能就非常重要。

在广播社教节目中，导播接听热线的方法与新闻节目略有不同。在新闻节目中，导播接听或主动拨打的多为前方记者电话；而在社教节目中，导播接听的热线则多为听众。此时，编导的接听方法应有所改变。

通常来讲，广播电台的热线电话，都是一号多机的，即一个电话耦合器可带多部电话机，因此只要有电话空闲，听众就可以打进电话。而广播编导无需为打来的热线电话排序，因为先接后接哪部电话，主持人在直播间内通过电话耦合器能看得一清二楚。主持人一般会按照顺序接听，除非遇到特殊情况，导播可以通过对讲系统或手势，再或是通过电脑打字的形式，告诉主持人排序的变化。

1. 社教节目接听热线的方法

第一，掌握好把关与导播的“度”。

在实际工作中，有的导播误以为“把关”就是要了解听众说的每一句话，因此，他会让听众将准备的内容先说一遍。这样做的结果，一是耽误了很多时间，使主持人在直播间等待良久；二是使听众在真正与主持人交流时，失去了再说一遍的热情。

大家在广播中常会听到，听众在热线接通后对主持人说：“我刚才已说一遍了，还要再说一遍吗？”这其实就是导播未掌握好“把关”与“导播”的度。其实，导播此时的作用只有两个：一是确定打来的电话是否与本节目有关；二是简要了解一下听众的主要问题或主要需求。因此，一个好的广播导播，会让听众用最精炼的语言说明来电主旨，即使听众一上来就滔滔不绝（听众以为导播就是主持人），导播也应打断对方，告知自己是导播，一会儿才会将电话接进直播间。这样既保证了热线内容无误，也保证了听众与主持人交流的新鲜感。

第二，做好必要的提示、说明工作。

广播中常会出现两种情况：

一是“是我吗？”——热线接通后，听众常会这样问。这是导播未做提示的结果，因此导播一定要告诉对方：“您是第几号线。”这样，当主持人呼叫几号线的听众时，“是我吗”这样的问话就会大幅减少。

二是不讲话——热线接通后，主持人连续“喂、喂，请讲话”，对方就是不吭声。这其实同样是导播未做说明的结果。

从专业角度讲，出现上述情况，不是听众未听见主持人招呼，而是他不知广播在直播时使用了延时器（广播为保证安全播出，使用了一种延时装置，听众在收音机中听到的广播声比他在电话听筒中听到的声音要慢 7-8 秒），他一时不知是该听电话中主持人的声音，还是听收音机中主持人的声音。

出现此类情况，有两种可能。一是听众第一次打热线，不熟悉热线的接听方法；二是听众打电话时，收音机是开着的。电话接通后，他听话筒中主持人在说“几号线请讲话”，而收音机中，因延时缘故，还未到主持人说“请讲话”，因此他就拿着听筒在等。

导播在接听电话时，必须向听众说明：一是提醒对方，让他一定要注意听电话中主持人的讲话。二是请听众将收音机稍微拿远一点（因离得太近、音量又太大的话，广播中会出现啸叫，即“回受”现象）。

另外，有的主持人在出现回受现象时，会提示听众“请把收音机关掉”。这样做的结果，的确可让听众将注意力集中到听筒而非收音机，也可避免“回受”现象，但这样做有一点不好，即听众打来电话，就是要听广播，而你却让他关掉收音机——他并不一定知道原因所在。若此时其家人也在听广播，让对方关收音机就很不妥。正确的做法是指示听众：请将收音机拿远一点，或：请将收音机的音量关小一点。

第三，避免反打“找托”问题。

导播需注意的是电话“反打”环节，即在无热线情况下，编导常会主动寻找听众，因此，有的节目会出现“找托”现象。当然，这样的情况应具体情况具体分析。有的广播节目，是通过“反打”形式，来连线前方记者，或是主动连线专家对新闻发表评论，这样做无可非议。我们反对和应避免的，是一种虚假的、以吹捧某种产品为内容的所谓“热线”。

2. 监听的方法

导播在监听过程中，遇到问题，同样可以采用“紧急删除按钮”，删除出问题的节目部分。有关这一点，我们在第一章中已有详尽介绍，这里不再赘述。

第五章　广播文艺节目的编辑

广播文艺节目是广播中以音乐、曲艺、戏曲、文学、广播剧等为主要内容的广播节目，它是广播节目的重要组成部分，担负着审美、娱乐、休闲和文化传播等职能。

广播文艺节目中的音乐、戏曲、曲艺、文学等节目，一般以编辑手段为主、原创为辅（较少有原创），而广播剧则需原创。

当代的广播文艺节目，既有以主持人直播为主的“快餐”形式，也有编辑与主持人相配合，经过精心设计、编排而录制的“正餐”形式。

第一节　编排类文艺节目的常用手法（一）

广播文艺节目，如果非原创的话，其编辑方法说到底就一个：串联——如何将一个个已制作好的节目串联起来，只是有的串联方式简单，有的则比较巧妙。归纳起来主要有以下几种：

一、报幕式串联

即像舞台上的报幕员一样，每介绍一个节目，就播一个节目。这是最原始的串联方法。如今，这样的串联方式已难觅其踪。

二、按主题相关串联

即把主题相同的文艺节目编排在一起，这是最常见的一种编排方法。

如：中秋来临，将写“月亮”的文艺节目组合在一起；或母亲节时，将歌颂母亲的文艺节目编排在一起，这是音乐、戏曲和曲艺节目中最常见的编排方法。

如：天津台小说广播的文学专题《向古人借智慧》：

（片花：母亲1：我希望我的孩子特别聪明、漂亮。

母亲2：希望我的宝宝心地善良。

母亲3：希望他长大以后要勇敢、坚强。）

主持人：听众朋友们大家好，刚刚您听到的，都是初为人母的年轻妈妈们对自己宝宝的美好期望。相信全天下的母亲都一样，期待着孩子能够健康、快乐、漂亮、勇敢、聪明、善良……而所有的这些美德，并非与生俱来，那么，我们今天要做的，就是“站在巨人的肩膀上”，向古人借智慧。

主持人：向古人借智慧的第一步，我们要借——聪明。自古以来，聪明过人，才高八斗的古人可不少，但是要说起“古今第一聪明人”，恐怕非诸葛亮莫属。在中央电视台《百家讲坛》中，易中天教授要为我们讲述，如何向诸葛亮借智慧。

（易中天《品三国》片段）

主持人：有了聪明才智，也就有了谋略，正所谓：有勇有谋，才能成大器。所以向古人借智慧的第二步，我们要借——勇敢。清朝的开国皇帝皇太极，在历史上是一位有勇有谋的典范。如何向他借勇敢，《百家讲坛》中，阎崇年教授自有一番独到见解。

（阎崇年《清十二帝疑案》片段）

主持人：有勇、有谋，这说明内在的心智已经成熟了，但是外在的修养还需要提升。古代四大名著中，《红楼梦》金陵十二钗举止娴静，蕙质兰心。向古人借智慧的第三步，《百家讲坛》刘心武教授，教我们借优雅。

（刘心武《讲红楼》片段）

主持人：到这里，我们已经向古人借来了聪明、勇敢和优雅，向古人借智慧的第四步，也就是最重要的一点，那就是——借善良。品性的善良是所有美德的基础。《百家讲坛》于丹教授从论语中为我们借到了善良。

（于丹《论语心得》片段）

主持人：在今天的节目中，我们通过《百家讲坛》四位教授的精彩讲解，成功地向古人借到了智慧。俗话说，有借有还，再借不难。不过，从古人那里借到的智慧，用不着还给古人，反而希望大家能够把它还给更多的人，人人得智慧，社会得和谐。今天的节目就到这里，我们下期再见。

上例是一种巧借归类之法：将《百家讲坛》中本不相关的几个内容组合在了一起，表达了希望向古人学习聪明、勇敢和优雅等主题。虽然个别地方值得推敲，比如修养是否是外在，但这并不妨碍本篇在编辑构思上的巧妙，值得学习。

三、按时间相关串联

即把同一个时代的作品搜集到一起进行编排、介绍。如天津台的《老歌听不完》节目：

（《老歌听不完》节目开始曲）

（音乐，压混）

女：早晨好，朋友们，这里是调频99兆赫，天津音乐台每天为您守候的《老歌听不完》，8点01分尚怡一边和您问好，一边感叹着冬日里的阳光，好温暖，没有了昨天的大风，今天白天的温度也将有所回升，最高温度会达到9摄氏度。不过，夜间的最低气温仍然在零下5摄氏度。所以晚间出行的朋友还是要多加些衣服，以防感冒了。我们每天都来关注天气情况，而在冬日提到最多的词应该就是“温暖”了。大自然温度的变化，您和我都不能左右，但我们有自己温暖的方式，因为我们有音乐，有音乐对往事的记忆，有我们共同拥有的老歌听不完。

（片花）

女：曾经收到一位听众的来信，他信任我，将生活中真诚的片段与我分享，信中有这样一段话，他说：尚怡，为我们播放一些六七十年代的老歌吧，生活变化太大了，我们需要这些老歌，将成长岁月里的激情注入这快节奏的生活之中，在追忆似水年华时，让快乐和温情充满身心。今天我们的节目就听听那个时代的流行曲目。从语录歌到电影《地道战》《海霞》的主题歌，从朝鲜《卖花姑娘》的凄美到阿尔巴尼亚勇士们的英烈。好了，再多的经典总得有个起点，让我们随着这些熟悉的老歌来回味经历过的真情岁月吧！

（歌曲《毛主席的战士最听党的话》揣手淡入）

女：1965年底，这一首《毛主席的战士最听党的话》唱遍全中国。高唱这首歌，梦想着穿上一身绿色军装的您，会想到几十年后，时尚、个性，会成为人们津津乐道的事情吗？那时满眼的灰色、白色和蓝色之外，一身绿色曾经就是时尚。每一个时代都有自己的流行符号，说到六七十年代的老歌，一定有那个特殊时代的语录歌。1957年11月17号，毛主席在莫斯科接见中国留学生代表时说过，世界是你们的，也是我们的，但是归根结底是你们的，你们青年人（朝气蓬勃，正在兴旺时期——作者注：主持人这里漏说了这几句，说明对毛泽东的这段耳熟能详的话并不熟悉），好像早晨八九点钟的太阳，希望寄托在你们身上。这段话经过作曲家劫夫谱曲后，成为了六十年代最为流行的语录歌。

（歌曲《世界是你们的》揣手淡入）

女：希望寄托在你们身上。特殊年代产生的歌曲被打上了那个年代的烙印，当时高唱这首歌的人群中，是不是也有热血沸腾的您？当军人的渴望，大概也是在那个时代的流行符号了吧。这一时期对军人的崇敬也受到了电影的影响。从1966年到1970年，全国播放最多的电影就是《地道战》《地雷战》《南征北战》，并称“三战”。尤其是地道战的故事，大家耳熟能详，敌人的愚蠢和狼狈，总是当时生活中的笑料，几乎没有小伙伴不会背几句“高，实在是高”之类的经典台词。即使后来再次重放这几部老电影，早已成年的您，仍会被剧情逗乐。歌曲《毛主席的话儿记心上》更是流传至今。

（歌曲《毛主席的话儿记心上》揣手淡入）

……

上例中，编辑的串联能力很强。节目伊始，从“气象”联想到“温暖”，再由“温暖”联想到“音乐”，联想到“回忆”，最终落在“老歌听不完”。然后，从一封听众来信开始了今天的主题：听上世纪六七十年代的老歌。这里，时间成为编辑要素。

四、按风格相似或派别相近串联

即把风格相近或派别相近的作品搜集到一起，进行编排。

例如《疯狂的炫技》（2010 年，天津台）就是把炫技派的文艺作品编辑在了一起：

主持人：温馨提示：如果您有心脏病、高血压，请您做好心理准备。音乐专题《疯狂的炫技》马上就要开始，请您系好安全带。谢谢！

（音效：圆舞曲《蓝色多瑙河》加心跳声）

主持人：坐在一辆时速 60 公里的车上，放着舒缓的音乐，平稳的心跳。如果是一辆风驰电掣的 F1 赛车，时速 300 公里（赛车音效），你的呼吸、心跳都会随着你的肾上腺素迅速爬升，欢呼雀跃随之而来。

（播放：马克西姆演奏的钢琴曲《野蜂飞舞》，压混）

主持人：110 年前的里姆斯基·科萨科夫大概做梦也没想过，他的《野蜂飞舞》会以这样的速度疾驰而过。这还不算快的，一位德国小伙子用 1 分 05 秒的神奇速度拉完了这首曲子。

（播放：德国电视节目中的演奏）

主持人：你开始觉得不可思议了吧？ 200 多年前的莫扎特，就算是踮着脚也望不到后世，远在中国的钢琴家薛啸秋把他的《土耳其进行曲》弹成了魔曲。根据计算，21 岁的薛啸秋平均每秒钟双手要完成 76 个音符，而且是在两架钢琴上完成的。这绝对是不可思议的演出。

（播放：薛啸秋《土耳其进行曲》）

主持人：正如人们在竞技体育中不断挑战体能极限一样，在音乐界，也有凭借着纯熟技艺，把不可能变成令人叫绝的炫技演奏家。当然他们会得到同行以及观众的钦佩和赞叹。他们的炫技演出通常都是出现在音乐会的高潮部分，或者是返场演奏。曲目短小却往往会为音乐会锦上添花，甚至让观众为之疯狂。古往今来，对于炫技的疯狂追逐，每种音乐形式的演出都有炫技作品，中国当然也不例外。

……

主持人：炫技派的演出为音乐家们带来了掌声、赞叹声。为人所不能，成为了音乐界超越自我的高峰。古典音乐也在接受一代代炫技大师的考验。出生在圣彼得堡的俄国年轻钢琴家佛洛铎斯 26 岁时就以一张炫技钢琴改编曲唱片向世界乐坛宣告自己的钢琴技巧。巴赫、舒伯特、比才、李斯特、拉赫玛尼诺夫、普罗科菲耶夫以及柴可夫斯基等作曲家的作品，被他赋予了高超的技巧，发散出乐器灿烂夺目的华丽声响。原本技巧并不艰深的作品，在佛洛铎斯的演奏中，炫目多变而又自然神奇，乐曲的贯通甚至让你误以为这并非是一架钢琴，而且这不是两只手在演奏。

（播放佛洛铎斯《卡门变奏曲》）

主持人：当音乐家们赢得掌声、喝彩的同时，也有另外的声音，德国著名音乐评论家汉斯立克说道："肤浅的音乐并不能打动心灵。"这是他在评点一位炫技派演奏家时，一语中的地击中了疯狂炫技所带来的音乐艺术表达的缺陷。任何乐器的演奏都离不开技巧与音乐表现之间的关系怎样处理的问题。只有技巧就会让演奏本身陷入"机器式声音"的重复，并不能产生音乐。如果只有"音乐表现"的演奏，更是滥情的个人断义。这样的问题不仅存在于作品与演奏之间，其实在作品的创作中，作曲家们已经面对技巧与艺术性的平衡，诞生了高超的技巧与不朽艺术性结合的经典之作。

（播放：塞西莉亚·巴托利演唱的炫技咏叹调《风雨飘摇》，压混）

主持人：维瓦尔第的歌剧《巴亚泽》当中的炫技咏叹调《风雨飘摇》，全曲有三个半八度音程的跨度，歌曲里的每个句式都要有精准的起音，声音的贯通，音色的丰富表现力，声音气息的连贯，运腔的灵活以及声音的稳定控制。拥有"二十一世纪次女高音第一人"之称的意大利女中音塞西莉亚·巴托利用她芬芳馥郁的美声与过人的技巧，跨越了美妙却又艰难的乐段，征服了所有听过她演唱的观众。

（歌曲扬起）

……

五、按地域相关串联

即把相同或相关地域的作品集合在一起进行编排介绍。

如天津文艺台就曾编辑过一档戏曲专题节目《梨园故居寻畹华》，即以"居住地"为元素，将京剧大师梅兰芳的一生串联了起来：

老者 1：我听我爷爷说过，北京宣南李铁拐斜街 45 号，是京剧大师梅兰芳先生的出生地，我爷爷也当时住在李铁拐斜街，这么说呀，我们家曾经和梅家还是邻居呢……

老者 2：北京东城区无量大人胡同 5 号，是一座豪华的大宅院，当时我在无量大人胡同做生意，后来一打听才知道，这是梅兰芳先生的府邸……

老者 3：您瞧这护国寺 1 号，最早这是庆亲王奕匡他的府上，到后来，梅兰芳先生就在这里居住，在这度过了他人生的最后 10 年……

［京剧曲牌《夜深沉》，压混］

主持人：“听京戏，游梅府，爬长城”是上世纪二三十年代在北京流行的一句旅游口号。在这句话里我们不难发现，一代京剧大师梅兰芳对当时社会的影响和在人们心目中的位置。梅兰芳的住宅在当时已经是能够代表北京甚至中国文化的特有建筑。在北京的大街小巷中，梅兰芳的住宅一共有十几处，加上上海、香港的住所一共有近二十处。要说到梅兰芳的住宅呀，咱们还得从北京宣南李铁拐斜街45号的梅家老宅说起。

[有轨电车声音，压混]

主持人：1894年是中国农历的马年。

[婴儿出生时啼哭声音，压混]

主持人：九月二十四号这一天，在北京宣南李铁拐斜街45号的梅家老宅出生了一个男孩，这个男孩就是后来成为京剧大师的梅兰芳。在梅兰芳出生的那个年代，女人是不能演戏的。因此，舞台上的女人都是由男人来扮演的，他们被叫作男旦。

[男旦老唱片声音，压混]

主持人：梅兰芳的祖父梅巧玲就是一个优秀的男旦，他在扮演《雁门关》的萧太后时，融合了他所观察的西太后慈禧的行动举止，慈禧看过之后非但不生气，而且还给体态丰腴的梅巧玲起了一个“胖巧玲”的绰号。梅巧玲的儿子梅竹芬继承了父亲的衣钵但不幸英年早逝。在1900年的时候因生活所迫无奈将老宅售出，一家人搬到百顺胡同东段租房栖身。也就是在这个时候，四岁丧父的梅兰芳拜吴凌仙为开蒙老师，正式步入梨园行攻习旦行。

[小孩学戏吊嗓的声音，压混]

两年之后，梅兰芳就迈着还有些生疏的台步登上广和楼的戏台。一出昆曲《长生殿》开始了他五十多年的舞台生涯。

[播放梅兰芳昆曲《长生殿》，压混]

主持人：转眼十年过去了，18岁的梅兰芳已经成为北京的一颗京剧新星。这时，全家搬到了北京崇文区鞭子巷三条26号。这是一套普通的小四合院，在这里居住时的一次演出经历，为梅兰芳后来成为京剧史上里程碑式的人物奠定了坚实的基础。1913年，19岁的梅兰芳应上海丹桂第一台许少卿的邀请，初次闯荡上海滩，一炮而红。45天的时间里，梅兰芳和王凤卿合作演出了《朱砂痣》《武家坡》等生旦对戏，另外还单演了《彩楼配》《玉堂春》。最值得一提的就是首次演出大轴戏《穆柯寨》，这也是梅兰芳第一次演出扎靠戏。【注：扎靠：是京剧中被戏剧化了的古代战将穿的铠甲，有软靠、硬靠之分。扎靠戏指的是武生戏。】

[播放梅兰芳《穆柯寨》，压混]

主持人：有人回忆当时的情景说，梅先生的扮相、嗓子和那种气度在过去的确是没见过的。

[梅兰芳《穆柯寨》、观众掌声，压混]

主持人：因为上海首演的成功，梅兰芳回到北京后，在梨园行的地位逐步攀升。

［老北京街头车水马龙的声音，压混］

主持人：每当他的车经过前门一带密集的戏园子的时候，大街上的人们就会辨认出这是梅兰芳梅老板的车。但不幸的是，此后不久，梅兰芳的儿子大永和女儿五十相继夭折，这使梅兰芳非常伤感，不久便搬出了鞭子巷三条26号。一家人搬到了北芦草园西口青云巷8号，这是东、西两套打通的并列四合院落，两个院子格局相同。是梅兰芳在他的两个孩子夭折后不久，花2000多银圆购买的。就是在这里，梅兰芳结识了他最重要的辅助者——齐如山。出身名门望族又曾经遍访欧洲的齐如山在梅兰芳的表演中看到了中国戏曲的希望，转而研究京剧。在梅兰芳的身边逐渐聚拢了一批这样志趣相同的文人，人们称这个圈子为“梅党”。他们相互切磋艺术，同时以更敏锐的洞察力去审度世事的变化，梅兰芳的思想和眼界也因此触及到梨园界之外更远的地方。

［鸽子飞翔时的声音、鸽哨的声音，压混］

主持人：1923年，29岁的梅兰芳举家迁到了位于东城区无量大人胡同5号新购置的宅子中，这是一座坐北朝南的七进院落打通的豪华宅院，建有游廊、假山、花园、池塘和洋楼。诗人李释戡为梅兰芳在这里的书斋起名“缀玉轩”。梅兰芳在这里居住的近十年的时间里，他四次赴日本演出，并在1929年12月到美国访问演出。在此之前，西方人并不知道京剧是什么。

［翻译用英语介绍剧情的声音、现场观众笑声，压混］

主持人：当翻译把京剧《汾河湾》翻译成《一只可疑的鞋子》时，美国观众在笑了一阵之后逐渐安静了下来。梅兰芳登场了。

［播放梅兰芳《汾河湾》，压混］

主持人：美国人惊讶地发现，中国居然有一种与莎士比亚迥然不同但是同样美轮美奂的戏剧艺术，更让他们惊讶的是，一个男人竟然能够如此传神地表达出女性特征的精髓。

［播放梅兰芳《汾河湾》至结束现场观众掌声、欢呼声，压混渐弱］

主持人：一夜之间，梅兰芳奇迹般地风靡了整个纽约。三天以后，剧院已经将两个星期的戏票全部预售一空。美国之行，梅兰芳结识了卓别林等文艺大师，并接受了南加利福尼亚大学颁发的文学博士学位。这是在梅兰芳出访美国之前从来没有想到的。然而，就在回国不久，梅兰芳最喜欢的儿子葆琪因病故去了。而梅兰芳与名伶孟小冬一段短暂的感情也以孟小冬的悄然离开告终。这人世间的苍凉，让梅兰芳选择了离开，离开生活将近四十年的北京，南迁上海。从此，梅兰芳再也没有回到无量大人胡同5号居住过。

［上海江船汽笛声、钟声，压混］

主持人：梅兰芳迁居到上海之后，因为没有合适的住房，暂时住在沧州饭店，后来就搬到了马思南路121号定居，梅兰芳把这里定名为“梅华诗屋”，在这里又出生了一个男孩，这就是后来唯一继承梅兰芳事业的梅葆玖。

［梅葆玖：1934 年我出生在这里，这里是上海的马思南路，小的时候听父亲说起北京无量大人胡同的事情，他常常怀有非常非常深的留恋。不过对我来说这里才是我真正的家。在我的记忆里，这里曾经洋溢着笑声、胡琴声、练唱声和在花园里我父亲给学生们排戏时候的情景。］

主持人：抗日战争爆发之后，为了以古鉴今激发全国人民的抗日热情，梅兰芳在上海演出了根据宋朝女将梁红玉擂鼓战金山击退金兀术的故事编排的《抗金兵》。

［播放梅兰芳《抗金兵》，压混］

主持人：随后又上演了描写俘虏惨痛生活的《生死恨》。

［播放梅兰芳《生死恨》，压混］

主持人：从此之后，梅兰芳蓄留胡须，停止了一切演出活动。

［电影《梅兰芳》原声，压混］

主持人：每天梅兰芳闭门谢客，以绘画、集邮为乐，后来只能靠变卖家具、古玩和字画维持生计。无奈，1944 年把北京无量大人胡同的房产卖掉。这就是后来人们传颂的“蓄须明志”。1945 年，当梅兰芳听到抗战胜利的消息后，在马思南路 121 号住宅的“梅华诗屋”里即兴创作了一幅取名为《春消息》的水墨画。也就是在这一年，五十二岁的梅兰芳在经历了八年的与世隔绝之后回归了舞台。

［梅兰芳《贵妃醉酒》片段，压混］

主持人：1951 年，梅兰芳一家人回到了阔别近 20 年的北京。周恩来总理想让梅兰芳一家继续回到无量大人胡同的旧宅，但是梅兰芳坚决不同意，他说，那所房产我已经卖掉很多年了，现在我不能借助政府的力量再把它收回来，请随便给我安排一个住处吧。此后不久，梅兰芳一家便搬到了西城区护国寺 1 号，这所住宅原来是晚清庆王府的一部分，是一座典型的四合院，共有房屋 37 间，北房由梅兰芳、福芝芳夫妻居住，另外还有书房和客厅，他的子女分别住在东、西厢房。梅兰芳的合作伙伴、弟子学生经常聚在这个院子里说戏、练功。梅兰芳平生排演的最后一出戏《穆桂英挂帅》就是在这里编排的。

［播放梅兰芳《穆桂英挂帅》，压混］

［京剧曲牌《反八岔》，压混］

主持人：1961 年 8 月 8 号，一代京剧大师梅兰芳走完了他 67 年的人生。梅兰芳的一生在舞台上相继扮演了 180 多个女性形象。男人和女人，虚拟和现实，在看似矛盾的艺术与生活中间，梅兰芳找到了一种最完美的途径，为人们演绎了他戏里戏外的传奇人生。

上例中，编者不是简单地讲述梅兰芳的生平，而是以“居住地”为线索，如此构思就显得比较巧妙。

六、按类别相关串联

即把同一类的节目编排在一起。比如，将相声技巧中说、学、逗、唱中的“说”类归在一起，像《批聊斋》《批三国》《讲四书》《讲卫生》《谈礼仪》《谚语谈》《论捧逗》等，也可以将“学”的类型编排在一起，如《学越剧》《学四相》《学四省》《学评戏》《杂学唱》等。还可以按“字”归类，如《大娶亲》《大保镖》《大登殿》；再或者是按“数字”归类进行编排，如《数字与生活》《京剧与数字》《成语变数字》《数字的学问》等。

例如天津文艺广播的综艺节目《精品艺术厅》，在其2002年5月的一档节目中，以《蝶舞千秋恋情真》为题，将艺术作品中有关梁山伯与祝英台的故事编辑在一起：

（音乐起，压混）

主持人：天津人民广播电台文艺台，这里是综艺节目时间。欢迎您收听《精品艺术厅》节目，今天奉献给您的是综艺专题《蝶舞千秋恋情真》——艺术中的梁山伯与祝英台。

（出俞丽拿小提琴协奏曲《梁山伯与祝英台》）

主持人：“梁山伯与祝英台的传说”申请世界非物质文化遗产了，梁祝哀史已经融入涌动翻滚的炎黄历史长河！这段酸楚惨烈的恋情已经刻入中国文化参天大树的年轮。随着华夏文化的对外交流，这个美丽的传说已经出现在世界各地的舞台上，《梁祝》哀怨凄凉的琴声，拨动着中外人民的心弦！

（朗诵：三载同窗相知深，两处思念一线存。闺中忆君常入梦，楼台镜花枉费神。双飞百年传哀史，蝶舞千秋恋情真。长卷十丈画梁祝，明月万里照诗魂。

主持人：这个在民间广为流传的故事早在宋、元时期就被搬上舞台，到了明代无名氏的传奇《同窗记》把它完美化了，随着时代的推移，京、评、梆、越、黄梅戏、曲艺、音乐争相传诵这个美丽的传说。爱情是文艺永恒的主题，不管是东方还是西方，不论是古代还是现代，讴歌爱情的文艺作品永恒占据着舞台。而被多种文艺形式来表现，把爱情演绎得纯真无邪、坚贞不移、死去活来的，首推梁山伯与祝英台的故事了。

（出范瑞娟、傅全香越剧《梁山伯与祝英台——十八相送》）

主持人：现代人听这段缠绵、含蓄，用巧妙的比喻、怡人的美景、娇艳的花朵、活泼的小鸟，含而不露地表达爱情的方式，会感到不理解，甚至会把梁山伯讽刺为弱智。其实，这正是古代中国人把爱情视为神圣的一种表现，《楼台会》是梁、祝爱情的一幕重头戏，可是到了相声大师侯宝林的嘴里，则是另外一番景象了。

（出侯宝林、郭全保相声《学越剧》）

主持人：梁祝爱情故事在民间广为流传，地不分南北，人不分老幼，多少年来人们都被这段神奇的传说感染着，可以说是家喻户晓、妇孺皆知。黄山一脉，山清水秀，人杰地灵。黄冈黄陂孕育了徽班与京剧，而乡音浓郁的黄梅戏，更让人陶醉，下面让我们领略一下黄梅戏是怎样演绎这段爱情的。

（出吴琼、黄新德黄梅戏《梁山伯与祝英台——情思》）

主持人：封建社会对青年人最大的戕害就是对他们婚姻的横加干涉，用父母之命、媒妁之言来束缚青年的自由，控制他们的思想，使他们成为封建道德的牺牲品。梁祝的自由恋爱也必然受到嫌贫爱富的祝员外的阻拦。而祝英台面对父亲的干预大胆反抗，张扬个性，维护自己的爱情，演出了一幕刚烈不阿、坚贞不移的《英台抗婚》。

（出李世济京剧《英台抗婚》）

主持人：风华正茂的梁山伯因爱情受挫，忧思成疾，肝胆俱碎，最后英年早逝，撒手人寰。与他真心相许的祝英台听到梁兄惨死的噩耗，心痛欲裂。这位封建道德的叛逆者以待嫁之身穿白戴孝，来到梁山伯的墓前痛悼恋人。泪洒斑竹，杜鹃啼血，演出了催人泪下的《英台拜墓》。

（出王曼铃等评剧《英台拜墓》）

主持人：祝英台对爱情的专注，把海誓山盟化为了现实，精诚所至，金石为开，梁山伯的坟墓如同张开的双臂，拥抱这位爱情的殉葬者。祝英台用自己年轻的生命完成了对爱情的承诺，向万恶的封建社会做了惨烈的控诉。然而这对在狂风中被折断的连理枝，在暴风雨中被拆散的鸳鸯鸟，却在理想王国中幻化为美丽的蝴蝶，在想象中的万里晴空下翩翩起舞，比翼双飞，享受着现实中不能够得到的温馨、甜蜜的爱情。

（出彭丽媛民歌《梁山伯与祝英台——化蝶》）

主持人：这就是东西方悲剧的不同，西方的悲剧是把美丽的东西毁灭给你看；而中国的悲剧则是靠非人的力量将悲剧理想化，顺应了让你们审美的趋势，给你一个美满的结局，尽管这种美满是虚幻的、神话的、幻想的……

（金口哨《梁山伯与祝英台》扬起，压混）

主持人：一段撕心裂肺、动人心魄的爱情悲剧在音乐、戏曲、曲艺多种形式中留下感人肺腑的印记，梁山伯、祝英台可以说登峰造极了，所以这段美丽的传说、神奇的故事申请非物质文化遗产是当之无愧的。

（小提琴《梁山伯与祝英台》扬起、减弱）

主持人：听众朋友，综艺节目《蝶舞千秋恋情真》今天就播送到这里，孙阳代表节目组感谢大家的收听。听众朋友，明天再会！

上述节目通过巧妙串联，将同一内容但不同形式的文艺作品串联起来。

第二节 编排类文艺节目的常用手法（二）

下面再介绍几种有些新特点的串联方法，看能否给大家一点启发。

一、邀请嘉宾串联法

即请一至两位嘉宾到直播间，采取对聊形式，将文艺节目串联起来。例如天津台的曲艺节目《就这样爱上曲艺》：

[《曲苑大观》标志乐]

女：欢迎大家收听《曲苑大观》，我是张瑶。今天咱们请到了来自天津市曲艺团的一位青年相声演员李梓庭。梓庭，大家知道你很喜欢鼓曲艺术，特别喜欢听，从小也跟叔叔、阿姨，当然都是很有名的鼓曲演员学过。现在我想放一个特别好听的唱段，咱们先听两句。

[王毓宝演唱天津时调《秋景》]

女：哎，李梓庭，这《秋景》怎么样？你能来吗？

男：很美，您刚才也听到了，这是老艺术家的一个经典的唱段。

女：王毓宝老师唱的。

男：《秋景》，所有听过天津时调的观众没有不知道这一段的。

女：对呀。

男：很经典，而且嗓音很高、很亮，我要是学唱就有一定难度。

女：先把困难给大家摆清楚了。

男：其实这也是实情。

女：不过我知道李梓庭真的是有一副好嗓子，这可能是遗传了妈妈的基因。

男：有关系，有关系。

女：大伙可能挺期待的，也想听听李梓庭这个男声版的《秋景》，咱别多唱，咱就唱最难的那一点。

男：您看看，我以为您让我唱最容易的那段呢。天津时调《秋景》。（唱：“天凉了……”）

女：哎哟，太好了。

男：谢谢。

女：我太失礼了，这马上就应该鼓掌。

男：不，不，不。您给我很大鼓励了。

女：非常好。我觉得男声能唱到这么高。

男：我没敢太高呢。

女：这本身不容易，真的不容易。就这一句咱练了多长时间？

男：可是不短呢。

女：偷学了多少年？

男：反正是，经常听得有个好几年，真正再演唱，把它学会了，也得有一个月到两个月，就这一句。

女：因为要是论辈分来说，王毓宝应该是你的姥姥、奶奶辈儿，应该这样叫哈？

男：我要是大着胆子喊，应该喊姥姥。

女：喊姥姥。因为王毓宝老师是你的母亲王荣芬的老师。那当时选择中国北方曲艺学校的时候，是你自己的选择，还是妈妈的建议？

男：主要还是我喜欢。

女：真想去？

男：真想去，真想去，当时是一点都没犹豫就报了这个中国北方曲艺学校诵说专业，没想到我一考就能考上，还是被大家认可，当时那个基本功的表演。

女：刚刚李梓庭为我们学唱了天津时调《秋景》，应该是很有难度的。我估计帕瓦罗蒂要唱也就是这程度了。

男：你要听他不容易了。

女：那对于鼓曲里边这么多的曲种，这么多的派别吧，刘派、白派、骆派……

男：您说京韵。

女：都很好听，

男：各有特色。

女：那时候你怎么来选择学，怎么听？都好听，那从哪个开始听呢？

男：最开始是没有选择的，拿过来就听，就是喜欢听，因为那会儿吧，好像一首歌曲我很容易就能学唱下来，好像这个鼓曲就没有这么容易把它学下来，因为我这个人就是有点儿较真儿，我就怕人说：哎，你学不了这个，你学不了这个，他一跟我抬杠，我就不行，我非得把它学下来不行，用事实来证明，就是像我们年轻人还是可以接受这门艺术形式，而且你学唱之后，它那韵律、旋律，让你听起来还是很美的。

女：这些曲种呢，各个流派都有自己的特点、特色，比如说到骆派，旋律性很强，非常优美，特别抒情。

男：可以这么说。

女：骆派里的段子你有没有当时学的时候以至于现在，特别乐意给大家唱两句的？

男：哈哈，又来了。

女：怎么今儿觉得有点像考试呢？

男：我觉得也是这意思。我喜欢的骆派的节目还是很多的，像《丑末寅初》《红梅阁》《剑阁闻铃》，这都是我比较喜欢的节目，而且每一段都是各有特色，特别好听。我也别用您说了，今天我干脆给大家学唱骆派京韵大鼓的一个片段，学唱《红梅阁》的一个片段。

男：[唱《红梅阁》]

女：哎呀，非常好，很感人，很美。我觉得这要是闭上眼睛这么一听——怎么听，怎么都像李梓庭唱的。

男：哈哈。

女：唱得还是非常好。

男：谢谢，谢谢。

女：刚才李梓庭给咱们学了一段骆派京韵大鼓非常经典的曲目《红梅阁》，咱们还有原版的，也听一听，也让你休息一会儿，听众们欣赏欣赏，一会儿咱们接着再聊。

男：好的，咱们一起欣赏。

[放骆玉笙京韵大鼓《红梅阁》片段]

女：哎呀，真的是太好了哈。

男：非常美。

女：一听到这个老艺术家的演唱，我们就如痴如醉的。不过我们在听的过程中也在忙活着，在看短信平台，有短信啦，而且这短信看了之后让李梓庭还挺振奋。

男：是，是，是。

女：我们也觉得挺兴奋的。这是133****0038朋友发来短信，她说，我还真不知道你叫李梓庭，只知道你是荣芬的儿子。

男：我的母亲。

女：母亲王荣芬嘛。她说：是王大娘的白眼儿。

男：我的姥姥。

女：那应该跟你肯定的老邻居了。

男：没错，没错。

……

女：那刚刚你也唱了骆派的京韵大鼓，那说到京韵大鼓，刘派也很有名啊。

男：没错。刘派，刘宝全先生。

女：但我们知道，刘派它都是金戈铁马呀，唱英雄人物啊，很有气势。

男：慷慨激昂。

女：演员在台上表演起来也很有范儿，非常好看。那你喜欢这个刘派，也应该，也有些段子喜欢？

男：是，是。《单刀会》《赵云截江》，这都经常听。

女：那唱的时候得有身段儿。

男：哈哈。

女：得有表演。

男：学身段您看不见。

女：在直播间稍微窄了一点儿，所以不能表演了。但是说到刘派京韵大鼓，好像比较少见一些才子佳人的段子，比较少。

男：还真是的。

女："三国"的段子多。

男：没错。

女：比较武一点儿的多。

男：对。

女：但是呢，今天我们还真有一段儿，也是百听不厌的一段。

男：哪一段儿？

女：就是《大西厢》。

男：您看。

女：那作为男演员演唱，你觉得有难度吗？

男：《大西厢》我认为把它学会了，会唱不难，学像了就有一定难度了。

女：噢。就是特谦虚。那你说吧，是先让大伙听原版的，还是先来听你唱呢？

男：您看看，又到这儿了。

女：没事，稍微唱那么一两句，我们也全面展示一下李梓庭对于京韵大鼓到底是怎么热爱的。

男：是不是，又改了刘派了。刘派京韵大鼓，也是给您学一个片段吧。

女：好。

男：[唱："二八的俏佳人儿懒梳妆……"]

女：哎，唱得很俏皮，很流利，很好听。今天我们知道了，李梓庭京韵大鼓会得真不少，各流派都会那么一点点，像他自己说的，很谦虚。

男：学得不好，学得不好。

女：其实很不容易。那作为专业演员，他也有自己的专长，比如我就唱刘派、就唱骆派、就唱白派，但是你看你这个，好，刘、白、骆你全占了。

男：哈哈。就是哪个学得都不到家。

女：看来还是下了一定功夫的。

男：那当然，那当然。

女：那我想，作为你这个年龄的年轻人，你周围的这些朋友们，但不是同学，同学有些是同行嘛，就是不是从事你这个专业的一些朋友，这个年龄的，他们喜欢鼓曲的多不多？在你影响下有没有新发展的？

男：要是说句实在话哈，不是很多。

女：不是很多。那你觉得主要原因在哪儿呢？

男：我觉得主要原因还是因为这个形式上，如果能够接近现代的口吻，因为现在流行音乐它的节奏都是比较快的，也有描写那些浪漫的故事，它那些抒情的旋律，现在我，完全是我个人的一个见解是，我觉得好像鼓曲的表演形式上过于传统和保守了。

女：嗯。

男：如果它现代气息要是能浓一点，是不是现代观众就能够接受它更方便一点？因为我也是经历了这个过程，不是说所有的唱段，因为它里头很多都是文言，不是说一上来就能听得懂，听得明白，但是你只要能踏下心来听，我觉得这老前辈传下来的艺术，还是有它特有的魅力在的。

女：而且能够保留到今天的，经过岁月的沉淀肯定是经典的。

男：它就是好听。像我和一个戏曲演员也交流过，我说：怎么能够让观众爱上戏曲，爱上京剧？这个京剧演员他跟我说，他说：我就怕你呀不听，只要你听，就能爱上我们京剧。因为它是逐渐有吸收的这么一个过程。开始你听，逐渐了解，你会了就要跟它唱，一来二去就被它带到这戏里，而且就是不能自拔的这么一种爱。

女：嗯。

男：鼓曲也是有这种魅力的。

女：说着说着李梓庭俩眼就放光啊。

男：那当然。

女：你快看看屏幕吧，短信，139****2226，他说：我每周都去剧院、茶馆听鼓曲，您在哪儿唱啊？我挺喜欢你唱的。

男：哈哈，谢谢，谢谢你，谢谢。

女：看来今儿这节目上了之后，回去是不是应该跟团领导申请申请。

男：我觉得有必要。

女：我觉得相声专场我去，鼓曲专场我是不是也得去呀？

男：就是，真是的。

女：可以哈。135****2103，他说：我很喜欢鼓曲，尤其是京韵大鼓和单弦，但现在六、日有演出的场地很少，可以告诉我在哪里吗？咱们曲艺团是不是现在在群星剧院？

男：就是老的儿童影院，在烟台道，友谊宾馆的后身儿。

女：好，刚刚给我们唱了《大西厢》，咱这儿也有《大西厢》，咱们也来听听。

男：好的。

[放——刘宝全老唱片《大西厢》]

女：哎呀，好听啊。但是时间不允许再听了。很多听众可能会埋怨我，这么好听，你怎么不早放啊？没关系，咱们以后的节目还有机会放给大家来听。今天主要是介绍这位青年演员李梓庭，他也是一个鼓曲爱好者。

男：没错。

女：我们也知道他自己的本职工作和自己的业余爱好结合得非常好。好，今天是很开心啊，聊得很开心……今天咱们就先聊到这儿吧。

上述节目看似随意，是两个人在无稿状态下的闲聊，但其实这正是当代广播采用直播方式所体现出的特点：主持人和嘉宾在直播状态下聊艺术，听上去亲切、自然，还能与听众进行互动，但编辑意图恰恰体现于其中。整个节目走向，能清楚看到邀请嘉宾的目的、谈话的脉络，并最终体现出节目主题。这样的节目既离不开主持人对节目的驾驭，也离不开编辑思想，它是二者相结合的产物。

二、直播互动串联法

直播互动串联法，就是主持人与听众之间通过手机短信实现互动，将一段段的文艺节目串联起来。这是手机短信进入广播后，广播文艺节目开始出现的一种新的编辑方式。

如天津相声广播的《包袱抖不完》节目就常采取此种方法：

主持人裘英俊：前两天，我在路上看到一位老兄，骑电动车，骑得特别快，后边带着孩子。

主持人穆岩：这可太危险了。

裘：是啊，我看孩子拽着他爸爸，都快掉下来了。

穆：那你还不赶紧把那男的拦住，让他慢点。

裘：我把他拦住了，我说你这多危险啊，骑这么快，你看看孩子都快掉下去了。

穆：他说什么了？

裘：他回头跟孩子说了句话，吓了我一跳——宝贝儿，你妈呢？（效果：笑声）

穆：好么，这已经掉下去一个了。所以提醒大家出门一定要遵守交通规则，注意交通安全。

裘：刚刚说的这个事，既是给大家提个醒，也算是给今天“经典的一句话”的一个小提示。今天“经典的一句话”和交通有关。

穆：来听听。

（播放“经典的一句话”：你打算把那电车也弄到药铺里去呀？）

裘：哎，这句话很短，“你打算把那电车也弄到药铺里去呀？”这是哪一段经典的相声节目呢？欢迎大家发来您的答案，短信平台号码是：1062××××96。

穆：只要发来相声的名字就可以，不用回答演员的名字。

裘：这个问题比较难，所以给大家充裕的时间，我们会在节目最后，来公布正确答案。下面先来听相声，请大家在收听的时候一定要仔细，待会儿我们的问题就和这个相声的内容有关。

（播姜昆、唐杰忠相声《虎口遐想》）

裘：相声播完了。我们的问题是：尤其到了星期天，他们还要怎样？（答案：饿老虎一顿。）我们欢迎大家发来正确答案，同时也鼓励大家发来您的创意答案，如果您的答案足够有创意，也可获得奖品。

穆：我们来看看大家都回答了什么样的答案。

裘：短信平台上，手机尾号4215的朋友说：带老虎跳健身操练瑜伽去。

穆：3230的朋友说：牵到相声广播去！

裘：别啊，我可打不过老虎！

穆：特别是母老虎！

裘：不像话。……这是大家的创意答案。那么正确答案是什么呢？我们来听听。

（播放相声《虎口遐想》片段）

穆：哎，正确答案出来啦：尤其到了星期天，他们还要饿老虎一顿。

裘：我们恭喜5200的朋友和"抢票专业户"两位，每人获得了一份精美的奖品。……最后我们来看看大家"经典的一句话"的答案。

穆："你打算把那电车也弄到药铺里去呀"是哪段相声呢？

裘：咱们来听听下面的相声小段。

（相声：侯宝林、郭启儒《夜行记》片段）

裘：答案是相声大师侯宝林和他的搭档郭启儒合说的《夜行记》。

穆：我们要恭喜"木糖球"和手机尾号6217的朋友获得了我们的奖品。

裘：看一下时间，咱们今天的《包袱抖不完》节目也接近尾声了。

穆：再次提醒获得奖品的朋友，下周一别忘了来领奖。

裘：还得提醒所有的朋友，明天同一时间欢迎您准时收听《包袱抖不完》，我们都等着您呢！

天津相声广播的《包袱抖不完》，本身就像一个相声段子，主持人与其说是在主持节目，不如说是在说对口相声，本身就"包袱"不断。再加上这种与听众的互动，可以说，吸引了大批听众，成为天津广播一个很不错的品牌。

三、内容考证编排法

所谓"内容考证编排法"，就是以文艺节目中一个点作为考证和研究对象，将节目进行过程当作一个考证过程，在提出问题的同时，激发听众兴趣，同时将相关文艺节目串联起来。

如2010年末天津台文艺频道就编排了一套音乐节目——《不变的节日礼物——维也纳新年音乐会与〈拉德斯基进行曲〉》：

（《拉德斯基进行曲》开始部分，压混）

主持人：2010年就要结束了，我们即将迎来新的一年。很多乐迷又能欣赏到维也纳新年音乐会了。今天在节目的开始，欧阳就给各位选播了这段大家非常熟悉的老约翰·施特劳斯创作的《拉德斯基进行曲》。这是历次维也纳新年音乐会的最后一首演奏曲目，在每次演奏的时候，现场的观众都会用掌声打出节奏应和乐队的演奏，台上台下是一片欢腾。

（《拉德斯基进行曲》片段）

……

（《拉德斯基进行曲》继续，压混）

主持人：讲到这，您发现了没有，虽然每一次，您在观看维也纳新年音乐会的时候，您作为观众，心情是非常愉悦的，而且现场小噱头不断。可是互动都是时有时无，只有在演奏《拉德斯基进行曲》的时候，是从头到尾一直可以和观众互动。那么究竟是从哪一年的维也纳音乐会开始，观众可以一直参与《拉德斯基进行曲》的演奏的呢？要弄清这个问题，咱们得查查历史录音。

（1954年现场演奏《拉德斯基进行曲》开始）

主持人：公认的第一次维也纳新年音乐会是在1941年的1月1号举办的，第一任维也纳新年音乐会的指挥，是克莱门斯·克劳斯。我们现在听到的是1954年，也是克莱门斯·克劳斯最后一次指挥维也纳新年音乐会的实况录音。你发现了吗？在1954年的时候，乐队在演奏《拉德斯基进行曲》的过程中间，观众是不鼓掌的。

（1954年现场演奏的《拉德斯基进行曲》继续）

主持人：咱再仔细听啊，虽然1954年的实况录音的质量不好，可是，咱还是能够听出乐队在演奏《拉德斯基进行曲》的时候，观众是一直很安静的吧，是不是那个时候的观众很礼貌啊，这当然不是啊，咱们回到乐曲演奏开始的时候，咱们再听一次。

（1954年现场演奏《拉德斯基进行曲》前的预告）

主持人：这是当时奥地利广播电台的实况转播，播音员的画外音是说接下来演奏《拉德斯基进行曲》。然后，您听——

（1954年现场演奏的《拉德斯基进行曲》片段）

主持人：听到了吧，原来在1954年，现场的观众热情高涨，在乐队刚刚奏出《拉德斯基进行曲》的前面几个音符的时候已经迫不及待地开始鼓掌喝彩了，比现在的观众还要疯狂啊！当时指挥家克莱门斯·克劳斯的处理方式是让乐队停下演奏，让观众的热情也先冷却一下，然后再指挥乐队重新开始演奏。这样，演奏过程当中观众就不好再鼓掌了，可是当演奏结束的时候观众的喝彩声肯定会更热烈啊！

（1954 年现场演奏的《拉德斯基进行曲》结束）

主持人：尽管已经过去了半个多世纪，咱们还是可以感受到当时现场观众的那份热情。在克莱门斯·克劳斯先生去世之后，维也纳爱乐乐团的乐队首席、既是小提琴演奏大师，也是指挥家的波斯可夫斯基先生开始担任维也纳新年音乐会的指挥，这个老爷子啊，更是一个非常喜欢制造现场效果的人。1974 年的维也纳新年音乐会是波斯可夫斯基第 20 次指挥维也纳新年音乐会，因此乐队的演奏家们特意制作了一个标着阿拉伯数字 20 字样的纪念蛋糕，这个蛋糕是乐队队员们的秘密武器，在演奏过程当中迟迟不出现，一直到接近尾声的时候，马上就要演奏《拉德斯基进行曲》了……

（1974 年的维也纳新年音乐会现场）

主持人：当打击乐手击出小军鼓的前奏的时候，另外一个打击乐手制止了他的演奏，现场观众都不知道要发生什么情况，只见这位打击乐手从定音鼓的后面取出了早已准备好的纪念蛋糕。

（1974 年的维也纳新年音乐会现场）

主持人：这个蛋糕不仅是乐队成员给指挥家波斯可夫斯基先生的惊喜，也是给观众带来的惊喜。当乐队再次演奏《拉德斯基进行曲》的时候，观众情不自禁地开始鼓掌。波斯可夫斯基先生呢，并没有阻止，相反，他转过身来引导观众该如何鼓掌，这样我们听到了有观众完整参与的《拉德斯基进行曲》。

（1974 年维也纳新年音乐会《拉德斯基进行曲》片段）

主持人：从 1987 年开始，维也纳新年音乐会每一年都更换指挥，指挥家气质决定了那一年的新年音乐会的整体氛围。不过，无论是学者型的指挥还是激情型的指挥，在演奏《拉德斯基进行曲》的时候啊，都会让观众从始至终掌声不断的。

……

主持人：在 1998 年的春节，我国的中央民族乐团走进了金色大厅，给维也纳的观众带来了一台别开生面的《虎年新春音乐会》。除了让维也纳的观众欣赏到了正宗的中国民乐之外，咱们的演奏家啊，还用咱们的民族乐器给维也纳的观众演奏了一段民乐版的《拉德斯基进行曲》，当然啦，金色大厅里的现场观众也不会吝惜他们的掌声。

（民乐版《拉德斯基进行曲》片段）

主持人：民乐版的《拉德斯基进行曲》让维也纳的现场观众听得是情趣盎然，而原汁原味的约翰·施特劳斯家族的音乐又是很多中国乐迷不变的节日礼物。新年就要到了，让我们一起期待这场美妙的音乐盛宴吧！

（民乐版《拉德斯基进行曲》结束）

采用考证法的还有天津台的音乐专题《收藏国际歌》《音乐故事——泰坦尼克上的第 48 颗铆钉》等。这样的编辑方法，颇见编辑功力，它需要编者具备对音乐知识的深入了解，同时也需要有丰厚的音乐资料做支撑。

四、生活类比编排法

生活类比编排法，就是到生活中去寻找相似点。然后依照某种相似性，充满想象地把它们编排在一起，这是一种很有创意的联想式编排。如天津音乐广播的《古典音乐陪你下厨房》：

（音乐：肖斯塔科维奇《黄金年代》选曲——《鸳鸯茶》）

主持人欧阳：各位听众大家好！欢迎收听我们的节目。我是主持人欧阳。

（《鸳鸯茶》音乐继续）

欧阳：您现在听到的这段音乐是前苏联著名作曲家肖斯塔科维奇创作的芭蕾舞剧《黄金时代》当中的一段选曲——《鸳鸯茶》。您是不是觉得这段音乐的旋律听起来很亲切，一点也没有所谓严肃音乐严肃的味道，有些听众是不是对这段音乐的旋律感到非常熟悉？如果你还没有想起来，那我来帮你回忆一下：还记得法国喜剧电影《虎口脱险》吗？

（电影《虎口脱险》片段）

欧阳：想起来了吧？《鸳鸯茶》是一首根据很有影响的美国歌曲改编的歌曲，英文原名叫 *Tea for two*，也就是两个人的茶。肖斯塔科维奇这个著名的改编版使得这首歌又成了严肃音乐。我们中文翻译得也很棒，“鸳鸯茶”——多么形象。对于很多狂热的音乐爱好者来说，听音乐是一辈子的最爱。但这些音乐发烧友一旦成了家，那听音乐可就成了两个人的事，可是就我个人的经验，很多音乐发烧友的爱人并不一定也是一个音乐的狂热的爱好者，那如果你是音乐发烧友，你想继续保持你的发烧爱好，又想让自己的家庭氛围还能像“鸳鸯茶”这样轻松浪漫，你该怎么办呢？这就是我们今天节目的主题——古典音乐陪你下厨房。

（《鸳鸯茶》音乐结束）

欧阳：爱是最好的良方。从不做饭的你决定亲自下厨房，给心爱的人做一顿美美的晚餐。考虑到你的发烧习惯，我决定给你初次下厨房的全过程来一个古典音乐的全程追踪。

（音乐：比才歌剧《卡门》序曲）

欧阳：这段音乐是法国音乐家比才的歌剧《卡门》的序曲，也就是大家熟悉的《斗牛士之歌》。你觉得现在你像不像个斗牛士？也是在完成一件“光荣的伟业”？

（歌剧《卡门》序曲继续）

欧阳：转眼你就来到了菜市场。对于经常逛唱片店的你来说，菜市场可是一个陌生的地方，你就好好地看吧。

（歌剧《卡门》序曲继续）

欧阳：你好像记起来了，有不少人都跟你说过，第一次买菜，最好跟在一位老太太的后面，人家可是绝对的行家，准能买到物美价廉的好东西。你选定了一个目标，不紧不慢地跟着。

（音乐：穆索尔斯基《图画展览会》的“漫步主题”）

欧阳：这是俄罗斯音乐家穆索尔斯基《图画展览会》的《漫步主题》，音乐里的漫步是在看图画，你却是在看琳琅满目的蔬菜。当然还有富有经验的老太太，你在看她买什么菜，也学着跟卖家讨价还价。这时的音乐嘛，不用细想了，约翰·施特劳斯的《叽叽喳喳波尔卡》。

（音乐：约翰·施特劳斯《叽叽喳喳波尔卡》）

欧阳：好了，不让你在菜市场浪费时间了，你还是赶紧回家下厨房吧！

（音乐：勃拉姆斯《匈牙利舞曲》第五号）

欧阳：现在你的手里满是你买好的美味大餐的备用“元素”，你是不是有一种伟业完成前的使命感呢？回家吧！到家啦，开始做饭吧！

（音乐：勃拉姆斯《匈牙利舞曲》第五号继续）

欧阳：记得喜剧大师卓别林的《大独裁者》吗，里面他扮演的理发师就是伴着这首勃拉姆斯的《匈牙利舞曲》（第五号）给顾客理发的，你也伴着它的旋律开始完成美味大餐的前期工作吧！

（音乐勃拉姆斯《匈牙利舞曲》第五号继续）

欧阳：似乎我们忘了交代了，你要做什么大餐呢？想想啊。算了，干脆决定吧，俗话说，舒坦不如倒着，好吃不如饺子。咱就包饺子吧。包饺子得先干什么？先剁馅儿。

（音乐：哈恰图良《马刀舞曲》）

欧阳：这是前苏联音乐家哈恰图良的《马刀舞曲》。现在你的手里也一定刀光闪闪。

……

音乐与下厨房做饭，似乎风马牛不相及，但节目编辑（或许就是主持人自己）却巧妙联想，将二者结合在一起，而且找到了其中的相似性，加以串联，由此创意出一种新的编排方式。可见，创意、联想，在广播节目的编辑中有多么重要。

五、找段子编排法

找段子，就是在生活中发现有意思的事，把它们串联在一起，再与一些娱乐节目编排在一起。这是一种将新闻和娱乐节目“互搭”而成的一种广播文艺节目新形式。

如天津文艺广播的曲艺节目《把日子过成段子》：

（栏目歌曲，根据电视剧《阳光的快乐生活》主题歌改编，歌词为：跟您说说我的快乐生活，生活里的快乐比烦恼多，日子里藏着段子，段子滋润着日子，愿您的日子过得比段子还快乐）

女主持人：各位好，欢迎收听每日相声周末专题“打开报纸听相声”。我是黑丹。

男主持人：我是张晨。

女：在我们生活的这个城市，每个人骨子里都很幽默。

男：在我们熟悉的这个城市，我们随时随地都能触景生情。

女：日子生产段子；

男：段子点亮日子；

女：而我们和您的共同目标就是把平凡的日子过成精彩的段子。

（栏标乐）

男：打开今天的晚报，翻翻新闻，看看广告，读读公告栏，有这么几件事儿挺有意思，让我们有话要说，有段子要听，今天节目的关键词就是：淑女、忽悠和新手。

（音效）

男：咱们先说说现在的家长，个个望子成龙，望女成凤，这不，青岛的一位母亲就立志要把女儿培养成一个淑女，您听这条新闻。

女：最近在青岛一座私立小学，读三年级的九岁小女孩小冉，以前喜欢蹦蹦跳跳，最近突然稳重起来了，做事情慢条斯理。

（以下主持人模拟表演）

男：这几天够安静的。怎么啦？腿疼？走路有点别扭啊？

女：人家要做淑女，人家口袋里有鸡蛋呢！

男：原来小冉的妈妈为了让她从小有做淑女的做派，在她口袋里放了几个鸡蛋，要求孩子不准把鸡蛋弄破。淑女是这样做的吗？

（表演结束。直接进相声《装小嘴》4 分钟）

女：醋洒了不是！就像小姑娘口袋里的鸡蛋，那也是易碎品。

男：小嘴不是嘬出来的，淑女不是装出来的。美讲究的是清水出芙蓉，天然去雕饰。

（间隔乐：这里是每日相声周末专题“打开报纸听相声”）

女：你看今天的房地产广告，版面真大，文字真美，楼盘的名字那叫好听：碧水蓝天、都市绿森林，还有叫阳光田野、马赛花园的。

男：别光听名字好听，这个产品可就不一定了。叫山的往往没山，叫水的一般全干，叫花园的就几个花坛，还有个叫阳光几百的，楼房间距特小，阳光天天不露面。

女：有些房地产项目，房子卖得好，真是多亏了华丽的楼书和售房小姐的一张巧嘴。

（以下主持人模拟表演）

男：哎呀，你这房子可是顶层啊！

女：顶层好啊，顶层这好大一片私人领地，夏天可以日光浴，冬天能存大白菜。

男：不，我要换底层，住到一楼去。

女：底层好啊，底层可以开个小卖部，一年就可以把你们家买房的钱赚回来，稳赚不赔啊！

男：可是我觉得这个客厅太小了。

女：客厅小好啊，现在欧美人都流行住这种小客厅的公寓。这体现了人性化的设计理念，小客厅有被拥抱的感觉。

男：不行，我得换个大客厅。

女：这个客厅大好啊，这可是今年国际的流行趋势啊！（表演止）

男：这就是典型的忽悠，说话没边，办事没谱。上下左右都给你堵个实着。

女：这种忽悠现在有，过去也有，

（直接进相声《买卖论》片段5分钟）

男：做买卖，讲究的是诚信，说一是一，说二是二，诚实的商家才能留住顾客的心，企业才能长远发展。

（音效）

女：市交管局公告，请以下车主到相关部门缴纳罚款。

男：这么多违章，都是津B的牌照，这都是刚上牌的新车吧？

（以下主持人模拟表演）

女：哎，前面那车怎么还不走？按喇叭催催他。

男：你没看见他后面贴着呢嘛——

女：新手手潮，越催越面。

男：底下还一行小字儿——您就当我是红灯。

女：啊？

（表演止。音效）

女：中国每年新增驾驶员人数在400万左右，天津马路上每天增加新车数百辆。每天都有新车下线，每天都有新手上路。

男：说到新手司机，有人管他们叫菜鸟，有人说他们是马路杀手，其实，各行各业都有新手，您听听这位。

（相声《剃头》3分钟）

女：对于这些新手，您是急、是气，还是宽容呢？遇到马路上的新司机，急是急不得，着急伤身体呀；气也气不得，气也没用啊！

男：您不如宽厚地笑笑，耐心地等等，谁不是从新手过来的？当年李金斗先生开着那辆破车，不也是手比车新，技术比手潮？

（直接出相声《新夜行记》5分钟）

（再进节目主题歌曲）

女：日子有时是无法选择，美好的、不美好的，如意的、不如意的，这些都是生活必须经历的。

男：但快乐的段子是我们可以随时发现和创造的——只要多一点想象力，只要多一点娱乐精神，我们就能把日子过成段子。

女：今天的节目就到这里，下周这个时间，让我们继续打开报纸听相声。

合：穿梭城市间，快乐似神仙。

像这样的广播文艺节目，首先是很有创意。其次，编辑在节目中的作用很重要，而能否选出那些有笑点的新闻来，并配上一段与之相关的文艺节目更为重要。当然，再加上一对“活宝”主持人，这样的节目自然就是珠联璧合了。

六、模拟编排法

1. 模拟现场法

所谓模仿现场，就是本无现场，但通过艺术手法，模拟出一个逼真的现场。这样的编辑手法，当然需要有一个前提条件，即，要有高超的音响制作技巧，听上去要十分逼真。

例如天津台的音乐节目《中外歌曲大拷问》，就采用了模仿演出串联法：

（音乐，欢呼声，掌声，压混）

男主持：现场的朋友们你们好，欢迎来到“幸运56”节目现场。我是大下巴、大脾气、大嗓门、大口气的名嘴“李大嚷嚷”！（音效）

女主持：我是嚷嚷哥的黄金搭档“画眉”！（音效）

男：闲话少说，我们今天推出本栏目年度最具人气奖项，那就是：金馅饼大奖中外翻唱歌曲大拷问！（音响：号角吹响！）

女：如果问不出来，要不要拷打呀？

男：我们很文明的！顶多让大伙吃块儿素馅饼吧。（观众起哄声）安静、安静！下面，我们就从现场随机抽取四位幸运儿闯关拿奖！（音乐）好，画眉小姐已经抽出了四个号牌，（音乐起，压混）它们是：13号、100号、251号和66号！有请！（掌声、音乐声）好，我们的比赛正式开始。请听题！（音效）请回答：下面这首歌的祖籍在哪儿？

（出歌曲：《共产主义儿童团团歌》，数秒后出秒针的滴答声响，压混）

男：没人知道吧？

女：（遗憾地）哦，好吧，出答案！

（出前苏联歌曲：《在篝火旁》）

女：您看，我们的《共产主义儿童团团歌》，其实祖籍俄罗斯，是前苏联的少先队歌曲《在篝火旁》。下面要提醒各位选手的是，题目过半之后，如果您还是零积分，只好“被自杀”！（音效）不过啊，您可以领取“馊馅饼大奖”一份，里边有——

男：哎哎哎，这个我来，这个我来啊，里面有烂苹果mp4随身听一款，我的《永远嚷嚷》限量签名自传一本！（起哄声）安静！先进一段歌曲，大家仔细来听！

（歌曲：《冬天里的一把火》）

男：现在请听题！（音效）这首歌是翻唱哪国、哪个乐队的哪首歌？开始！（秒针滴答声）没人知道吧？（滴答声继续，有人按响抢答器！）好，251号朋友！

251号：是费翔的《冬天里的一把火》！

男：您听清问题了吗？我们现在是在拷问《冬天里的一把火》到底是从哪儿火起来的？

251号：嗯——大兴安岭！（哄笑声）

男：你快坐下吧，我不扣你分就不错啦。

女：哎嚷嚷哥，你别生气啊，看来这道题小小地难了大家一下，我来公布答案吧：这首歌曲其实也是一首翻唱歌曲，曲名是：Sexy Music，翻译成《狂野的音乐》，我们来听一下：

男：欣赏的同时，请做好下一题的准备。Music！

（歌曲：*Sexy Music*）

男：OK！一段劲爆热辣的歌曲之后继续答题！（音效）

女：请问：下面这首歌曲的名称叫什么？翻唱的是哪一首中国老歌？

（放歌曲，有人按抢答器）

女：好，13号听众亮灯，请回答！

13号：这首歌是麦克学摇滚乐队演唱的张学友的《吻别》，也就是说呢，这首歌的祖籍是：中国！（音效）

女：恭喜您答对了！加100分！（欢呼声）好啦，赛程过半，我们只好把零积分的选手清除！251号和100号！走之前，你们还有什么留言吗？

100号：我诅咒李大嚷嚷一辈子买方便面没有调料包！（哄笑声）

男：我说这位姐姐你怎么说话这么损哪！

100号：我损？你们愣是没把抢答器给我开开！（效果）没电！（哄笑声）

男：哎，说什么好呢！肉的理想白菜的命！刚才任何人对我的人身攻击我都不介意，只要你们能还这些歌曲一个清白身……

女：嗯……好啦！看看现场两位选手的分数实在是势均力敌，那就看看最后一题谁能答对啦，请听音乐：

（音乐：《送别》）

女：这是李叔同先生填词的歌曲：《送别》，请问：它的老家是 A. 日本；B. 法国；C. 美国。请在答题板上写出答案！那么，谁的答案是正确的呢？还是进一首歌曲吧！日本歌曲：《旅愁》。（出日本歌曲）哟！我看站在那的 66 号选手正乐得口水都快掉出来了！

66 号：是，是，我听着日本歌曲《旅愁》，我就知道，我拿了金馅饼啦！能告诉我这个大奖的奖品是什么？

男：我说，您怎么知道您获奖了呀？

66 号：刚才的日本歌曲不就是正确答案嘛！

男：可是这首日本歌也是舶来品，从外国翻唱来的，至于翻唱的出处嘛，哈哈哈哈，就是美国。所以，恭喜 13 号选手，您获得了本栏目的年度大礼包——金馅饼大奖！（音乐）

13 号：啊？真的是我？哎呀太好啦！那个、那个，谢谢 CCTV！谢谢 MTV、LV、哎呦喂、虎虎生威、狐假虎威，（笑声）谢谢大家！

女：您将得到的是：天上无名坠落物及信号探测仪一台，可是镀金的喔！（音效）

13 号：哎，那我的金馅饼呢？哦，合着我得自己探测去啊！（笑声）这不公平！这不公平！哎哎，您踩着我脚啦！（笑声）

男：本期节目到这里就结束了。欢迎您下期继续光临守候！

（掌声、音乐。结束）

这是一个模拟现场出题、现场竞猜的音乐节目，很像是一个舞台上的演出，充满幽默与喜剧色彩，让听众在欢笑声中既欣赏了音乐，也了解了音乐知识。这样的文艺节目，不仅需要音乐编辑掌握丰富的音乐知识，更需要编辑有很好的创意和很好的想象力，而且还要依托于当代的数字录音技术——给主持人的声音加上“混响”，从而产生出剧场效果。再配以各种模拟音响、音效，于是便有了逼真的现场感。这是过去模拟技术下的音乐制作很难做到的。

还有天津台的《音乐盛宴》节目，模拟出一个国外的音乐会现场——其中，观众的掌声、欢呼声，加上主持人的“洋腔洋调”，颇像一个“同步传译”的外国文艺片。显然，这样的手法，不仅需要编辑有丰富的想象力，还需要编辑对国外主持人说话语气比较熟悉，了解国外的一些文化历史、生活方式，等等，当然，还需要加上高超的制作技巧，这样才能模拟出逼真的“现场效果”来。

2. 情景模拟法

所谓情景模拟，就是模拟一个场景，或是模拟出一种人物关系，以此来串联文艺节目。例如天津台的戏曲节目《梨园小坐论三情》：

检票员：您的票……请出示您的票，看一下您的票。

老贾：37号，39号，张晨，坐这坐这。

张晨：老贾，今儿有什么戏啊？

老贾：那有节目单，你看看啊。

张晨（看着节目单）：第一出，舍命全交，第二出……

报幕员：亲爱的朋友们大家好，欢迎大家的到来。咱们中华民族自古以来就重情重义，今天的折子戏专场咱们就借唱段来表情达意，首先请您欣赏《舍命全交》。

张晨：哎，我说老贾，这"舍命全交"是什么意思？

老贾：这出戏啊，说的是在列国时，隐居山林的羊角哀胸怀韬略，有个人叫左伯桃，去往楚国求取功名，在羊角哀那里投宿，因为有着共同的志向，所以二人同行。在经过梁山时天降大雪，衣服单薄再加上没有了粮食，当时的情况只能将衣食留给一个人。

张晨：只能留给一个人，谁留给谁啦？

老贾：戏开始了，咱们先看戏，看完了你就明白了。

（《舍命全交》片段，马连良扮演左伯桃，裘盛荣扮演羊角哀）

张晨：哦，我知道了，左伯桃宁可自己冻死，也要把衣服留给羊角哀。

老贾：对，这就叫左伯桃宁舍一死保全交情。这出戏说的也正是朋友之间的生死之交。

张晨：看人家这朋友、这情意，哎我就没这个福气。

老贾：哎，你这话说的，你说没看过京剧，没有受过国粹的熏陶，我今儿不就带你来啦。

张晨：来倒是来了，那五块钱门票钱还是我自己掏的呢。你怎么不学学人家左伯桃，为了朋友连命都敢给。

老贾：你还矫情这个，来之前我还请你吃了十块钱的打卤面呢。

检票员：二位小点声。

（《舍命全交》片段，马连良扮演左伯桃，裘盛荣扮演羊角哀）

老贾：人家的友情可贵在哪？那戏里不是唱着"一人舍命救一人生，衣食留与贤弟用，骨肉情深，患难相扶。"患难见真情，在你最困难的时候，帮你解决问题；在你最失意的时候，对你不离不弃的那才是真朋友，这样的友情才是最珍贵的。

张晨：大家都鼓掌了，看来他们都同意你的说法。

报幕员：非常感谢大家的掌声，如果说生死之交的友情让我们感动，那么有一种情则会让人牵肠挂肚，接下来请大家欣赏《西厢记》。

（《西厢记》片段，杜近芳扮演红娘，叶盛兰扮演张珙，李金泉扮演崔夫人。）

张晨：这个你不用给我讲，这两人是谈恋爱的，我懂。

老贾：就会谈恋爱，你知道爱情的意义是什么吗?

张晨：爱情，不就是你爱我我爱你吗?

老贾：你说的那是咱们现代社会，是自由恋爱，可是《西厢记》里的崔莺莺和张生两人要在一起可没那么简单了。

（《西厢记》唱段继续）

张晨：哎呀，这两人谈个恋爱太累了，怎么那么多事啊。

老贾：那是啊，那时候都是讲究父母之命，媒妁之言。这张生和莺莺小姐门不当户不对的，阻力当然就大了。

张晨：那他们俩就应该冲破阻力追求幸福，我要幸福，我要幸福。

老贾：行行行，你打住啊。这幸福不是你喊就能喊来的，张生和崔莺莺经过联吟、寺警、听琴、赖婚、逼试等一系列事件，两人的感情也随之加深。

张晨：好事多磨嘛。不经历风雨怎么见彩虹，没有人能随随便便成功。

老贾：这次你还真说对了。爱情的意义并不在于它的甜蜜和浪漫，它需要两个人相互信任、相互鼓励、相互理解，这种情，除了缘分以外，更需要的是两个人相濡以沫，共同经营，这样，有情人才能终成眷属。

报幕员：友情、爱情都是我们人生道路上不可缺少的情谊，但是还有一种情会让我们肃然起敬。下面请欣赏《赤桑镇》。

张晨：肃然起敬？这，友情、爱情都全乎了……（思考一会）我知道了，亲情，肯定是亲情。呵呵，这次不用你跟我显摆了。

老贾：是不是亲情，咱们啊，先听这段唱。

（《赤桑镇》唱段，裘盛戎扮演包拯，李多奎扮演吴妙珍。）

张晨：这包公怎么冷得像块石头一样，看来我这次又说错了。

老贾：别着急啊，看完了这出戏你再下结论也不迟。

（《赤桑镇》唱段继续）

张晨（吸鼻子，抽泣）

老贾：哎，你这是怎么了?

张晨：难怪说要肃然起敬呢！他们这一家子太了不起了。

老贾：是啊，血肉亲情总是难以割舍的，吴妙贞的悲愤、包拯的矛盾，其实都是外在的表现，实际上，包拯为百姓公废私，吴妙贞恩高义广，他们的情都已经超越了亲情的狭隘定义。其实这种情，就流淌在每个人的血液里，它最纯粹却也最可贵，这是一种深厚的民族情。

（《赤桑镇》唱段继续）

张晨：好一个民族情。国粹就是国粹，这一次我可真是长了见识了，好，好。以后看戏这好事你还得再带着我。

老贾：哪能忘了你啊，好东西要和大家分享啊。

报幕员：今天的折子戏专场虽然已经接近尾声，但是这些不离不弃的、难分难舍的、可歌可泣的各种“情”会一直陪伴我们左右，友情、爱情、民族情，梨园处处暖人心。

上例中，作者模拟了一老一小、一个内行一个外行看戏的情景，同时又采用了“类型相关串联法”，将三个本不相关的戏串联在了一起，借助于古典文化的学习，宣示了友情、爱情和民族情。可以说构思非常巧妙。

七、“PK”法

“PK”法就是主持人之间进行较量，借此将广播节目串联起来。如北京文艺广播的《知道不知道》节目，即采取男女主持互相出题让对方回答的办法。对方若答不出，可求助听众，听众发来短信，答对者有奖。采用这样的串联方式，不仅形式新颖，充满趣味，而且巧妙实现了节目与听众的互动，还普及了知识，使节目充满了动感和喜感。

八、无厘头法

所谓“无厘头”，就是采用一种夸张的、不着边际的表演，故意将一些事情歪曲，以达到讽刺或搞笑的目的。

如陕西音乐广播的《超级麦克风》节目，主持人用夸张的表演，模仿有人在生活中乱用成语；还有湖北农村广播的《新农门客栈》，两位主持人一个是“老板娘”，一个自称是“刘公公”——其实是跑堂的，两位在节目中不时冒出一些无厘头的想法，结果制造出很多笑料。

这可以说是近年来娱乐节目中常采用的方法。

九、反讽法

反讽法，就是以牙还牙，用其人之道还治其人之身。最典型的是深圳音乐广播的《丫丫脱口秀》节目，在接到骗子的所谓“中奖短信”之后，主持人将电话反打过去，以对方声音好听、普通话标准，要给对方介绍对象为由，将对方好好戏弄了一番。主持人在生活中发现丑陋现象，然后充分利用广播优势，发挥节目特点，将娱乐节目与现实生活进行紧密结合，节目难度可想而知。如此贴近现实生活，如此痛快淋漓，又如此妙趣横生，《丫丫脱口秀》堪称一绝。

第二编

广播节目的后期制作

这一编是讲广播节目的制作。我们的目标是：要让学新闻的同学们看懂、学会。因此，我们少讲理论，多讲实际操作，让大家基本掌握传声器、调音台和音频编辑软件的使用方法，掌握各类广播节目的制作方法，真正学到最接近今天广播电台的节目制作技术。

第六章　广播录音的关键设备——传声器

节目的后期录音过程是整个广播节目制作中非常重要的环节，担当此任的主角之一就是传声器。传声器种类很多，不同的传声器被应用于不同的声音场合。因此我们不仅要了解传声器的性能，根据节目制作的要求选用适当的传声器，同时还要在录音过程中注意传声器的位置、摆放与使用。

第一节　传声器的性能

一、传声器的概念

传声器（microphone）又称话筒，音译成麦克风，它是一种拾音工具，是接收声波并将声波转变成对应电信号的设备。

传声器是声频制作的信号源设备，它处在拾取声音信号的最前端，声音表现如何，在很大程度上取决于传声器。其质量好坏以及使用方法是否得当，会直接影响声音以及节目的最终效果。

所以在拾音时，一方面要对传声器的声音特性和使用规律有充分的了解，另一方面还要结合具体使用环境和使用对象进行选择和调整，以便拾取到最好的声音。

二、传声器的工作原理及性能

从原理上讲，传声器是一个将声能转换为电能的换能器，即位于传声器内的振膜在接收到声波之后会产生振动，这样的机械振动会由换能机构转换成变化的电压信号。音量越大的声音信号所引起传声器振膜的振动幅度就越大，所产生的电压信号也会更大。

传声器有很多种类，不管什么类型的传声器，都有一个受声波压力而振动的振膜，它将声能变换成机械振动能，然后再通过一定的方式把机械能变换成电能，其工作机理是：声能→机械能→电能。这种能量变换特性，可以用传声器的灵敏度、频率响应、指向性、信噪比及失真度等八个方面来衡量：

1. 传声器的灵敏度

灵敏度是传声器的一项重要技术指标，它是指在传声器声电转换过程中，把不同强度的声压转换成电压的能力。通常情况下，传声器的灵敏度越高越好，高灵敏度的传声器可以向前置放大器提供较高电平的输入信号。这样就降低了对前置放大器的增益要求，另一方面也有利于提高信噪比。

2. 传声器的频率响应

所谓频率响应，是指传声器接收到不同频率声音时，输出信号会随着频率的变化而放大或衰减。最理想的频率响应曲线应为一条水平线，代表输出信号呈现原始声音的特性。但这种理想情况不易实现。

一般来说，电容式传声器的频率响应曲线会比动圈式平坦。常见的传声器频率响应曲线大多为高低频衰减，而中高频略为放大；低频衰减可以减少录音环境周围低频噪声的干扰。图 6-1 中，纵线表示赫兹，横线表示分贝，高低频衰减表现为图中曲线两头向下，中高频略为抬高。左右图分别为电容式和动圈式传声器的频率响应图：

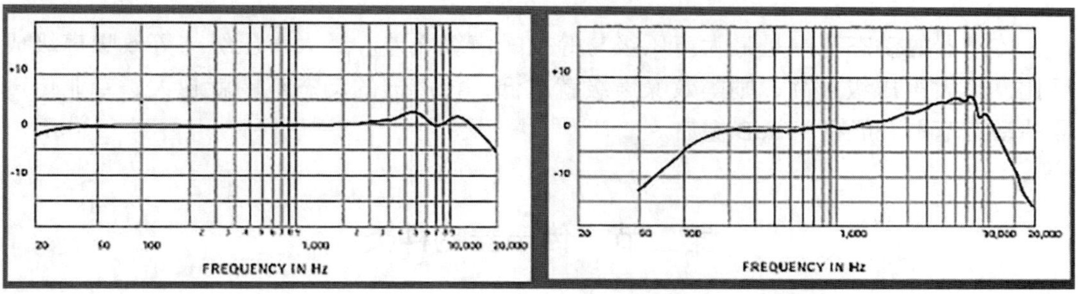

图 6-1　频率响应

3. 传声器的指向性

传声器的指向性，是指传声器的灵敏度随声波入射方向的变化而变化的特性。传声器的指向性也称为“方向特性”。它表明传声器对来自不同方向的声信号的灵敏度是不同的。

传声器的指向性是传声器非常重要的指标，它分为全指向性、单指向性和双指向性三种。全指向性传声器对来自四周的声波都有基本相同的灵敏度。单指向性传声器的正面灵敏度比背面高。单指向性传声器根据指向性特性曲线又分为心形、超心形和超指向三种。双指向性传声器的前、后两面灵敏度较高，左、右两侧的灵敏度偏低一些。

4. 传声器的信噪比

信号强度与同时发出噪音强度之间的比率称为信号噪声比，简称信噪比（Signal/Noise），通常以 S/N 表示，单位为分贝（dB）。

5. 传声器的失真度

我们平常所说的失真度的技术术语为总谐波失真，英文为：Total Harmonic Distortion，简称 THD。失真度是指声音通过传声器声电转换后信号变形的程度，主要分内谐波失真和频率失真。

6. 传声器的瞬态响应

瞬态指的是声源发声时所出现的第一个电平峰值信号，一般持续时间都非常短。而瞬态响应就是用来衡量一台设备对这些瞬态信号做出反应的速度有多快。一般来说，在平时常见的音源中，打击乐和人声齿音的瞬态峰值电平都是非常高的。

7. 传声器的输出阻抗

传声器的输出阻抗指的是传声器的交流内阻，又称源阻抗。广播电台最常使用的是 200 欧姆的低阻抗传声器，其抗交流感应能力比高阻抗传声器要好。

8. 传声器的动态范围

传声器的动态范围是最大声压级与等效噪声级之差。最大声压级与等效噪声级成反比，最大声压级越高，则等效噪声级就越低，传声器的动态范围就越大。专业传声器的动态范围一般在 110dB 左右。

第二节　传声器的种类

传声器的种类繁多。根据不同的分类方法，传声器可以有多种分类方法。

（1）根据换能原理分类，传声器主要分为动圈式和电容式两大类。其中，电动式传声器又可分为动圈式和铝带式传声器。电容式传声器也分为直流方式电容传声器和驻极体电容传声器。

（2）根据声学工作原理分类，传声器可分为：压强式传声器、压差式传声器、组合式传声器、线列式传声器、抛物线式传声器。

（3）根据接收声波指向性不同分类，传声器可分为：全指向性传声器、单指向性传声器和双指向性传声器。

（4）根据用途不同分类，传声器可分为：无线传声器、近讲传声器、佩戴式传声器、立体声传声器等。

在实际工作当中，我们所能接触与最常使用到的传声器，主要有动圈式传声器和电容式传声器两种，此外在一些特定场合，可以用到无线传声器、近讲传声器等。

下面重点介绍一下目前在广播节目制作中最常使用的几种传声器：

一、动圈式传声器性能及其特点

动圈式传声器，其结构由振动膜片、音圈、磁铁和升压变压器组成。

动圈式传声器的工作原理是：当有人对着传声器讲话时，连接在膜片上的线圈（也叫做音圈）会随着一起振动，同时产生感应电流（电信号），感应电流的大小和方向会发生变化，变化的振幅和频率由声波决定，这个信号电流经扩音器放大后传给扬声器，从扬声器中就发出放大的声音。

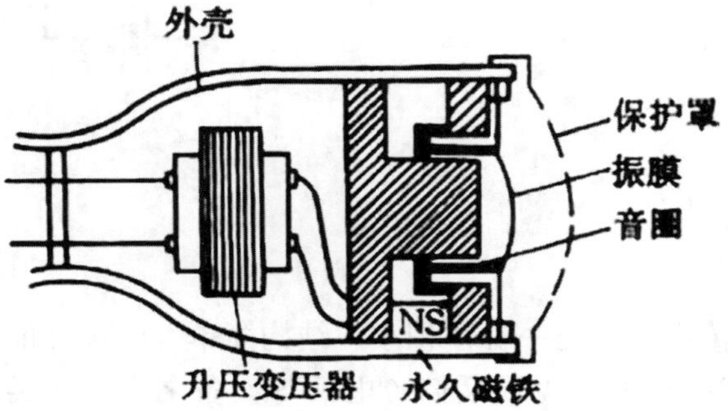

图 6–2

图 6–3

动圈式传声器是应用最广泛的一种传声器。它具有以下特点：

（1）使用简便，传声器内无需附加预放大器，无需极化电压，因而省去馈电之麻烦。

（2）性能比较稳定。

（3）结构牢固，可靠耐用，不易损坏，适用于移动环境、外出录音或舞台扩音等。

（4）价格相对便宜。

（4）噪声电平较低。

（5）频率特性有起伏（与电容式相比较）。

（6）用变压器耦合输出，易受外界电磁场影响。

（7）振膜比较重，因此频率范围窄（人声闷），瞬态特性差（清晰度差）。

二、电容式传声器的性能及特点

电容式传声器（Condenser Microphone）主要由振膜、后极板、极化电源、前置放大器组成。其工作原理为：当声波作用在振膜上引起振动，使两极板间电容发生变化，引起极板上电荷量的改变，电荷量随时间变化形成高变电流，流经电阻上的两端产生压强，再经过放大器输出高变信号。由于输出阻抗很高，不能直接输出，故在传声器内装入一个前置放大器进行阻抗变换。

与动圈式传声器相比，电容式传声器有以下特点：

（1）频率响应平坦宽广。

（2）灵敏度高。

（3）瞬态响应好。

（4）非线性失真小。

（5）不易受电磁场干扰。

（6）不能直接输出，必须加前置放大器。

（7）防潮性能差、受潮后容易产生噪声，机械强度低，使用较麻烦（需要极化电压、预放大器的电源）。

（8）价格昂贵。

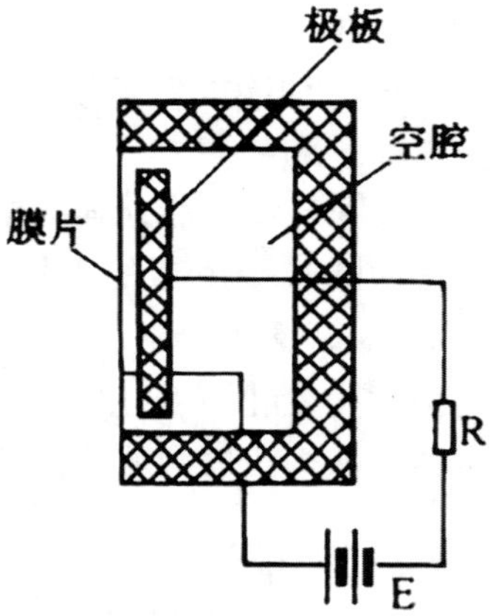

图 6–4

三、其他形式的传声器

1. 驻极体式传声器

又叫自极化电容传声器或预极化电容传声器，是一种体积小、结构简单、电声性能好、价格低的传声器，故广泛使用于盒式录音机、无线话筒、电话等设备之中。这类传声器的构造与一般的电容式传声器很相似。有所不同的是，它所使用的振动膜片和固定极板的材料中存储着永久性电荷，这样就省去一般电容传声器所必需的极化电压，使传声器的体积明显减小。驻极体式传声器的频率特性一般都较好，信噪比较高。

图 6–5

2. 界面传声器

界面传声器由一块平板和一个附着在它上面的话筒头构成。录音时，通常会将界面传声器用胶带固定在墙面或桌面上，以保证拾取到的直达声和反射声是相同的。在广播电台的直播间，嘉宾所使用的就是这种界面传声器（如图 6–5 中箭头所指处）。

3. 领夹传声器

领夹传声器也被称为接触式传声器，其体型通常较小，多用于需要将传声器隐蔽起来的录音场合，如在电视采访节目中，把传声器夹在讲话者的衣领上。

4. 枪式传声器

这种超指向性的传声器会将所接收进来的声音信号中，来自于侧向的声音信号都抵消掉，而只留下来自传声器正前方的声音信号。

第三节　传声器的指向性

传声器的指向性是由声波接收方式不同而形成的。所谓指向性是指传声器的灵敏度与声波入射角的关系，入射角是声波入射方向与传声器主轴（前方）的夹角。指向性特性决定着传声器接收声波的多少，在实际应用中有重要的指导意义。

传声器接收声波的方式通常可分为压力式、压差式和复合式三种，由此得到的指向性分别是：全指向性、∞字形双指向性和单指向性。

一、全指向性传声器

全指向性又称无指向性，即此类传声器对来自任何方向等距入射声波的灵敏度都是相同的，并且是由压力式声波接收方式获得。其工作原理是：当振膜受到声波作用时，声压只作用到振膜的外表面，而振膜对其表面上的所有声压变动都同等响应，于是振膜得到与声压成正比、与声波频率和入射方向无关的作用力。即传声器的输出灵敏度与声波入射的方向无关。

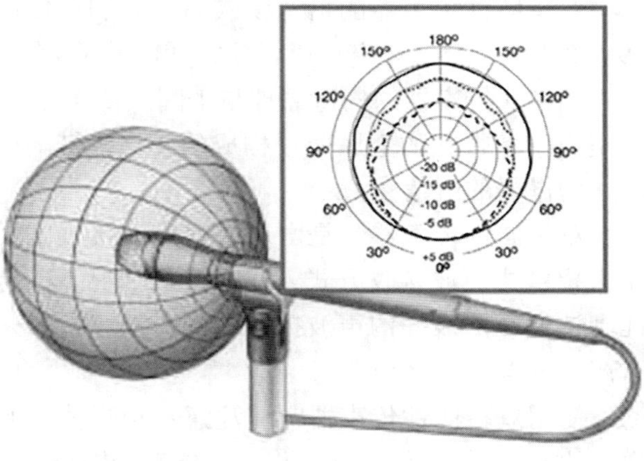

图 6–6

全指向性（即无指向性）传声器较指向性传声器能拾取到更多的空间环境声。如果要获得更多的空间感，强调空间中某种音响的直达声和反射声的融合效果，或者是不同音响之间的融合效果，可选用全指向性传声器。

全指向性传声器对所有角度都有相同的灵敏度，这意味着它可以从所有方向均衡地拾取声音。因此，话筒不必指向某一方向，这对领夹式话筒而言特别有意义。全指向性传声器的缺点是无法避开不必要的声源，如广播扩音器等，所以可能会有回音。

二、双指向性传声器

双指向性传声器又称∞字形指向性传声器，这是因为当这种指向性传声器体现在极坐标图上的时候，其形状与数字“8”相类似。∞字形指向性传声器是从传声器的前后拾取声音信号的，而对于那些来自轴外方向的声音信号，其灵敏度就会变得比较低。

要注意的是，在∞字形指向性传声器的极坐标图中，数轴两侧图形的相位是相反的。

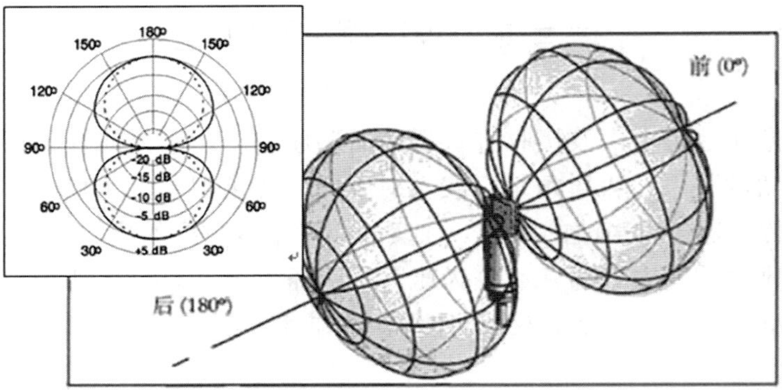

图 6–7

双指向性传声器的拾音模式为：分别从传声器前方和后方拾取声音，但不从侧面（90 度角）拾音。∞字型拾音模式话筒通常为铝带或大型振膜话筒。

铝带式传声器的构造原理与动圈式传声器相同，只不过它的振膜不是由音圈构成，而是由一条带状的金属薄片构成的。当铝带随声波在强磁场中振动时，会将声音信号转化为微弱的电信号。

双指向性传声器，是由压差式声波接收方式获得的。压差式声波接收方式也称为压力梯度式声波接收方式，在大多数情况下，传声器的振膜都处在平面波声场中，因此到达振膜两表面的声波振幅相同，从正后方来的声音产生的电压与从正前方来的声音产生的电压幅度相同。

使用双指向性传声器时应注意：尽量使声源处于传声器灵敏度较高的范围内，偏离轴线 90 度的方位为其反相点，传声器输出为零，在该区域拾音会造成声音发虚。

三、单指向性传声器

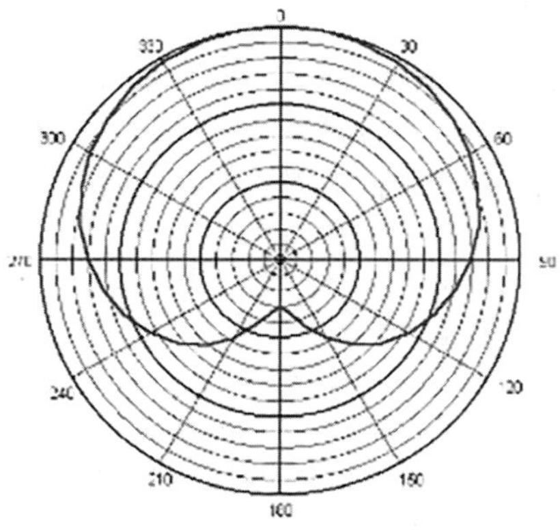

图 6–8

单指向性传声器又称心形指向性传声器，由复合式即压力式和压差式相结合的声波接收方式获得，随着指向性角度的变化还可进一步分为心形、超心形和超指向性。这些单指向型的传声器，在工作实践中特别实用。它能有效抑制声反馈，提高直达声的拾取量，从而提高声音的清晰度。

1. 心形传声器

心形传声器的覆盖角≤ 90°。其前端灵敏度最强，后端灵敏度最弱。这样可以隔绝多余的环境噪音，且消除回音的效果优于全向话筒。故心形话筒尤其适用于喧闹的舞台。

2. 超心形传声器

超心形传声器的覆盖角为≤ 60°。其拾音区域比心形话筒要窄，能有效消除周围噪音。但这种传声器后端也会拾取声音，因此，监听扬声器必须正确放置。超心形传声器最适用于在吵闹的环境中拾取单一声源，能够最有效地消除回音。

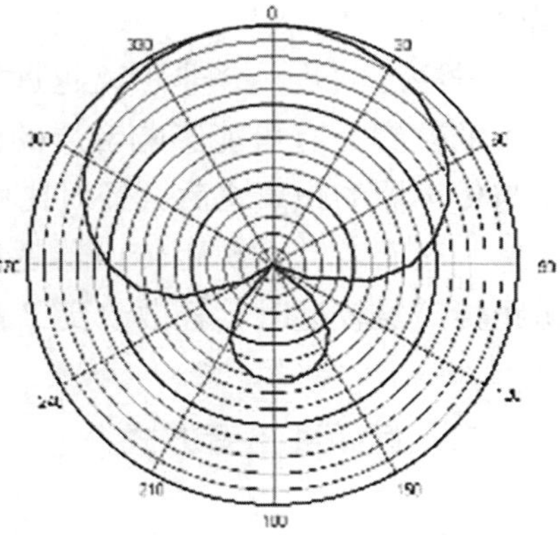

图 6–9

3. 锐心形传声器（超指向性传声器）

锐心形传声器的覆盖角为≤ 45°。其拾音区域为传声器正前方很窄的一个范围之内，能更有效地消除周围杂音。

从抑制声反馈的角度来看，传声器的指向角度越小越好。有些传声器说明书上标明具有轴外排斥特性，也就是它的指向角度比较锐直，有良好的抑制声反馈的性能。传声器指向特性的选取要合理，因为指向角度太小会造成拾音区域也相应减小，所以在选择传声器指向性时要综合考虑，不要顾此失彼。

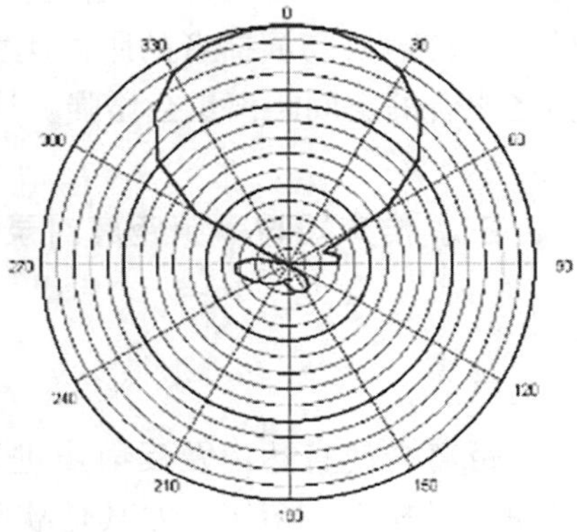

图 6–10

第四节　传声器与声源的距离

传声器与声源的距离不同，其录到的声音质量也会不同。

一、近距离拾音方式

所谓近距离拾音方式，就是指传声器与音源之间只有几厘米的距离。

近距离拾音可有效排除环境声，减少空间感，还能更好地体现出声音的质感，获得清晰、干净的声音。在实际运用中往往将全指向性传声器与指向性传声器、远距离拾音与近距离拾音结合起来使用。

近距离拾音有以下优点：

1. 声音音质更加紧实。

2. 能尽量减少其他声音的串音。

3. 声音中不会夹杂着任何环境声音。但如果需要周围的环境感，只需把环境声再混合进去。

需注意的是，并非距离越近就越好。如果将传声器摆放在过于靠近声源（如播音声）的位置，有可能影响音质的温暖感和清晰度。最佳的拾音位置应该是反复调试音源与传声器的距离之后，经对比而找到一个最佳的声音音质。

一般而言，音源距传声器越近，位置的轻微变化对音质的影响会越明显，而当音源距传声器较远时，轻微改变二者间的位置，所引起的音质变化就不那么明显。

二、远距离拾音方式

远距离拾音方式是指传声器距音源几英尺远（1 英尺 = 0.3048 米）。远距离拾音方式的优点是声音的环境空间感更强，拾取到的声音平衡感要更好一些。但需要注意的是，传声器与演播者的距离越大，拾取到的人声中夹杂的环境声就越多。同时，演播者声音的空间距离也会增强。这种录音方式，在广播剧或小说演播中用的比较多。

三、传声器与声源距离对录音的影响

1. 声音音质

距离会使直达声及反射声进入传声器的比例发生变化。距离近，直达声成分多，可使声音朴实、亲切，尤其是歌声，声音的本色可充分表现出来，拉近欣赏者与声源的距离；传声器的近讲效应得以利用，可使声音丰满、浑厚。如果拉开传声器与声源的距离，房间会产生较多的反射声，使声音夹杂着环境感，影响声音的真实性。

2. 声音层次

层次的含义是指同一事物由于大小、高低等不同而形成的区别。对声音而言是针对一个整体中的各个部分，如交响乐不同乐器组的远近；同一首乐曲中反映出的要表达的声音远近及位置感等。

一般而言，声源与传声器距离越近，声音的层次感就会越差，反之就会越强。

3. 声音形象化

声音形象化是指把听到的声音转化为视觉上的感受，也就是听其声，如见其人。

如舞台上，用一个固定位置的传声器拾音与演员带着领夹式无线传声器拾音，效果会很不一样。前者因演员的动作与固定传声器的距离发生变化，会使声音响度产生差异，听者仿佛看到演员正在舞台演出。而后者却响度不变，就像演员在一个地方站着不动说话，因此前者的声音具有形象化，后者则逊之。

第五节　传声器的选择与使用

拾音技术是指一种合理、有效地运用传声器的技术。

在录音过程中，声音的拾取是通过传声器完成的，但拾音效果很大程度上取决于对传声器的选择和使用，其中包括传声器种类和型号的选择、传声器使用的数量、传声器的布局等。

声音素材的拾取与采集，从节目制作过程来看，可分为两大类：

一、前期录音

所谓前期录音，指的是记者在新闻现场的采访录音。这是保证节目制作质量的重要前提。

1. 记者采访时的声音拾取

新闻记者的采访大多是在新闻现场，广播记者也不例外。所不同的是，广播记者要在各种不同的声音环境中录音，而且其采访录音是实时的、一次性完成的真实记录过程，特点是不能重复、不能人为再造，因此正确使用传声器，对这一过程有举足轻重的意义。

新闻采访中使用较多的是强指向传声器，也称为超心形传声器。与全方向传声器或心形传声器相比较，在相等声源能量强度情况下，强指向传声器可将前方的讲话声从较强的环境噪声中区分开来，使其他方向干扰骤减。换句话说，传声器可强化主声源音量，减少环境音响的干扰。

新闻采访中的声音拾取，一般采用近距离拾音。因为新闻现场中的录音，主要以记者和被采访者语言的清晰度和可懂度为关键。

在理想的录音环境下，传声器与声源的距离在20cm-30cm为宜。但是，新闻现场有不可预测的声音环境，有时最佳的拾音距离很难达到。这样，对准声源方向，尽可能减少拾音距离也可减少进入传声器的外部噪声。

在实际操作中，应注意以下两点：

（1）将传声器的指向轴对准要拾取的声源，将传声器指向特性的死角朝向噪声源方向。这样，可使噪声降至最低限度。当然，噪声有不同的辐射方向和不同的扩散方式，因此一般而言，没有任何一种方式能够完全避开噪声，但如果注意传声器的指向性，就能最大限度地改善信噪比。

（2）避免近讲效应。在实际应用中，当传声器过于靠近声源时，因近讲效应，会造成低频提升，致使语言清晰度下降，瞬间改变传声器拾音的频率响应。因此在采访中，应正确把握好声源与话筒的距离，以避免近讲效应的发生。

2. 对话、座谈时的声音拾取

对话、座谈时的录音，最好使用一支双指向性的传声器。传声器的高度应低于口部。如果某人的声音稍低些，为了使声音平衡，可将传声器稍向他移近些，或将传声器的方向角度改变一下，指向音量小的人。

如果使用的是单方向性传声器，则传声器方向以向上为好，可通过传声器支架进行调节。

对于座谈会的录音，应注意人群是围坐，还是排列坐。围坐时可配置一支全指向性话筒；如果是排列坐，且有主持人，可为主持人配一支单指向性传声器，为其他人配置双指向性传声器。

在记者进行一对一的专访时，一般只使用一支传声器。通常做法是：传声器靠近主持人或被采访者口部，这样音质是最好的，但也有缺点：讲话双方如靠得过近，被采访者有拘束感，易分散其注意力，而且，采访者也不易判断被访者的话是否讲完。

在一对一访谈时，要避免如下情况的发生：

（1）传声器过长地停留在被访者嘴边而造成声音空白。

（2）被访者话没说完就将传声器移走。

（3）被访者不自觉地凑近话筒，使音量突然增大。

（4）过分靠近传声器讲话，使录出来的声音失真严重，或产生“噗噗”的扑话筒噪音。

无论是人多还是人少，传声器的高度通常均应低于人的口部。座谈会上人较多时，要注意传声器的减震防震。

3. 体育赛事的声音拾取

在体育新闻现场报道中，既不能让解说被火爆的体育赛事呐喊声淹没，又要把比赛大环境效果声反映出来，可利用心形传声器拾音夹角的宽泛度，以获得兼顾语言与环境声的效果。

二、后期录音

所谓后期录音，是指依据不同节目或作品的要求，将声音素材进行合成（即进行后期制作）。

这是因为，记者在新闻现场采录到音响后，最终的录制合成还需在电台录音间完成。

目前国内广播电台在录制语言类广播节目时，多采用电容传声器，其中，又以使用E100电容传声器为多，如图6-11。

图6-11

依前述得知，广播节目可分为新闻节目、社教节目和文艺节目，一般而言，这三者均归为语言类节目（这里的文艺节目并非纯音乐，而是由主持人串联的一般文艺节目，故仍归为语言节目）。而与之相比，传声器运用要复杂一些的，有广播剧或广播小品以及广播特写、综艺节目等。

1. 语言类节目

语言类节目的录制是以语言为声源的拾音与节目制作，如广播节目中的新闻报道、评论、专题节目、小说连播、音乐戏曲节目以及广告节目等。

语言类节目的录音是以清晰度和可懂度为主，在有限的时间里给听众提供更多的信息。要达到上述要求，在录制过程中，传声器的摆放位置至关重要。

（1）传声器与声源的距离要适当

录制语言节目，也要讲究录音艺术。首先要调整好拾音距离，以确定声音的虚实。

在录音时，如果传声器与声源的距离近了，听众会感觉声音很硬，甚至有些发炸，好像在耳朵边发出的声音一样，同时也容易产生“低频近讲效应”；如果传声器与声源距离远了，录制的声音就会发虚，有些字音不是很清晰。

另外，如果播音室面积小，反射声强，传声器拾取的反射声多，录制出来的声音会有罐中说话的感觉。所以，要避免罐中说话的感觉，传声器和声源的距离就一定要调整好。

（2）传声器的摆放位置要适当

通常情况下，广播电台的录音室都较小，而女声相对于男声，高频又较多一些，因此，女声与传声器的距离若是与男声一样，声音听起来就会偏“硬”。这时可将传声器位置稍稍偏移，同时，让女播音员的座位也随之偏移。这样，女播音员所处的位置与前后墙的距离增大，话筒拾取的反射声就会减少，另外，让女播音员与话筒的距离也加大一点，以消除近讲效应，这样，女声听起来就会感觉圆润、明亮多了，如图6–12。

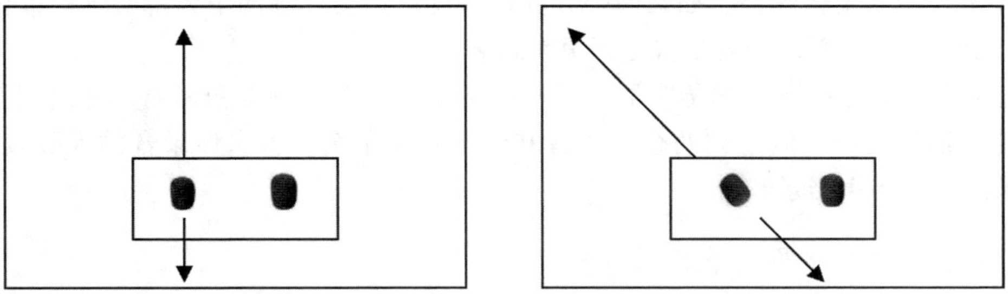

图 6–12

（3）传声器的仰角要适当

播音员在录音时，有些字音会出现“扑音”现象，这是因个别“喷口”字音气流太大，冲击传声器造成的。遇此情况，可将传声器稍微侧偏一点或抬高一点，不要让讲话气流直接冲击话筒，即可避免此类情况。

（4）传声器的高度要适当

讲话人声音若偏高偏尖偏细，可将话筒置于略低于嘴的位置，这样低频声音能适当增加一些。

讲话人声音若偏低偏粗，可将传声器置于略高于嘴的位置，这样高频声音可适当增加一些。

（5）拾音通道、电平及位置的综合调整

在录音时，调整调音台上拾音通道与音频录制工作站的电平也非常重要，可使声音圆润、明亮。通常的调整幅度可在 5dB 左右。如图 6-13 中左侧两个拾音通道上的推子位置，就因男女播音员声音的差异而有所差别。

图 6-13

（6）多人录音时的声音掌控

当只有一位播音员播音时，通常只用一支单方向传声器。传声器与声源的距离 20cm—30cm。因为采用单支传声器拾音，较易确定拾音位置，调节操作也较简单，但只适合小规模的录音场合。如果两个人共用一支传声器，则两个人都必须对准传声器的有效拾音区，否则拾音质量将受到很大影响。

若两个人共用一支双向传声器，可根据两个人的声音特点和强弱，分别调整两个人与传声器的距离，以达到两个人声音和谐与音量平衡。若参加录音的人数较多时，最好采用多支传声器录音。

2. 演播类（广播剧）节目

演播类节目包括各种广播小品及带有表演性质的节目，是广播节目录制中艺术水准很高，声音最为丰富，且录制过程也最为复杂的门类之一。

广播剧对于传声器的使用技术要求更高。传声器的拾音距离应根据剧情、场景来调整，而非固定不变。

（1）表现室内对话时，传声器的拾音距离要近一些。

（2）表现室外对话时，传声器的拾音距离应稍微远些，且应在强吸声环境下录制。因为室外环境是无反射声的。

（3）如要录制更远处的声音，除声源需离传声器远一些之外，还要加入适当的效果声，使声音听起来更真实，更有身临其境之感。

总之，广播剧是否能在录音间将故事真实地再现出来，完全取决于传声器的摆放，及其与调音台的结合使用。相关技巧请参照第十章第七节以及第十一章。

第六节　传声器在使用中应注意的问题

传声器在使用过程中，要特别注意以下问题：

一、注意近讲效应

所谓“近讲效应”，从专业角度讲，就是传声器低频响应曲线的提升。

在录音时，有些播音员喜欢离传声器非常近，这样录出的声音显得浑厚而有磁性。而离话筒远一些，播音员自然要提高音量，这样，声音的浑厚感和磁性就会明显降低。但这并不表明播音员离传声器越近越好。因为，播音员的声音条件不同，所要录制的节目内容也不一样。所以，实际录音时传声器的使用是非常灵活的。重要的是要了解传声器的特点，了解录音环境特点，同时还要了解播音员的声音特点，了解节目内容，这样，才可充分利用传声器的特点创造出最完美的声音。

二、注意传声器过载

所谓过载就是俗称的“录劈了”，即声音信号超过设备所允许的最大声级所产生的非线性失真。这是录音中比较常见的现象。这时，音频监视器（电脑）上显示的波形会出现“平头”现象，即突破了音频控制线，如图 6-14。

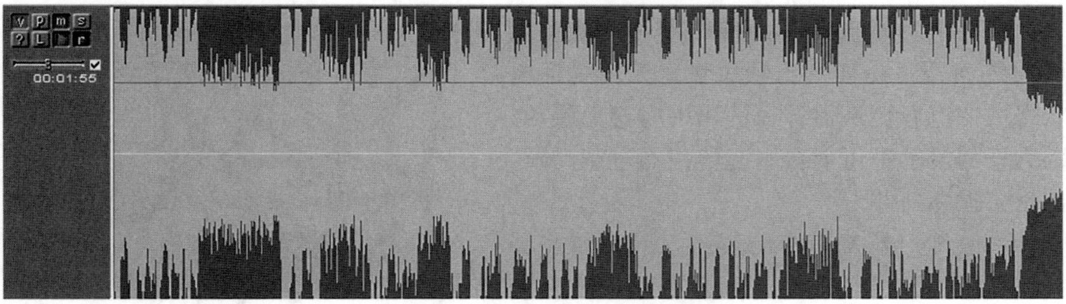

图 6-14　过载现象

正常的波形应该如图 6-15 所示。

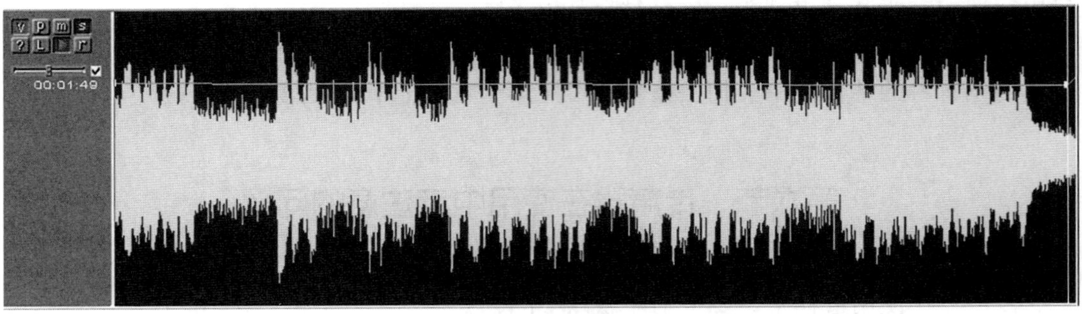

图 6-15　正常波形

这时，或调整调音台上的录音音量，或者把传声器上的固定衰减开关打开（如图 6-16 箭头所示）。

图 6-16

传声器上的固定衰减功能是由一组被置于传声器内部的电路实现的，其作用就是对要送入调音台的信号电平进行衰减，比如固定衰减的电平值有 -10dB、-15dB、-20dB，甚至 -30dB。

除此之外，有的传声器还自带高切与低切功能。所谓高切、低切就是高切或低切滤波器，开启这项功能后，传声器就会自动将声音中多余的高频或低频成分去掉。这样可免去再对声音进行均衡处理的麻烦。

三、传声器保护

广播节目录音使用的传声器和一般演出用的传声器不一样，比较娇贵，尤其是通电状态下的电容传声器，在使用中应避免震动。因为任何震动都可能会引起传声器过载严重，甚至会损坏部件。

一般传声器都带有防震架。因此传声器在使用前一定要固定好，而且要使用质量较好的传声器架，与传声器相连的电线要在架子上绕几圈留出缓冲余地，再接到传声器上（图 6-17）。

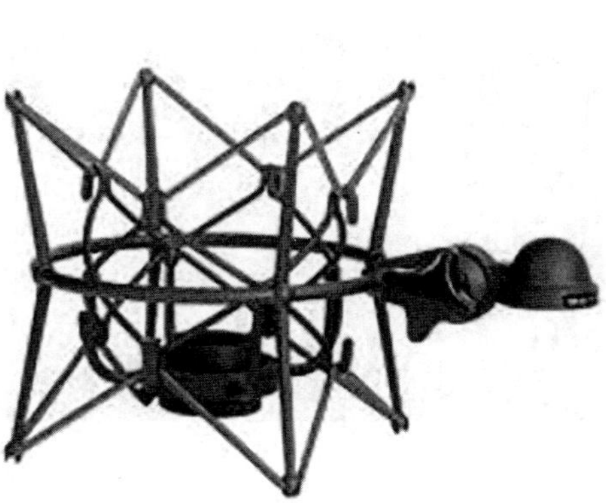

图 6-17　传声器防震架

另外，不要对传声器用力吹气，或采用手拍打传声器的方法来试音。正确方法是：

对准传声器用正常音量说话。

四、使用幻象电源

电容传声器振膜腔的阻抗非常高，因此在将声波转换成电信号之前，要先用一个需外接电源供电的阻抗转换电路将高阻抗转换成低阻抗。它是通过调音台上的各个传声器输入端对传声器进行供电，而这个电源就是我们常说的幻象电源。不过要注意的是，由于动圈传声器内部是没有有源电路的，因此动圈传声器就不需幻象供电。

五、防潮

传声器都忌受潮。动圈式传声器受潮后线圈会霉断而失效；电容式传声器在湿度高的环境中会造成电容头振膜与后极板间的绝缘性能降低，导致灵敏度下降，并容易出现噪声，缩短使用寿命，严重时会造成损坏。因此，日常保管传声器时应把引线拔下，装入塑料袋，用柔软的布包好。电容式传声器最好放在内装吸潮剂的密封盒中。在室外使用传声器时，要防止传声器被雨水淋湿。此外，使用电池的传声器不用时应将电池取出。

六、防震

传声器是通过接受微弱的声波振动来完成声 / 电转换的，所以强烈的震动往往会损伤传声器的振动系统，使其灵敏度降低。电容式传声器尤为敏感。因此，使用传声器时应尽量减少强烈震动，更应避免摔碰。

七、防风和防尘

传声器在使用过程中，遇强风或快速移动而受到气流冲击时，会发出“呼、呼”的噪声。当近距离拾取人讲话声时，如遇到爆破音、齿音或口唇气流，也会发出“噗、噗”的噪声，这些都会影响录音效果。为减少气流冲击，需给传声器带上合适的防风罩。防风罩除了防风作用外还有防尘效果。

第七章　广播音频处理的核心设备——调音台

调音台又称调音控制台，是集输入、混合、处理和输出为一体的音频设备，它可以把各节目源输出的音频信号汇集在一起，进行控制调整、音频加工，并分配到所需要的通路（或声道）进行输出，同时也可对音频信号进行技术控制、音质修饰和音响效果艺术加工。因此，调音台是音频处理的核心设备。

第一节　数字调音台的基本结构

调音台一般包括音频输入、输出以及辅助、监听和对讲几个部分，其中辅助、监听和对讲是三大主控（由人操控）模块。

目前广播电台语言类节目录制间使用最多的是“雅马哈 DM1000 型”数字调音台，如图 7–1 所示。

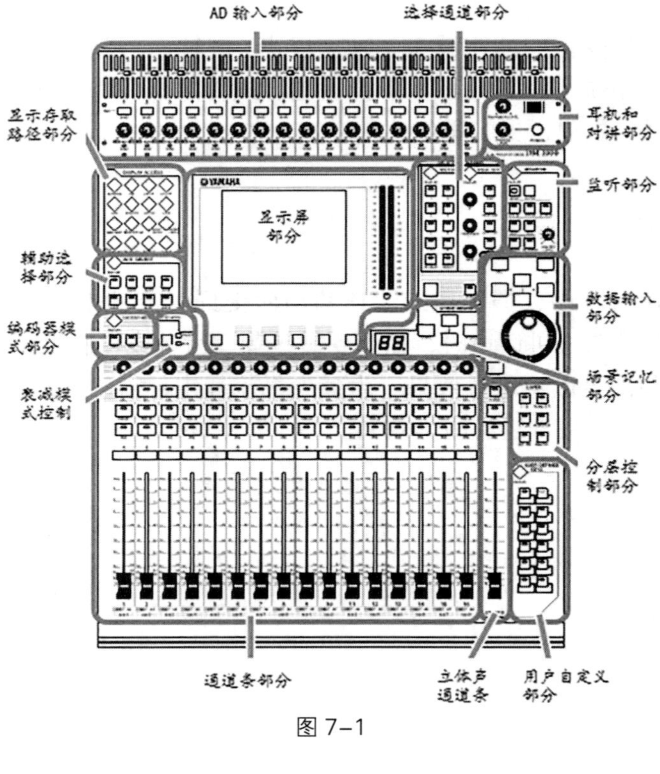

图 7–1

一些地、县台或高校多使用“雅马哈 01V96 型”数字调音台，如图 7-2 所示。

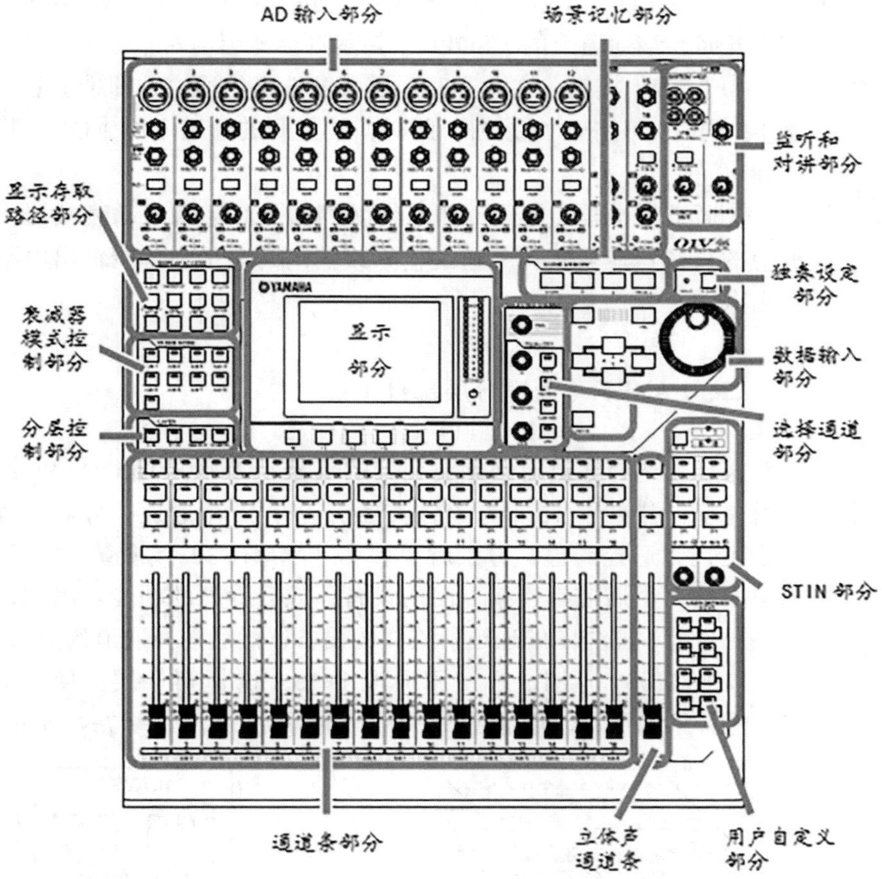

图 7-2

雅马哈 DM1000 和雅马哈 01V96 均为小型数字调音台，前者具有完备的 24 位 /96kHz 数字音乐处理功能和 48 通道同步混音功能；后者可提供无损的 24 位 /96kHz 数字音频处理功能，以及 32 通道的混音能力。二者皆可满足多轨录音、双通道缩混和先进的环绕声制作等。

调音台面板上数目众多的按钮和推杆经常会把初学者弄得眼花缭乱和手足无措。但实际上，调音台尽管外形各异，按钮位置不同，但操作方法却大同小异。作为初学者，大家只要了解其中一些主要部分的功能及使用方法即可。

一、CHANNEL STRIP（通道条部分）

这是占据调音台下半面板最多的部分，也是较常使用的部分，如图 7-3 所示。

①编码器旋钮。可调整通道的参数设置。

②［SEL］按钮。用于选择需要的通道，选定后，相应通道上的［SEL］按钮指示

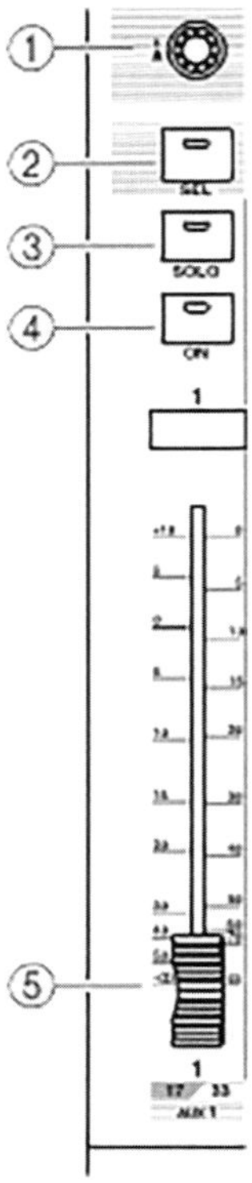

图 7-3

灯会亮起。

③［SOLO］按钮。即独奏按钮。按下此按钮后，该通道为独奏通道，此时，该通道上的［SOLO］指示灯会亮起。

④［ON］按钮。在录音时，需打开选定的通道，即推上衰减器（推子），同时，应按下此按钮。此时，被打开的通道上的［ON］指示灯会亮起。

⑤通道衰减器（推子）。是带触感的 100 毫米电动衰减器。不同位置上的衰减器能分别调节通道输入或输出的电平、母线输出电平和辅助输出电平。

二、LAYER（通道分层部分）

这是在选择通道时必须要用到的部分。DM1000 和 01V96 调音台表面看是横向排列了 16 个通道，实际前者有 48 个通道，分三层排列（若加上主控和遥控通道，分层就更多）；后者有 32 个通道，分两层排列。每一层的每个通道都连接专门的设备，或有专门的功能。因此，在使用专门通道前，需先了解通道所连接的设备，然后选择通道的分层。

以 DM1000 为例，若使用通道 1-16，选择第一层；使用通道 17-32，选择第二层；使用通道 33-48，选择第三层。如图 7-4 所示。

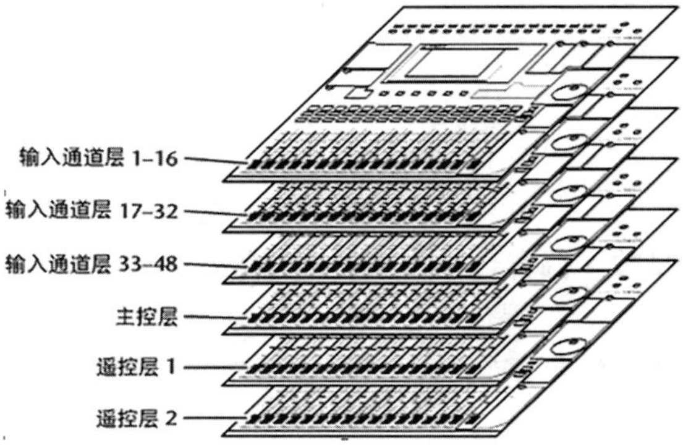

图 7-4

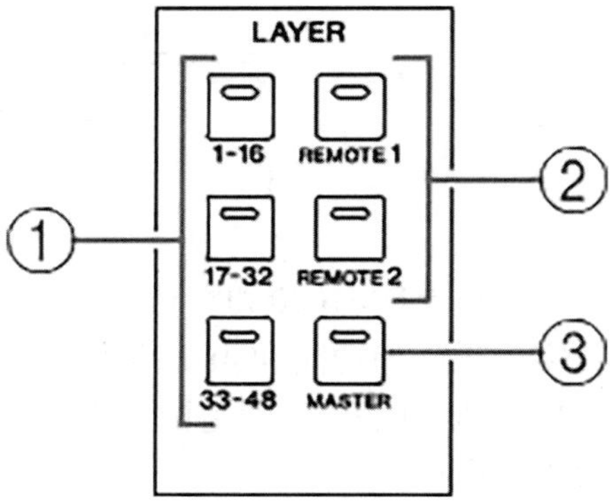

图 7-5

图 7-5 为 DM1000 的分层控制部分：

①分层选择键。从上至下分别为 1-16 层控制键、17-32 层控制键和 33-48 层控制键。

②［REMOTE1］/［REMOTE2］遥控键。

③［MASTER］缩混按键。选择缩混层，在该层控制母线输出和辅助发送。

01V96 的分层部分如图 7-6，用法及功能与

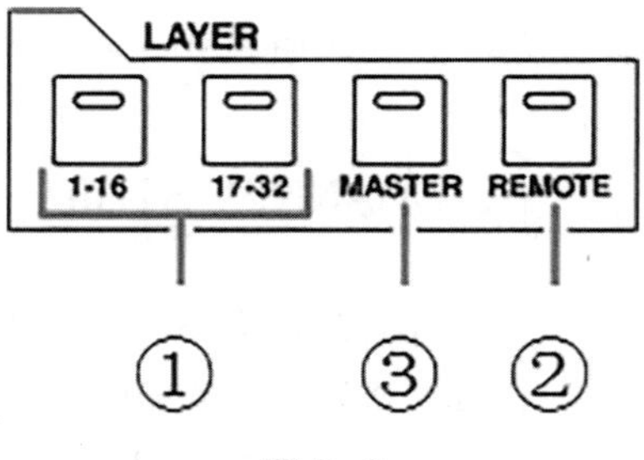

图 7-6

DM1000 基本相同。

三、STEREO（立体声通道部分）

这是各路通道最终汇总输出的立体声通道，是录音时必须保持开启状态的重要通道。如图 7–7 所示。

①［AUTO］自动按钮。按下此按钮，可使用［SEL］按钮打开或关闭自动混音功能。

②［SEL］选择按钮。选择立体声母线。

③［ON］开关按钮。打开或关闭所选母线。

④［STEREO］立体声衰减器（推子）。正常开启状态为：推至 0dB 位置。

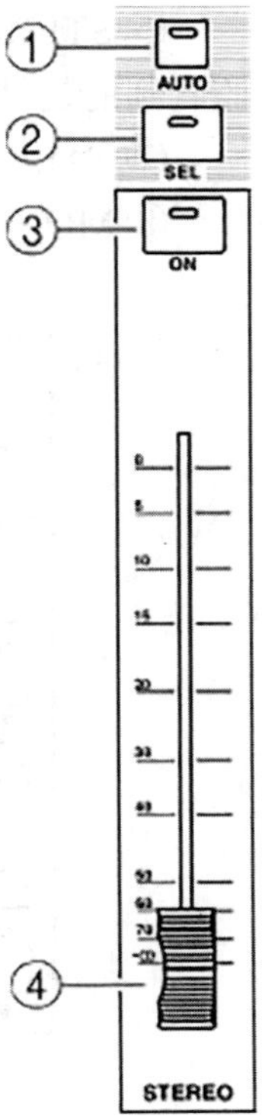

图 7–7

四、Headphones & Talkback（耳机与对讲部分）

这是录音师与播音员进行沟通时经常要用到的部分。

① TALKBACK LEVEL 对讲电平（音量）控制旋钮。需要与录音间的播音员对话时，可以向右旋转此旋钮，通过内置对讲传声器（TALKBACK），与播音员进行沟通。

②对讲麦克风（Talkback mic）。

③ PHONES LEVEL 耳机电平（音量）控制旋钮。

④ PHONES。可用于连接立体声耳机的插座。后两项通常在使用耳机时使用。

这是在录音时经常要用到的部分。因此，电平控制旋钮应在打开的状态。

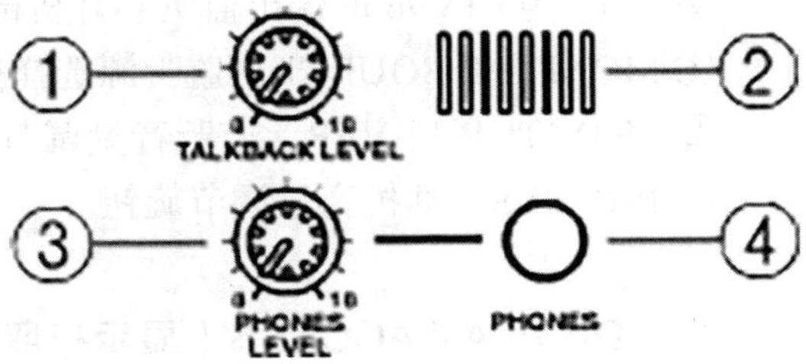

图 7–8

五、MONITOR（监听部分）

选择控制室监听信号，调整监听设置。这是经常要用到的部分。

图 7–9 为 DM1000 的监听控制部分：

① DISPLAY 按钮。按下此键，显示屏中会显示 MONITOR 页面，此时可调整监听设置。

② SOLO 指示灯。一个或多个通道独奏时，此指示灯会闪烁。

③ CLEAR 按钮。按下此按钮可取消所有独奏通道的独奏。

④⑤ 2TR D1 和 2TR D2 按钮。其中 2TR D1 为“录音后”监听按钮（业界习惯称为“带后”按钮），按下此按钮，监听到的是经过调音台录音合成的声音。

⑥ STEREO 立体声信号选择按钮。业界习惯称其为“带前”按钮，按下此按钮，监听到的是录音合成前的声音。

⑦ TALKBACK 按钮。用此按钮打开对讲功能。

⑧ MONITOR LEVER 按钮。用此按钮调整监听音量。

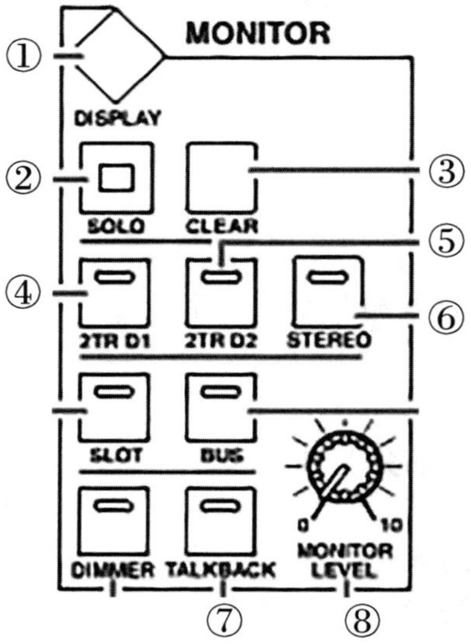

图 7-9

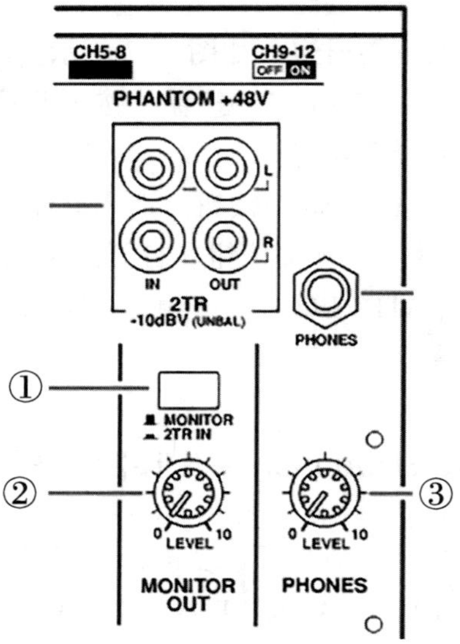

图 7-10

图 7-10 为 01V96 的输出监听和耳机部分：

① MONITOR SOURCE，监听源选择按钮。

② MONITOR LEVER，监听音量调节旋钮。

③ PHONES，耳机音量调节旋钮。

六、DISPLAY ACCESS（显示存取路径部分）

这是控制显示器的显示内容，调取数据库各种数据的部分。图 7-11 为 DM1000，图 7-12 为 01V96。

常用路径有以下三个：

① VIEW，查看按钮。用于调取和设定特定通道的混音参数（详见第十一章）。

② EFFECT，效果按钮。用于使用内部效果处理器，设定相关参数（详见第十一章）。

③ DYNAMICS，动态按钮。显示动态页面，可调整信号的门限和压限。

④ EQ 按钮（图 7-12）。这是 01V96 为方便调取 EQ（均衡器）而设置的（无需通过 VIEW）。

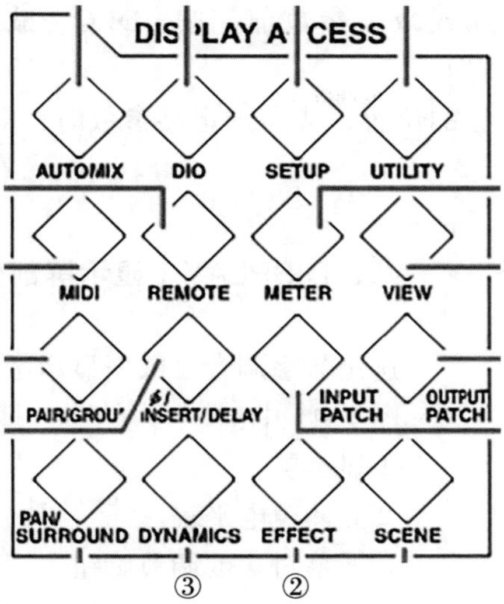

图 7–11

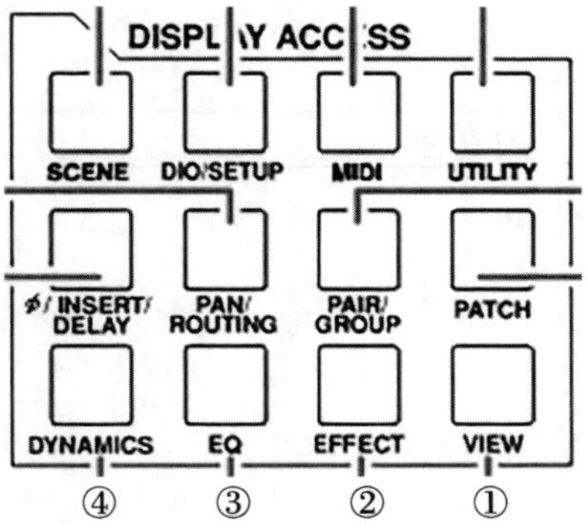

图 7–12

七、DATA ENTRY（数据输入部分）

这是设定调音台各种参数所必须要使用的部分。图 7–13 为 DM1000，图 7–14 为 01V96。

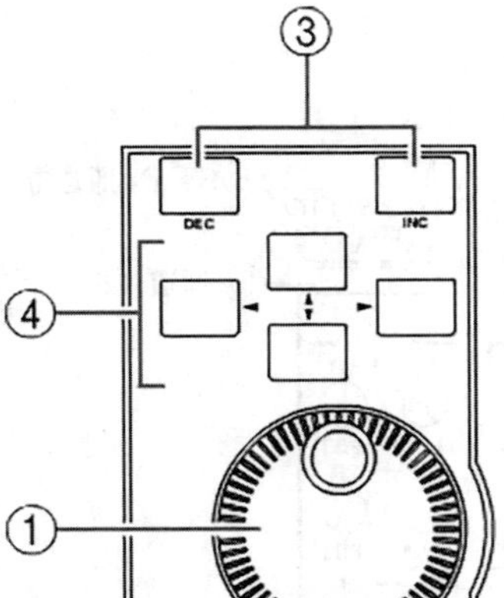

图 7–13

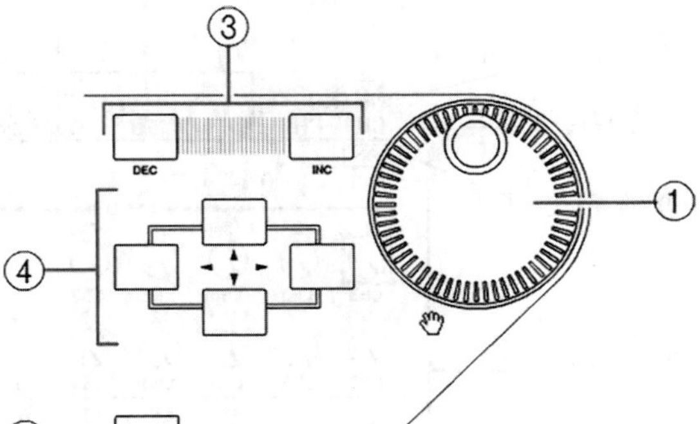

图 7–14

① Parameter Wheel（参数轮）。用于调节屏幕上显示的参数值。顺时针旋转加大参数值，逆时针旋转减小参数值。

② ENTER 按钮。该按钮有两个作用：一是“激活”屏幕上需选定的内容时，按此按钮；二是需确定屏幕上所选定的参数值时，按此按钮。

③［DEC］&［INC］按钮。以 1 为单位增加或减少参数值。按［DEC］减少，按［INC］增加。按住不放就可以连续地增加或减少。

④左、右、上、下按钮。如需移动屏幕上光标的位置，或需选定某参数时，需按此按钮。按住不放就可连续向一个方向移动。

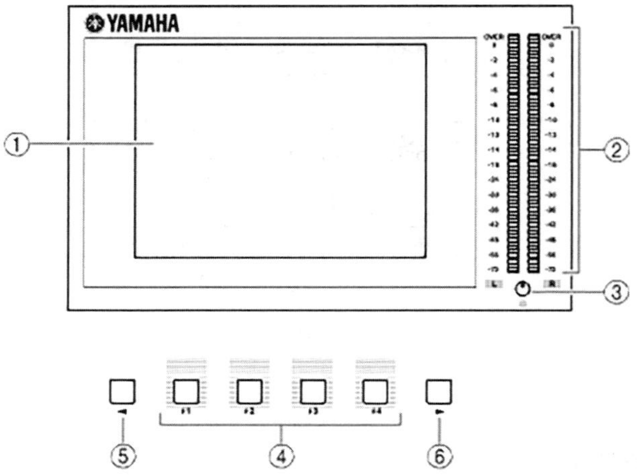

图 7–15

八、DISPLAY（显示屏部分）

这是数字调音台数据显示区域。图 7–15 中：

①显示屏。

②立体声电平表。

③屏幕对比度调节旋钮。

④［F1］－［F4］按钮。用这些旋钮可从屏幕上选择所需界面。

⑤⑥左存储区滚动按钮和右存储区滚动按钮。

开启调音台后，屏幕显示区域如图 7–16 所示。

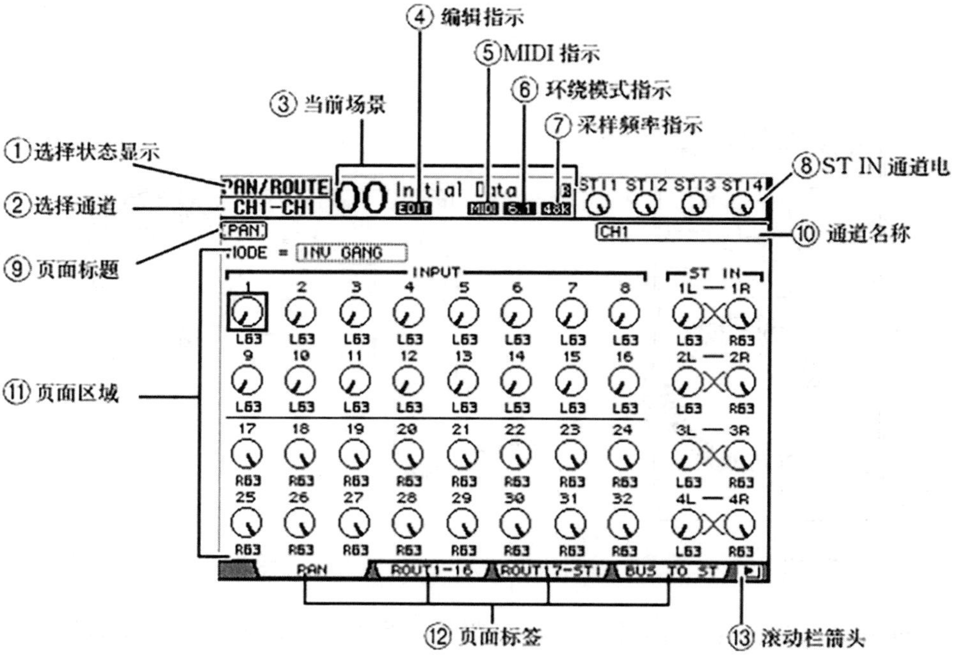

图 7–16

常用的调整方法，请参见本章第四节以及第十一章。

第二节　数字调音台在音频信号处理中的功能和作用

一、调音台的分类

调音台的基本功能大致相同，但是由于用途及所采用的技术的不同，它们之间存在一定差异，从而出现多种类型的调音台。其分类主要有以下几种方式：

1. 按制作节目种类可分为音乐调音台和语言调音台。
2. 按使用场所情况可分为外出便携背包式调音台和固定台式调音台。
3. 按完成功能可分为录音调音台、扩音调音台、返送调音台及播出调音台。
4. 按对信号的控制方式可分为手动控制调音台和自动控制调音台。
5. 按信号处理方式可分为模拟式调音台和数字式调音台。

二、调音台的功能

1. 放大

（1）将微弱的低电平传声器信号和线路输入信号经放大调整到合适的电平上。
（2）将容易相互干扰的信号隔离开，以免互相串扰。
（3）补偿由于衰减带来的损耗。
（4）给提示耳机、外接声处理设备及对讲系统提供合适电平的信号。

2. 为每个通道设置可控均衡器

（1）补偿输入信号频谱缺陷。
（2）获得某种听觉上的特殊效果。
（3）对于不需要的电声信号进行有选择的衰减。
（4）在进行声信号重放时，提供最大限度的保真度。

3. 通道或母线分配

可将输入信号任意分配到指定的输出母线上。

4. 声音监听

用来对每一声道上的信号或混合信号进行音质主观评价。根据制作上的需要，一般都设置大型监听机组和音箱以及近距离的小型监听音箱。

5. 视觉监听

它是对信号进行客观评价的手段，一般通过 VU 表、峰值表和相关仪表来完成对信号的音量、峰值电平和信号间相互相位的监视。此外，它还设置了一些简单的指示器来完成对信号状态及通路控制状态的指示。

6. 编组混合

它可以有选择地进行混合控制，将多路输入信号根据需要进行编组，然后在指定的输出母线上输出，或者进行统一的编组控制。

7. 电平调节

每个声道上的电平调节器可以对声道上的信号电平进行连续调整，以便能够在混合输出母线上建立一个相对平衡的信号。

8. 辅助系统

调音台的辅助系统主要是为外接的声处理设备提供所需的激励信号，并且为声处理设备的输出信号提供返回通道，将其分配到指定的母线上。

9. 返送

在多声道录音中，为避免不同演奏者间信号的串扰，常常将演奏者隔离，这会使演奏者不易听清其他人的演奏。为此，在调音台辅助系统中，还提供了一系列独立的返送混合信号，该信号可返送至演奏者佩戴的耳机上。

另外，在多声道录制音乐时，让后录音的声部在演奏或演唱时，能听到先期录音的声部，以获得同期录音的效果，为此，调音台设有专门的辅助系统或返送系统，为演员提供返送信号，即提供先期录音和自己演奏或演唱声音的混合信号，演员可通过返送耳机或返送音箱（扩声）听到返送的声音信号。

10. 对讲

对讲是录音师与播讲者联系的通道，通常需专门的传声器、功率放大器及演播室扬声器。当录音师打开对讲通路时，其余通路必须同时关掉，否则会产生啸叫。

11. 声像调节

调音台输入通道中的 Pan 旋钮称为声像调节旋钮，是用来调节该路声源左右分部的旋钮，若该旋钮被置于中心位置，等于将该路声源放在听音范围的中央，此时左右音箱音量相同，听者感觉声源来自正中央。若将 Pan 旋钮放在左边（L），等于把该路声源放在听音范围的最左边。此时左音箱有声而右音箱无声，听音者感觉声源在自己的左边。若将 Pan 旋钮调至右边（R），等于把该路声源放在听音范围的最右边，此时左音箱无声，右音箱有声，听音者感觉声源在自己的右边。当然，还可将 Pan 旋钮调至中间偏左或中间偏右的任何位置。这一旋钮是调音台处理立体声输出的主要旋钮。

12. 提供测试信号

主要用来进行各种测试和故障检查。例如:（1）在录音之前检查各个声道。（2）检查各个声道的频响。

13. 跳线功能

调音台上的电气关键接点都通过连接件接到跳线盘上，跳线盘是各种关键接点的集合。跳线盘的插孔可以将常用的设备接入到通路中，如：

（1）接入测试仪器。

（2）在不断开调音台的内部连接的情况下，将周边设备接入通路中。

（3）通过将插头插入，可以将信号“跳入、跳出”，增加了调音台的灵活性。

14. 增益

增益是用来调整信号输入量的，当信号太强时对其进行削减，太弱时则对其进行提升。由于各种声源信号进入调音台大小不一，为了让调音台的每一输入通道推子都能直观地反映比例大小，就必须让输入调音台的声音信号获得一种相对稳定和平衡的电平状态。增益在给声音进行调音时显得非常重要，在处理各声部的平衡问题上，增益可发挥重要作用。

15. 动态处理

在一些先进的调音台中，其每个输入模块都加入了对信号进行动态范围处理的功能，这样就可以不用外部的声音处理设备来进行动态的控制。一般增加的动态范围控制功能是通过压缩器和扩展器来完成的，这两个控制部分也可根据需要转换成限制器和噪声门。另外，为了能够对已分配好的相邻通道上的立体声信号进行动态处理，在动态控制单元上一般设有连锁功能键（Link），以便在进行处理时，不会因为控制状态的不一致而产生立体声声像漂移现象。

16. 幻象电源

使用电容式传声器进行录音，必须按下调音台上的幻象电源开关，否则电容传声器上没有工作电压就无法工作。所谓幻象电源，就是通过调音台上的各个话筒输入端对话筒进行供电，而这个电源就是我们常说的幻象供电。

三、调音台的作用

调音台在音频处理系统中至少可发挥以下作用：

1. 分配作用

在制作节目时，无论采用同期声录制还是分轨录音后期合成制作，都需要许多声音素材，其中包括由传声器拾取的，或由周边放声设备输出的音频信号，这些均需经过调音台进行分配。

2. 信号监听作用

在制作节目过程中，需要对声音内容进行监听，以便调整声音的音量、音色，调整播音员的情绪等。

3. 信号控制作用

通过不同输入端口进到调音台的各种不同声音信号，调音台可以对它们进行监听、增益、开关等动作的控制，以符合实际创作需求。

4. 信号处理作用

对声音进行动态调整、音色处理、声音效果处理、声音相位处理。

5. 音质补偿作用

对一些音质有损失的信号，通过调音台的均衡控制器可以对其进行调谐，以获得理想的音质。

6. 信号的整合作用

链接在调音台上的各路信号，通过调音台上可以合并成标准的左右声道（立体声）形式输出。

7. 外接辅助作用

调音台上一般还有辅助输出功能，借助这些辅助通道，调音台可以外接一些效果处理单元，通过这些辅助效果单元的帮助，可进行声音的调谐和处理。

广播节目制作需要一个控制中心，其作用相当于一个总调度室，可进行各路声音素材的分配、加工处理以及监视运行状态。这些功能都是由调音台来完成的。

第三节　数字调音台的基本工作流程

作为初学者，或者作为一般操作的使用者，只需掌握如下基本工作流程：

（1）打开调音台，同时打开音频工作站，调音台的电源开关位于其后部，见图 7-17 箭头所指示处。

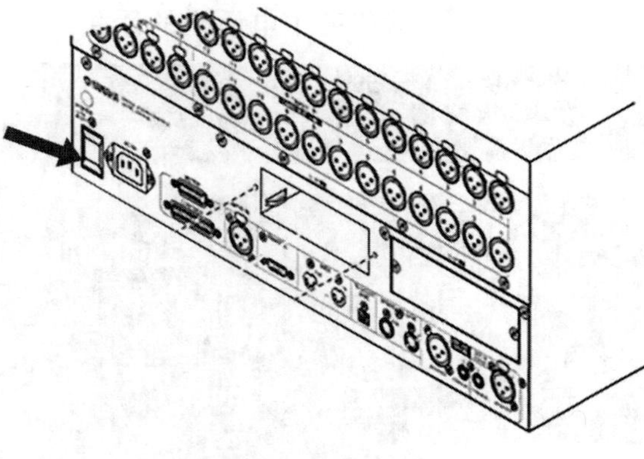

图 7–17

（2）通过分层部分 LAYER 选择所需通道。

（3）打开相应通道（将衰减器推至 0dB 位置），并按下通道上的 ON 按钮。

（4）检查立体声通道（总输出）是否处于开启状态。

（5）检查工作站音频输入通道是否处于开启状态，并观察表头综合输入音量是否适宜。

（6）是否需要调整 EQ（均衡）、或是否需要进行效果的设置（详见第十一章《声音效果处理技巧》）。

（7）开始录音。

（8）是否需要使用其他音源（详见第九章《广播录制的周边设备及使用》）。

（9）录音制作结束，将节目发送到播出站（详见第十二章）。

（10）工作结束，关闭音频工作站，最后关闭调音台电源。

第四节　使用调音台的基本技巧

1. 输出录音信号的方法

当需要将音频工作站的信号下载到其他录音设备时，一定要将工作站放音通道上的衰减器（推子）推到刻度“零”的位置。一般的录音设备都设置有一个模拟输入电平调节器，通过观察录音设备上的电平指示表来调整输入电平，调整标准与前述方法相同。

2. 监听控制钮的使用

控制监听音量大小的控制钮有两个，如使用音箱监听，其音量控制钮是标有 MONITOR LEVEL 的旋钮；如使用耳机监听，需将耳机插头插入 PHONES 插口，同时用标有 PHONES LEVEL 的旋钮来调整音量。

注意：监听音量的大小并不代表输出录制电平的大小，所以录制电平的大小一定要按照前面讲述的要求进行调整。

3. 调音台与电话耦合器的连接与使用

在录制电话采访时：

（1）要将己方的通道打开。通常情况下，调音台第一层前两个通道是传声器的输入通道，此时它们就代替了电话机的话筒，故必须打开。

图 7-18

（2）需要把调音台上热线电话的输入通道打开。

（3）己方信号需送辅助后，通过电话耦合器传送给对方。

一般来讲，技术人员会在调音台上注明各通道的用途，如第一至第三层分别用于何种设备（见图 7-18）。这样，就能一目了然地选择需要打开的通道。

4. 音频信号的处理

DM-1000 数字调音台内置预设程序库中设有“效果”（EFFECT）、“均衡”（EQ）、“动态”（DYNAMICS）三个程序库。其中存有 51 种效果、40 种均衡、36 种动态程序，是常会用到的程序（三个库的调取方法详见第十一章）。这些程序可直接调用，也可根据需要自行调整，并可将新参数保留在程序库里，以便以后调用。

5. 音频信号的自录（返送）

在制作某些带剧情的广播节目（如广播剧）时，常常需要改变人物的声音，如加入混响，或是将其声音变粗、变细等等，这时，往往是先将原声录下来，然后再通过后期制作技术，将音效添加进去。具体讲，即运用返送技术，通过音频工作站播放录好的原音，同时在另一轨上录音。录音时，将所需效果添加到新录制的音频之中。具体做法为：

（1）推上“工作站放音”推子（调音台上一般都会设有“工作站放音”通道），并按下通道上的“ON”按钮，打开通道。

（2）将需添加的音效设置在“工作站放音”的左右两个通道上（和添加到传声器通道上的方法是一样的，即按下通道上方的“SEL“按钮”）。

（3）在音频工作站上调出需添加音效的音频，在播放前，将该音轨设计成“独奏”模式（即点下“独奏 S”按钮）。

（4）在音频工作站上，点击另一轨的音轨控制区，并点击控制区中的录音按钮“R” 

，做好在该音轨录音的准备。

（5）在调音台上打开需添加的效果界面，调整好需添加的音效数据。

（6）开始播放音频工作站中选好的音频，这时，该音频会被记录在另一轨上，同时，被改变的音效就会被添加到新音频中。

采用此方法，可节省演播人员时间，将大部分录制工作放到后期制作环节。

6. 调音台内置预设程序的调用

工作中常会遇到如下情况：有些录音资料音质不理想，需进行频率补偿。在此情况下，应首先考虑调用调音台程序库中已有参数，这样可节约时间。如预设程序不理想，可自行调整。

（1）选定调音台素材信号线路的输入通道，按下“SEL”键。

（2）反复按“SELECTED CHANNEL”控制区的“均衡”（EQUALIZER）键（图7-19①），直至调音台小屏幕上显示EQ参数调整的界面（见图7-20，左上角有EQ字样）。

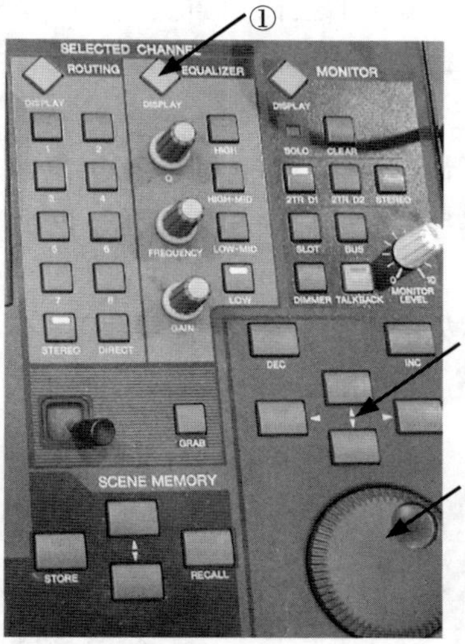

图7-19

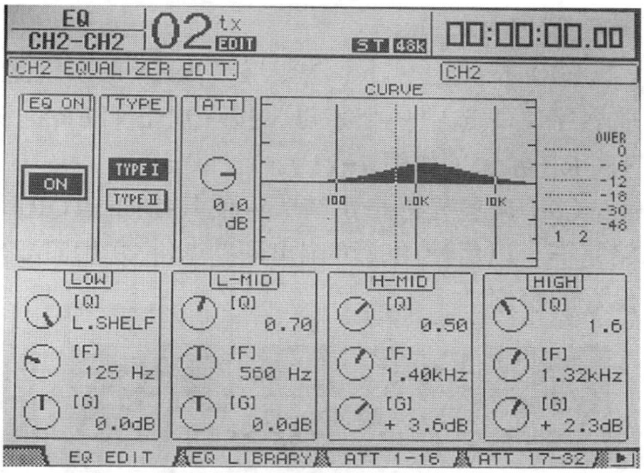

图7-20

（3）按上下左右键（见图7-19③），将光标调至要调整的数据处；旋转（Parameter Wheel）参数轮（图7-19②），调节屏幕上的参数值。顺时针旋转加大参数值，逆时针旋转减小参数值。

（4）调好数值后，再按“均衡”（EQUALIZER）键，进入“RECALL”界面（见图7-21），按“上、下、左、右”键，将光标指向“RECALL”（见图7-21箭头所指处。若预设程序可用，则可省去前面所有步骤，直接进入图7-21，选用其中标有序号的程序）。

（5）按ENTER键确认，则该参数程序就被调入到先前确定的信号输入那一路中。

必须注意的是，应用此预设参数程序时，调音台屏幕中左侧的EQ应处于开启状态（即EQ开关应处于ON状态，见图7-20），这样便能激活预设参数程序，否则此参数程序无法使用。

7. 将调整好参数的程序存入库中

在为播音员（主持人）录音过程中，每个播音员的声音需要补偿的频率不一样，各个频率补偿增益的大小也不一样，若调用库里预存的参数，有时录出的效果并不理想，这时就需自己调整 EQ 参数。调整后，最好把它存储起来，以免下次再调整。具体调整方法为：

（1）按前述方法，进入 EQ 调整界面（如图 7-20），调整参数。之后，再按“均衡”（EQUALIZER）键，进入“STORE”界面（与“RECALL”为同一界面，见图 7-21）。

（2）旋转调音台上的参数轮，在程序库中为新 EQ 参数找一个空白位置。

（3）按“均衡”（EQUALIZER）键或屏幕下方的 F2 键，调出屏幕中小键盘，如图 7-22 所示。

（4）按“上、下、左、右”键，在小键盘上选择字母，为新调整好的 EQ 参数取名字（每选中一个字母，按一次 ENTER 键）。选好名字后，再按“均衡键”回到 STORE 界面（如图 7-21）。

（5）调整光标指示箭头，使其指向 STORE 存储键，按 ENTER 键，则参数程序存储完毕。以后使用，可调出图 7-21，之后只要旋转参数轮，就可在程序库中找到上次设好的程序。

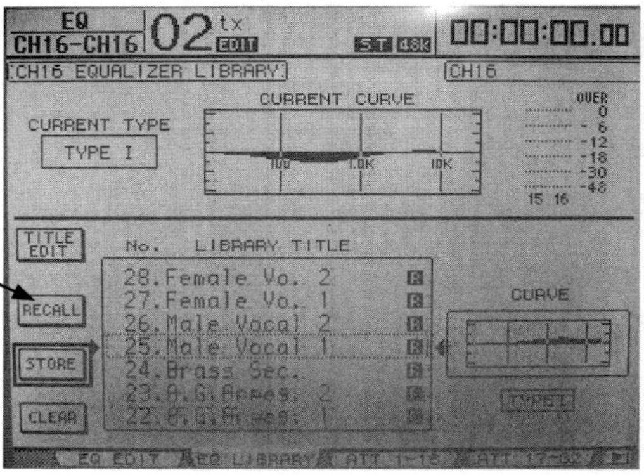

图 7-21

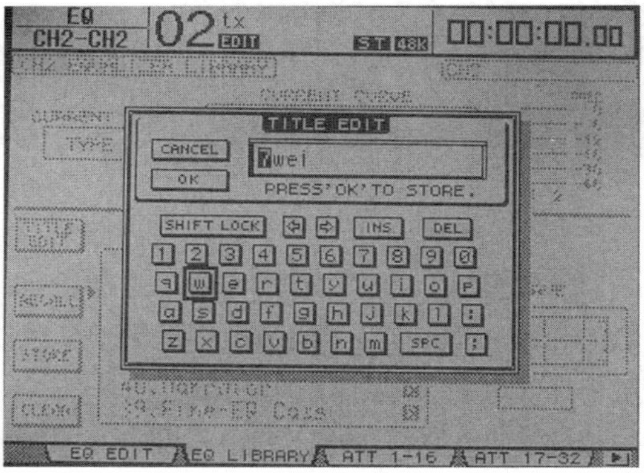

图 7-22

第八章　数字音频工作站

第一节　数字音频工作站简介

随着数字化时代的到来，数字音频技术特别是非线性数字音频工作站被引入到广播节目的声音艺术创造中。

AIR2000 S/1是英夫美迪数字技术有限公司推出的数字音频工作站及自动播出系统，它能高质量地完成广播节目的录制、编排、自动播出和资料储存、广告制作，以及对整个系统的全面管理。

图8-1是一个示意图，其中包括：①英夫美迪中央控制器：主要为全台文件管理、数据库管理和应用程序提供全面管理和服务。②音频资料库：主要承担整个电台的节目资料储存。③用户管理：主要负责系统用户设置、用户权限分配、分配用户存储空间、用户栏目管理。④播出管理：主要担负节目板块管理、栏目播出安排、节目单管理。⑤音频编辑：主要担负各种广播节目的制作以及申请节目播出的管理。⑥个人工作间管理：主要负责节目管理、标头管理、节目编排、节目审听、资料审听的管理。⑦广告管理：负责广告管理、上单、安排广告播出等。

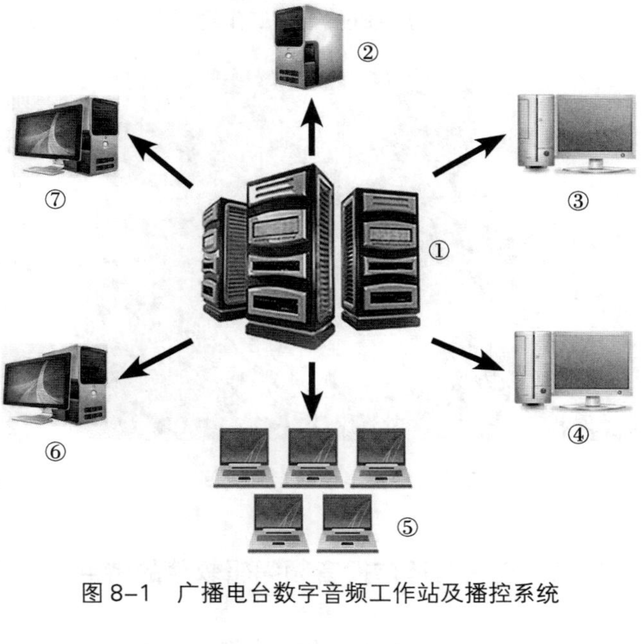

图8-1　广播电台数字音频工作站及播控系统

本教材主要介绍其中的第⑤部分，即音频编辑部分，目的是让学习者熟练掌握广播语言类节目音频剪裁软件的使用以及节目制作方法。

一、音频编辑制作的分类

在广播电台里，音频编辑制作一般可分为“简易音频编辑制作间”（音频工作站）和“专业数字音频录制间”。

1. 简易音频编辑制作间

简易音频编辑制作间又称“音频工作站”，通常由一个封闭性较好的小录音间构成，其中配有加装数字音频编辑软件的台式电脑一台，以及传声器（话筒）、调音台、音箱和部分播放设备（MD 播放机、CD 播放机、卡座）等。

图 8–2　广播电台音频工作站

简易音频制作间的面积不需很大，通常 2–3 平方米，只要隔音效果较好即可（如图 8–2）。

简易录音间一般为广播记者进行广播新闻制作时使用。可进行简单的新闻解说录音、电话采访录音，还可进行音频剪裁、制作、合成工作，能基本满足一般的播出需要。

2. 专业数字音频录制间

图 8–3　广播电台数字录制间

专业数字音频录制间一般由播音间和录制间组成，并配有专业录音师，其中除配备有加装了数字音频编辑软件的台式电脑之外，还配有高档的传声器（一般有 2 个，可供男女播音员使用）、数字调音台、高档音箱、CD、MD 等各种播放设备、电话录音设备以及局域网设备等（如图 8–3）。

专业数字音频录制间可满足绝大部分语言类广播节目（广播剧除外）的录制、剪裁、合成等工作，是广播电台制作广播节目的核心工作室。

二、英夫美迪广播音频编辑软件的特点

英夫美迪公司所生产的音频编辑制作系统目前主要有两种，传统一点的为 daw2.0；

新一代的为 PowerEditor。二者均采用 .s48 声音压缩格式——该格式易于编辑、剪裁，故在广播电台中应用较广。

英夫美迪称得上是专业的广播音频编辑软件，适用于专业的录音、编辑、制作和效果处理，也适合多轨录音和分轨录音。其中 PowerEditor 的编辑界面与国外同类软件更接近一些。

广播音频编辑系统（广播数字音频工艺系统）是目前国内电台语言类节目中使用最为广泛，也最简便实用的广播工艺数字系统（80% 以上的广播电台在使用）。该系统与国外电台所使用的系统不同，与一些网友从网上下载的音频制作软件也有很大区别。其特点如下：

（1）完全汉化。

（2）可以做到全封闭，从而避免了各种病毒的侵入。

（3）操作异常简便、快捷。

（4）可视和无损化剪裁。

（5）声音质量完全可以满足广播语言类节目和一般音乐节目的需要。

目前，音频编辑软件很多，有的是音视频共用；有的是音频专用；有的也实现了汉化，如 Cool Edit、Nuendo 等。其中，音视频共用的软件，因为视频编辑占用了较大空间，所以影响了音频的编辑功能；而音频专用的软件则会好一些。

相比较而言，网上流行的音频编辑软件与广播专用的编辑软件仍有一些不同：

一是设计理念不同。前者主要是为音乐爱好者在非专业环境下的演唱录音进行声音修饰，如加上混响，降低环境噪音等，因此其编辑手法侧重于对声音的修饰，而非素材的剪裁拼贴。

二是方便程度不同。非专业软件的所有调音功能均包含在软件内，因此易受容量影响，故此类软件的操作多不够简便，速度也不够快。而“英夫美迪”系统则是专为广播语言类节目的编辑制作而设计的，不仅完全汉化，而且操作非常快捷简便，音质也完全符合广播节目要求“原汁原味”的真实性要求，故成为目前广播电台使用最为普遍的一款软件。

第二节　英夫美迪数字音频编辑软件界面及功能简介

一、节目音频编辑制作流程界面

1. 新建工程

打开显示器及外围设备电源，然后打开主机箱电源，待电脑显示器显示主界面后，双击图标 Xstudio，输入用户名和密码登录，找到我的工程区，点击新建工程，即可调出音频编辑器。

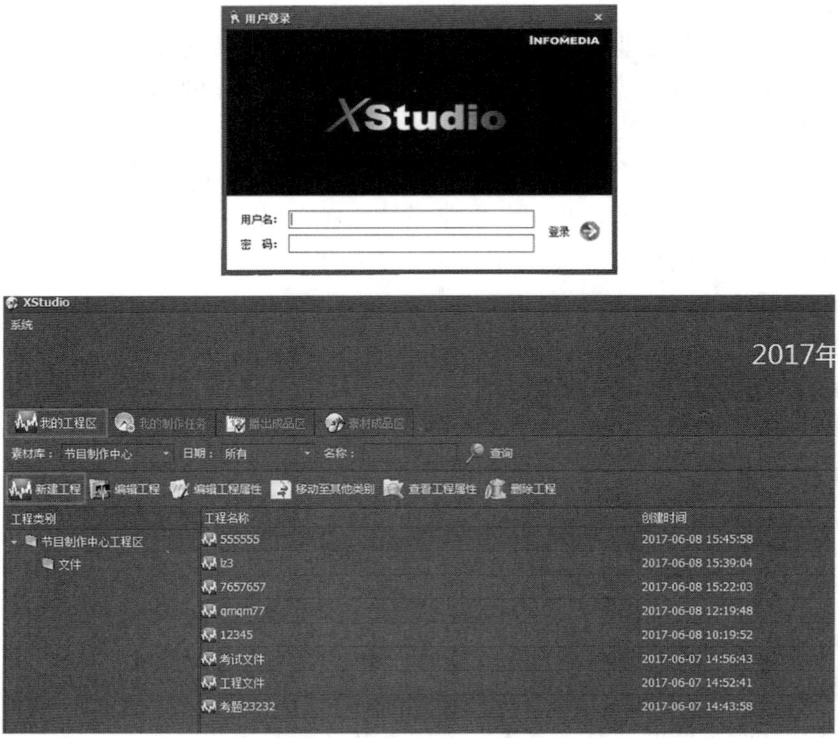

图 8–4

2. 调入素材

从本地调入素材：通过管理器资源标签，选择要调入的音频，采用拖拽的方式，将音频拖到音轨中。

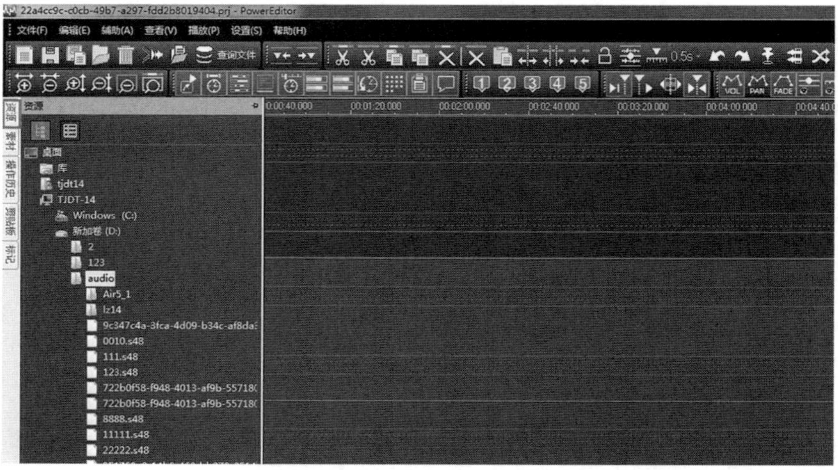

图 8–5

3. 音频编辑

进入编辑程序后，单击需要进行操作的音频轨，我们称它为当前的激活轨，激活轨的轨道控制器－轨道名称标签高亮显示，这时我们可以清楚地看到，激活音轨的背景色相对较黑，四周有红色的边界框，同时音频轨的名称框显示为高亮蓝色。音频轨的名称默认为音频 1、音轨 2、音轨 3、音轨 4 等，可以根据自己的需要修改音频轨的名称，只需用鼠标在轨道控制器双击音频轨名称框，当光标成闪烁状态时，就可以输入文字。

下面，我们先来初步认识一下英夫美迪音频编辑器的界面及简单使用功能。

音频编辑器的界面有常见的标题栏、工具栏、菜单栏和多条音轨显示，两侧有管理器标签、时间轴、轨道的正向及横向水平缩放，下方有播放控制器、时间显示和电平显示、全部轨道缩略显示。

二、音频工作站常用名词

1. 音频文件

音频文件是可以用于播出的声音文件。本音频工作站所使用的音频文件格式是遵守国家规定的 BWE 音频标准格式，其文件后缀为 .s48 或 .s44。

2. 工程文件

工程文件即“分轨保存”的文件。此种文件是不能直接用于播出的。其特点是，它不仅以分轨方式保留了原有音频，而且在波形信号上保留了所有修改符号。该保存方式为今后进一步的修改留出了余地。

3. 音轨

容纳音频波形、电平线、标记点（音量点）的区域。标准的音频录制站有四条音轨，音轨可分为非当前（未被选中）音轨和当前（被选中）音轨。

4. 电平线

音轨上的电平线通常表示对相应区域附加音量的增益。其原始状态为 0dB。这条电平线所处的位置，是音量大小的理想位置。音频信号向上超过这条线太多，则音量过大；反之，则太小。波形声音信号大部分在电平线以内，有的只是瞬间超过，这个波形声音信号的音量是适当的。

5. 音轨标记点

音轨标记点是为了方便找到某段音频而在音轨上留下的记号，它是记录音轨某处位置的点。通常情况下，记者的采访素材会比较长，借助此方法，可快速找到所需录音。

音轨标记点分为手动标记点、自动标记点和移动标记点。

快速找到标记点的方法是，用鼠标在编辑器左侧的管理器标签上晃动，标记点就会按顺序排列并显现，通过鼠标点击来选择某个标记点，则该标记点所对应的波形将移动到屏幕上，这时就可以对该点处的音频进行修改。打音频标记点的快捷键是 F11，鼠标双击标记点将删除标记，同时标记窗口也会删除记录。在音轨上执行了剪切、复制或粘贴后，音轨全貌显示栏上就会增加一个自动标记点，用鼠标左键单击自动标记点则该点对应的位置就会移动到屏幕上。

6. 磁头线

指当前磁头的位置。这与开盘式录音机中所用到的概念差不多，即指定位音频开始播放或者录音的位置，或者说磁头所在的位置。

7. 音频块

音频块是指音频编辑时所用到的音频区域，通常需要选中。选中音频块的方法为：在音轨中线上方区域按下鼠标左键（若点在下方为选择磁头线），同时向左或向右滑动鼠标，即可将所选中的音频区域“涂黑”。

8. 缩混文件

所谓缩混文件，就是将多条音轨上的音频（即工程文件）合成在一条音轨上，这样，调出的文件就出现在一条音轨上。这是可以用于播出的音频文件。

第三节　音频轨选择与控制

音频轨的选择与控制，是开始录音与音频编辑的基础。

一、选中音频轨

在开始录音前，先要选中操作的音频轨。具体方法为：

（1）在需要编辑的轨道控制区前面，用鼠标单击需要进行操作的音频轨，我们称它为当前的激活轨，该音轨被选中后我们可以清楚地看到，激活音频轨的背景色相对较黑，四周有红色的边界框，同时音频轨的名称框也显示为高亮。

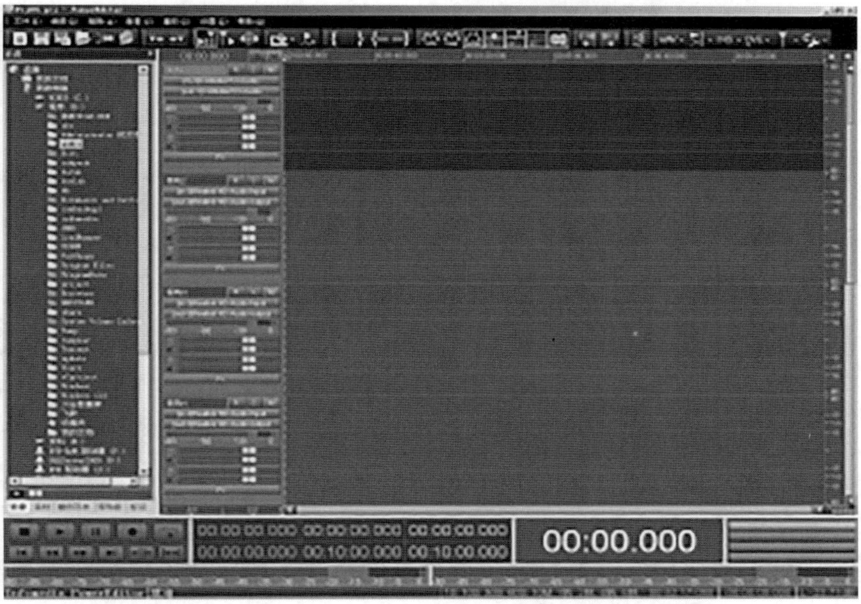

图 8–6

（2）选择录音轨道。在轨道左侧的轨道控制区内，用鼠标单击点亮 R 键，代表该轨道被选择为录音轨（注意，只能有一个轨道被选中）。

图 8–7

二、轨与多轨试听

（1）M 静音。在轨道控制区用鼠标单击 M 键，凹下表示此轨道声音关闭（静音），凸起表示此轨道声音打开。

在实际操作中，可打开一轨，也可同时打开多个轨道，试听多轨道混合的声音效果。

（2）S 独奏。在轨道控制区用鼠标单击 S 键，表示只打开此轨道声音，其他轨道自动关闭。

上述方法中，采用独奏方式，可试听独奏音轨的声音效果；关闭独奏方式，可试听其他多轨声音的混合声音效果。

三、音量调节

（1）调节某一轨的整体音量时，可以用鼠标拖动位于音轨中央位置的褐红色点，黄色的音量线会随之上下移动，来实现整体音量大小的调节。

（2）对选中区域内音频的音量进行调节，其实就是对选中部分的黄色音量线的音量大小进行调整。当我们选择了音频块范围后，在选择区域上会自动弹出区域音量调节窗口。向左拖动滑块，使区域内音量减小；向右拖动滑块，使区域内音量增大，可达到当前选择区域内音量的最大值。

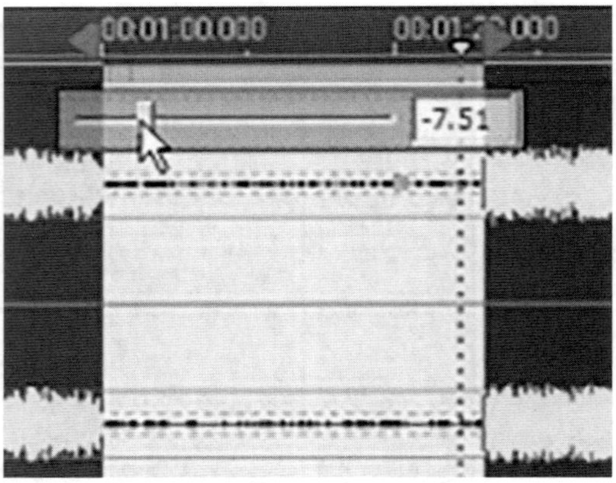

图 8–8

四、音量标记点

（1）点音量标记点。通常点音量标记点的方法有两个：

一是在音量线上用鼠标点击（注意一定要点准），可以打上音量标记点。

二是先把磁头线定位在需要打音量标记点的位置，然后在快捷键区工具栏中点增加音量标记点键，也可迅速点上标记点。

（2）音量标记点的删除：用鼠标双击需要删除的音量标记点。

第四节　音频编辑中的录音与放音

录音与放音主要使用播放控制区的一组按钮：

图 8–9

（1）用鼠标单击“停止”键，录音停止。

（2）按“放音”键，录音开始。

（3）暂停键：暂时停止当前所有播放，等待继续播放。

（4）在“播放控制区”点“录音”键，点击后工作站处在预录状态。此时，可通过编辑器“信息区”右下侧的音量显示，观察输入信号是否正常。

（5）是循环播放键，在选择的音频区域内循环播放。

（6）转到头键：把磁头线快速移动到 0 点开始位置。

（7）快退键：磁头线向后移，反方向倒退播放音频。

（8）快进键：磁头线向前移，正方向前进变速播放。

（9）转到尾键：把磁头线快速移动到最后一个音频块的结束位置。

（10）跳过选择区域播放键：在音频块上选择区域时，点击此键，程序从选择区域外的前几秒开始播放，然后跳过选择区域，继续播放选择区域外的后几秒。

（11）选择区域内播放键：在音频块上选择区域时，点击此键，程序从选择区域内开始播放选择区域内的前几秒和后几秒。

同时借助其他功能，具体为：

一、外来声源的录音

（1）将外部音频设备（采访机或其他音源）连接好，然后播放。

（2）在播放控制区点录音键，点击后工作站即在预录状态。此时，可通过编辑器下方左侧的 VU 表（音量表），观察输入信号是否正常，一般情况下，信号在 −18 左右。

（3）按放音键，开始录音。

（4）用鼠标单击停止键，录音停止。

二、覆盖录音与插入录音

覆盖录音与插入录音的切换，可在“工具栏”中用鼠标单击“覆盖录音”或“插入录音”。

（1）覆盖录音：先选中录音轨道，再定位磁头线，然后点击和，即可从磁头线位置开录，同时从磁头线位置开始抹音（即将原有录音覆盖）。

（2）插入录音：先选中录音轨道，再定位磁头线，然后点击和，即可从磁头线位置开插入录音（即原有音频后移），直到停止录音。

三、选中范围内放音

先选中需要编辑的轨道，然后在轨道控制区点击 M 键（使之凸起，关闭静音，即呈放音方式），在播放控制键区选中部分内点放音键，即可实现选中音频块内放音。

四、选中部分外放音（跳过选中部分放音）

相当于把选中部分删除，将其前后部分连在一起放音。具体方法是：先选中需要编辑的轨道，在轨道控制区点击“M”键，把磁头线定位在选中范围的前面位置，在控制键区选中部分外点放音键，播放时，系统会自动跳过选中的音频块，将音频块之外的音频连续播放。

五、定位磁头线

（1）把磁头线定位在开始位置。先选中编辑轨道，然后在控制键区单击跳到最前键，磁头线无论处在何处，即迅速被定位于音频开始的位置。这是迅速找到音频开始位置的有效办法。

（2）把磁头线定位在最后（结束）位置。先选中编辑轨道，在控制键区单击跳到最后键，磁头线即迅速被定位于音频结束的位置。

第五节　快捷键的使用方法

快捷键是非常便捷的一种操作模式。

快捷工具键有很多，常用的有如下一些：

一、调入音频文件

音频文件调入，是指调入一个音频文件到当前轨。

调入方法为：先确定调入的音轨，将磁头线定位于要调入的位置，然后①在快捷键区单击调入音频文件键。②在弹出的对话框中选择调入的文件，鼠标双击需调入的文件，文件就会被放到“当前轨”（被选中的音轨）上。或③选中需要调入的文件，该文件名便会出现在“文件名”一栏中。④再点“打开”键，该文件即被加入到轨道编辑区。

二、数据库调入

在快捷键区点查询文件键，调出对话框，选择“制作成品区”或“播出成品区”选项卡，双击“下载”按钮，即可将“制作成品区”或“播出成品区”的素材调入音轨。

三、撤消与重新执行

撤消：恢复操作到上一步。当我们选中某一轨波形进行剪裁或粘贴后，发现这一操作有误时，可以单击此键来恢复，回到上一次操作（其特点是可以多次撤消和恢复）。

重新执行：撤消刚才的编辑操作，回到撤消前的状态（连续撤消多少次，即可重新执行多少次）。

四、删除

（1）删除选中区域音频：先选中范围，在快捷键区点删除键。就可以把选中的范围删除▣。

（2）删除激活音频：把音轨上激活高亮的音频块从音轨上删除，在快捷键区点删除键▣。

五、剪切

（1）剪切选中区域内激活音频块：先选中音频范围，在快捷键区点剪切键▣。该激活音频块将从音轨上删除，然后放于剪切板上。注意：▣是剪切，不是删除。

（2 剪切激活音频块：剪切被激活有高亮显示的音频块到剪切板上，在快捷键区点剪切键▣（注意：▣操作后，激活音频块将从音频上删除）

六、复制

（1）复制选中区域内激活音频块：先选中音频范围，在快捷键区点复制选中区域内激活音块键▣。然后将其存放于剪切板上，选中区域音频不删除。

（2）复制激活音频块：把音轨上激活高亮的音频块复制到剪贴板上，在快捷键区点复制激活音块键▣，激活音频块不删除。

七、粘贴

先定位磁头线，即选择要粘入的位置，然后在快捷键区点粘贴键▣，这时，复制或剪切存放于剪贴板上的最近一条音频，就会被粘入磁头线所在的位置（插入其中）。

八、缩混音频

缩混所有音轨上的音频，或选择音频轨进行缩混，在快捷键区点缩混音频键▣，生成一个音频文件。

九、音轨范围的选择

（1）小范围选中：选中编辑的轨道，用鼠标在音轨中心线上半部分横向拖动，即可选中要编辑的音频（方法与音频块的选择相同）。

（2）全部选中：选中编辑的轨道，双击轨道控制区空白处，即可全部选中。

（3）大范围选中：选中大范围，但不是全部。按下键设置选择区域的起点，在激活音频块上设定选择区域的开始位置。按下键设置选择区域的终点，在激活音频块上设定选择区域的结束位置。

十、剪切点

（1）使用上一个剪切点键，把磁头线向左移动至剪切，如果没有剪切点，磁头线将移动到前面一个音频块的结束位置。

（2）使用下一个剪切点按键，把磁头线向右移动至剪切，如果没有剪切点，磁头线将移动到后面一个音频块的开始位置

第六节　菜单栏的使用方法

菜单栏中的绝大部分内容均与快捷键重复，因此，在实践中可根据个人喜好选择使用。打开我的工程区，即打开已命名存在的工程项目文件。

图 8–10

功能按钮具体说明如下：

新建工程：可以通过新建工程功能按钮，来完成新建一个工程文件的操作。

编辑工程：可以通过编辑工程功能按钮，来完成对制作完成的工程文件或尚未完成的工程文件进行重新编辑或继续编辑的操作。

编辑工程属性：可以通过编辑工程属性功能按钮，来完成对工程属性重新编辑的操作。

移动到其他类别：可以通过移动到其他类别功能按钮，将工程文件转移到其他工程类别中。

查看属性：查看工程文件的相关属性。

删除工程：可以通过删除工程功能按钮，来完成工程文件删除的操作。

一、调入音频文件

用鼠标点击我的工程区或单击编辑工程，双击（即选择）要打开的工程项目，文件就会被打开。

调入音频文件:（1）从本地调入音频素材。通过“资源”，选择要调入的音频，采用拖拽的方式，将音频拖到音轨中。

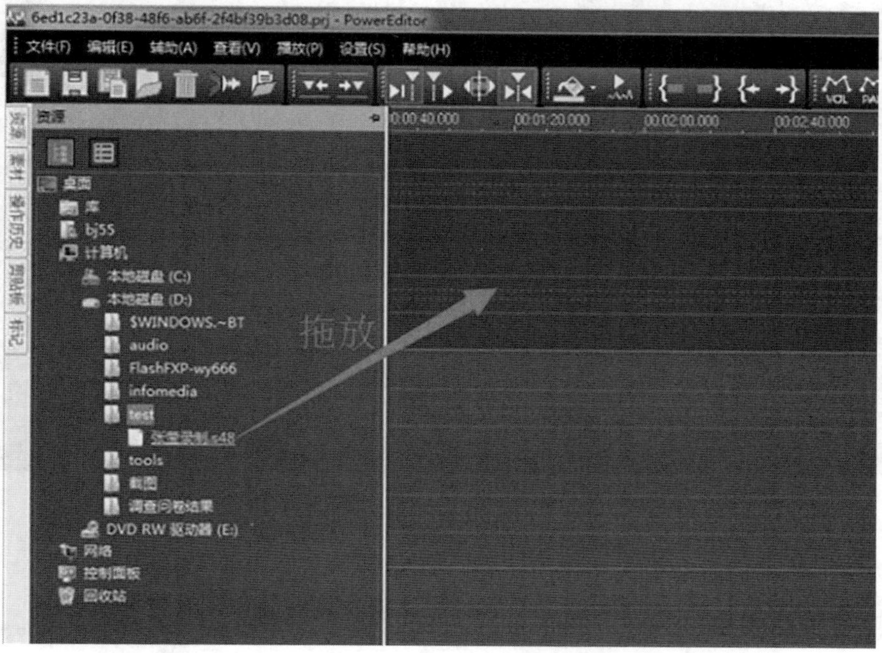

图 8–11

（2）从库里调入音频材：通过“文件”—“查询文件”，调出对话框，选择制作成品区或播出成品区选项卡，双击下载按钮，即可将制作成品区或播出成品区的素材调入音轨中。

图 8–12

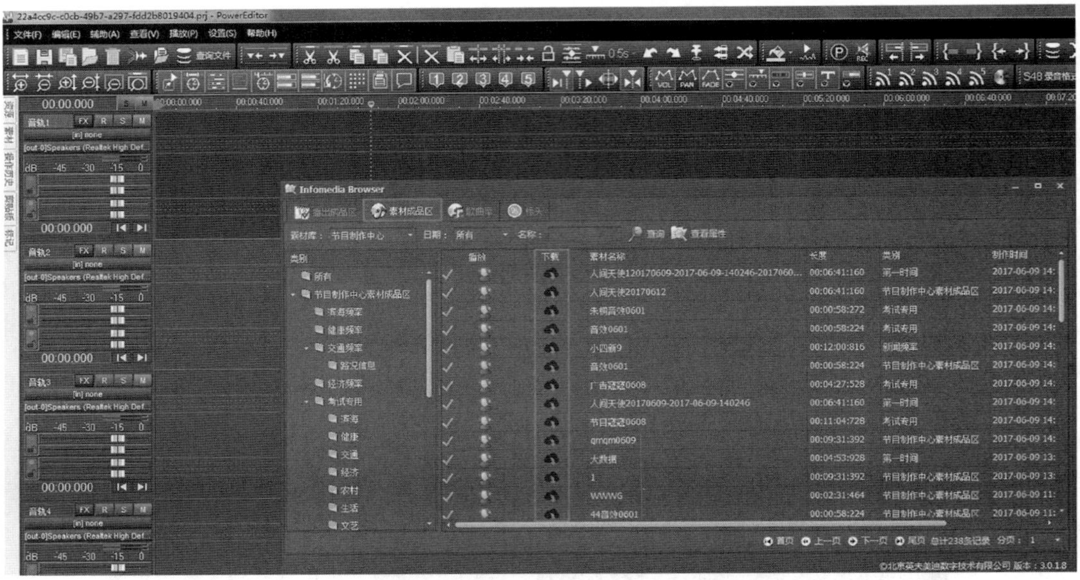

图 8–13

二、保存音频文件

（1）保存工程文件：通过“文件”—“保存工程”，将工程文件保存至我的工程区。

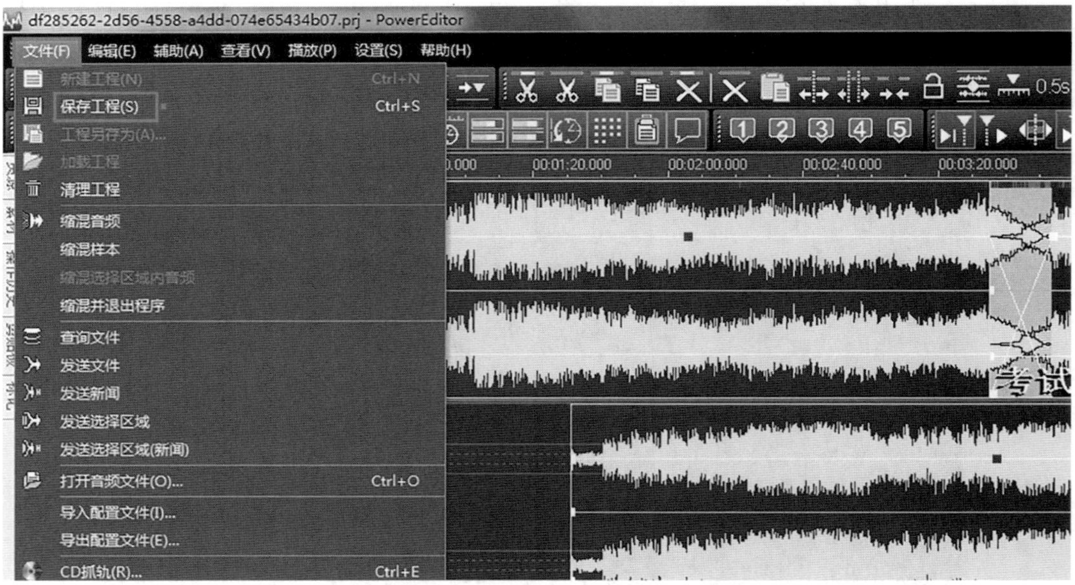

图 8–14

（2）保存成品文件：过“文件”—“缩混音频”，将成品音频文件保存至本地磁盘。

（注意：重命名时后缀名 .S48 不能删掉）

图 8–15

图 8–16

（3）保存入库，发送至素材成品区：通过编辑器发送至素材成品区：通过“文件”—“发送文件/发送选择区域”，弹出对话框，选择“制作素材”选项卡，选择要发送的素材库、类别并命名素材名称，点击“确定”即可。

图 8–17

图 8–18

第七节　音频的细裁与移动

一、音频的精细剪裁（缩放显示波形）

在普通的音频剪裁方式下，若无法准确剪裁音频时，可采用此方法，将音频信号放大。

（1）波形的横向放大。在编辑器界面的右下方有“水平缩放”的快捷条，用鼠标点击按键，可以按 1 秒、10 秒、30 秒、60 秒、10 分钟的时间长度缩放显示范围。

图 8–19

对轨道的时间长度显示范围进行缩放，最大可以以帧为单位显示，最小可以把所有音频块显示在屏幕内。点按时间轴交叉处的水平缩放按键或者点按工具栏里的水平缩放按键，然后滚动鼠标滚轮进行水平缩放操作。

下图是最大水平缩放范围和最小水平缩放范围

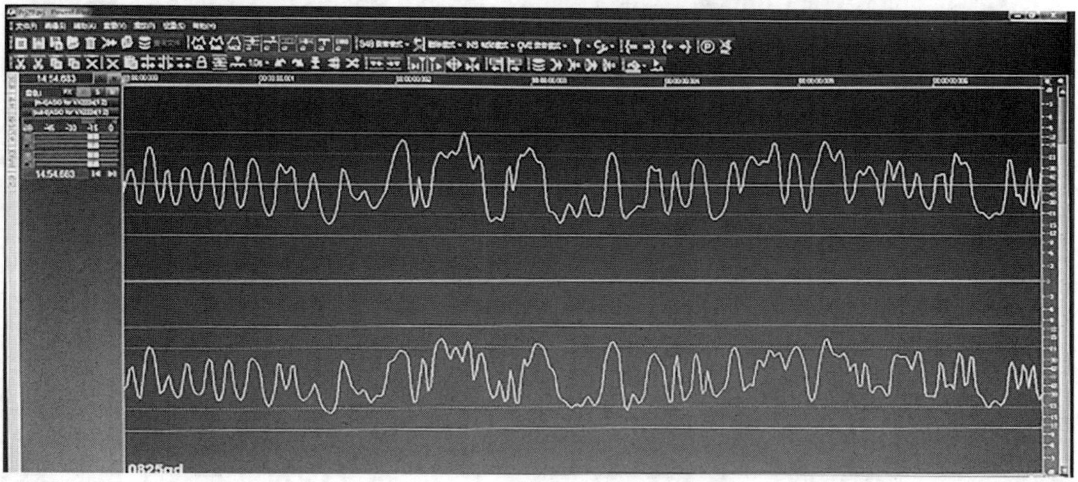

图 8–20

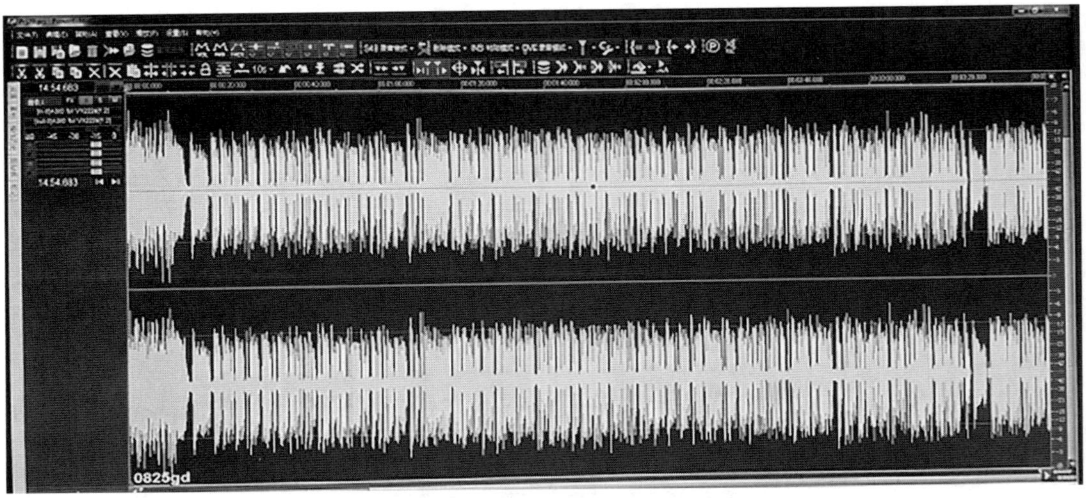

图 8–21

（2）波形的纵向放大。用鼠标左键点击编辑器右侧的“+”号（放大）或“–”号（缩小），这时，轨道可呈纵向放大或缩小。放大后的轨道选择，可使用鼠标拖动滚动条。

下图是垂直缩放最大显示范围和垂直缩放最小显示范围。

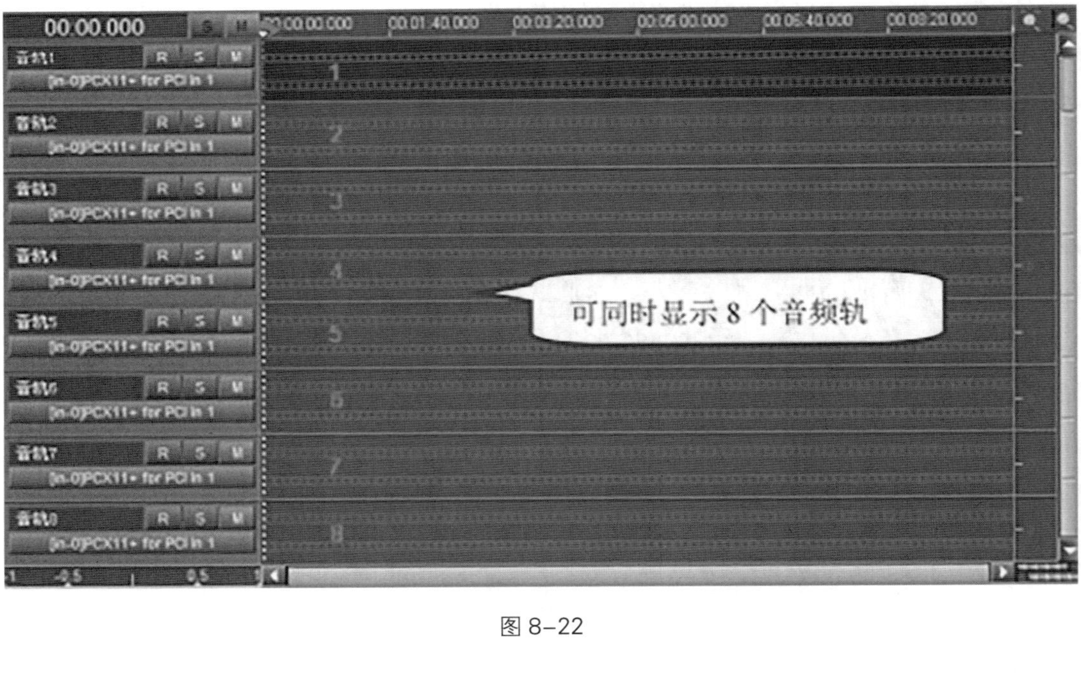

图 8–22

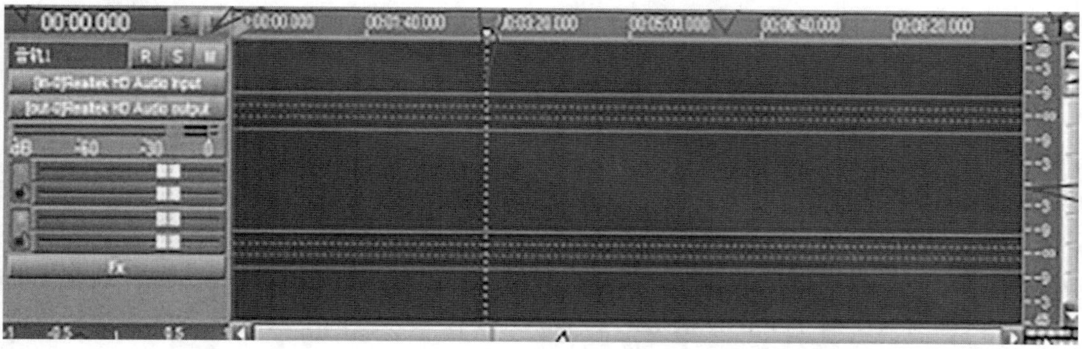

图 8–23

对轨道的显示范围进行缩放，最大可以把该音轨放大到整个屏幕只显示这一个轨道，最小可以缩小到屏幕同时显示八个轨道。在编辑器界面的下方有显示当前轨道数的快捷条，可以按 1 轨、2 轨、4 轨、8 轨显示当前窗口的轨道。

图 8–24

二、选择音频区域

选择音频区域就是指选中一部分音频，这部分音频可以只是一轨上的一块音频的一小段，也可以是多轨上多个音频的内容。

（1）用鼠标直接拖动选择：按住鼠标左键，在激活的轨上拖动，可以选择音轨上的一部分音频。

进行区域微调：按住 Ctrl 键不放，点击方向键“←”“→”，将选择区域左边界延长或缩小；点击方向键“↑”“↓”，将选择区域右边界延长或缩小。

（2）用鼠标拖动调整区域滑块：把鼠标放到时间横轴上的红色滑块上，鼠标变成拖动符号，可拖动选中音频区域。

进行区域微调：在左滑块上，点击鼠标左键使区域向左边移动，增加左边的选择区域；点击右键使区域向右移动，减少左边的选择区域

在有选择区域的情况下，把磁头线移动到选择区域的左边，点击设为选择区域的起点，是增加或减少左区域；把磁头线移动到选择区域的右边，点击设为选择区域的终点，是增加或减少右区域。

三、音频块的移动

在音频块上按住鼠标右键不放，用户可以上下左右拖动音频块到音频轨的任意位置。

（1）前后移动音频块。在进行音频剪裁时，有时需要将音频块做前后次序的调整。具体方法为：以磁头线进行分割：先选中编辑的轨道，把磁头线定位在需要移动的位

置上，在快捷键区点击以磁头线进行分割按键，以磁头线所在的位置为分割线，把音频块一分为二，成为两个单独的音频块。

（2）以选中区域进行分割。在音频块上选中一段区域，在快捷键区点击以选中区域进行分割按键，以选中区域的开始位置和结束位置为分割线，把音频块一分为三，成为三个单独的音频块。

（3）把鼠标放在选中轨道的上半部分，鼠标箭头变成小手，左键按下选中轨道的上半部分左右拖动（绿线的上面），即可移动某一轨素材。把鼠标放在磁头线定位的右边，鼠标箭头变成小手，在轨道的上半部分按住鼠标左键不放，向右拖动音频，即可将此段音频移开。

四、音频的淡入淡出

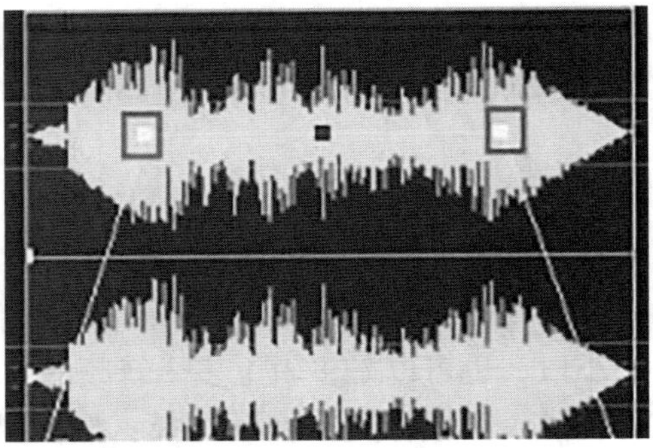

图 8–25

先选中编辑的轨道，再选中要淡入淡出的音频块，然后在音频块上拖动整体音量线两端的淡入淡出点，左边是淡入点，右边是淡出点，调整这两个点，即可实现单个音频块的淡入淡出操作。淡入淡出的音量若不理想，还可以通过调节音量标记点来实现理想的效果。一用鼠标左键在音量线任意位置双击，将打上白色的音量点，拖动音量点可以调整当前点位整体音量增益值大小。用鼠标双击音量点，将删除该点，同时拖动增减的音量会还原。

五、静音

通常情况下，剪掉一个音频块，编辑器会将剪掉后的前后音频自动连接，但如果不想将前后音频连接，而是使剪掉的区域形成一个静音的区域，此时就要使用“静音”的方法。

具体方法为：（1）先选中打算剪掉的音频。（2）用鼠标左键点击编辑工具栏的插入静音键 0.5s，静音长度程序默认 0.5 秒、1 秒、1.5 秒，或者可以自定义。

这时，所选中的音频就会变成静音的区域。

第八节　标记点的使用

在音频剪裁时，为了记住某一个编辑点，我们常常会借助于点“标记”的方法。具体为：

一、用快捷键的方式增加标记点

把磁头线定位在需要增加的标记点位置，在快捷键区点标记点键，这时，磁头线上就会出现一个标记点。

二、在录音过程中点标记点

录音过程中在需要点标记点的地方，只要按一下键盘上的 F11 键，即可在需要处留下标记点。

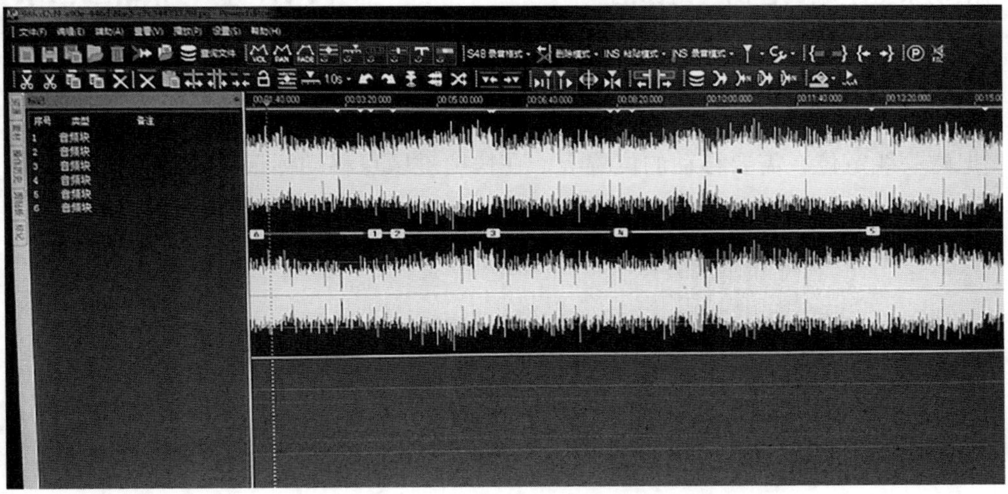

图 8–26

每打一个标记点，它们都会按数字顺序编号。

三、手动标记点的删除

先选中需要删除的手动标记点，把磁头线定位在此手动标记点上，用鼠标双击左键删除标记点。同时标记窗口也会删除记录。

四、用自动标记点来定位磁头线

先选中编辑的轨道，在“标记区”用鼠标左键单击自动标记点，即可定位磁头线。

自动标记点是由于素材的不连续而生成的标记点。如把中间音频素材删除了，前后素材的连接点会自动生成一个自动标记点，复制插入的素材与原素材的连接处会自动生成前后两个自动标记点，进行剪切、调入下一个素材、插入录音等都会自动生成标记点。

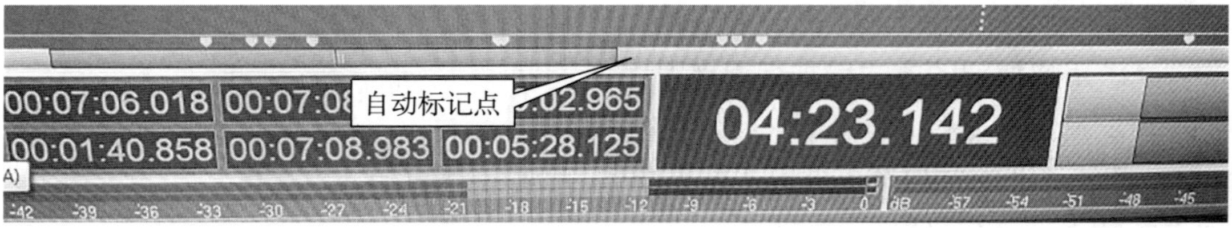

图 8–27

进行选中区域剪切删除操作、插入粘贴、插入录音操作后，程序会在操作开始位置的音频块上，生成一个黄色倒三角标记点。同时也会在编辑器下面的滚动条上生成黄色倒三角标记点。

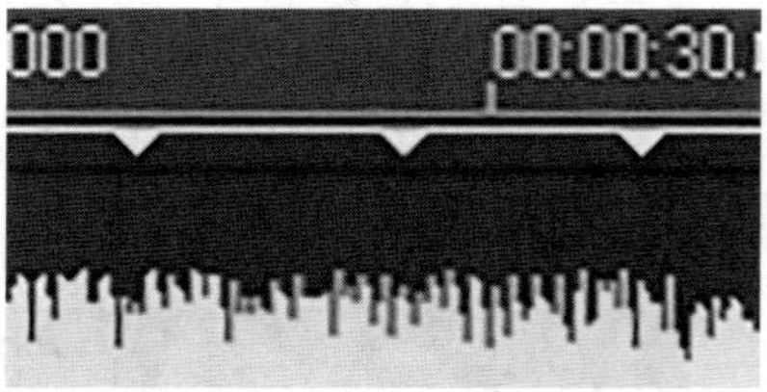

图 8–28

五、移动标记点

把磁头线定位在需要移动的位置上，在快捷键区点移动标记点到磁头位置键 。

六、用自动标记点选中素材块

先选中编辑的轨道，用鼠标左键双击素材缩小块，即可选中本素材块的范围。

第九节　素材与剪贴板的使用

编辑器左侧的管理器显示区是集中显示各个操作的窗口，包括资源窗口、素材窗口、操作历史窗口、剪贴板窗口、标记窗口。

资源管理窗口：是一个资料管理器，包括“树状显示”和“列表显示”两种方式，可以方便快捷地查看音频文件。选中音频文件，按住鼠标，将其拖动到音频轨道上，当音频被拖动到音轨后，在素材窗口里也会产生该音频文件。

素材管理窗口：用列表的方式显示用户调入编辑器的音频资料。可以显示当前素材的名称、时长、采样率、类型。如果需要在编辑的过程中再次调入该音频文件，只需在素材列表里拖动该音频到音轨，或者点击插入素材键把音频插入到选中激活轨上磁头线所处的位置。

操作历史管理窗口：显示、记录对音频进行编辑的操作步骤。可以点击任意的一条记录返回到历史操作，避免因为误操作带来的麻烦。

剪切板管理窗口：显示、记录剪切、复制的音频块。用户需要把某段剪切复制的音频块插入音轨，只需选择该音频，点粘贴键，也可以直接拖动选中音频到音频轨上；如需要删除该音频，先选择该音频，点击删除键即可。

标记管理窗口：显示、记录在编辑过程当中打的标记点。

一、素材板的使用方法

（1）自动加入到素材板：从文件调入的素材，编辑器会自动地把素材加入素材面板中。

（2）素材板的素材播放：素材面板有了素材，可以预听音频。用鼠标左键单击播放键，播放器自动播放素材。

图 8–29

（3）素材板素材的更名：用鼠标左键双击需要更名的素材的名称处，即可更名，更好名后用鼠标左键点击其他任意地方。

（4）素材板素材的删除：用鼠标左键双击要删除的素材，出现对话框，确定则删除，取消则不删除。或者直接用鼠标单击下方删除素材标签，出现对话框，提示确定要从列表删除吗，是则删除，否则不删除。

（5）把素材板的素材放入轨道编辑区：用鼠标左键按住素材的名字不放，拖到需要放入的轨道区。

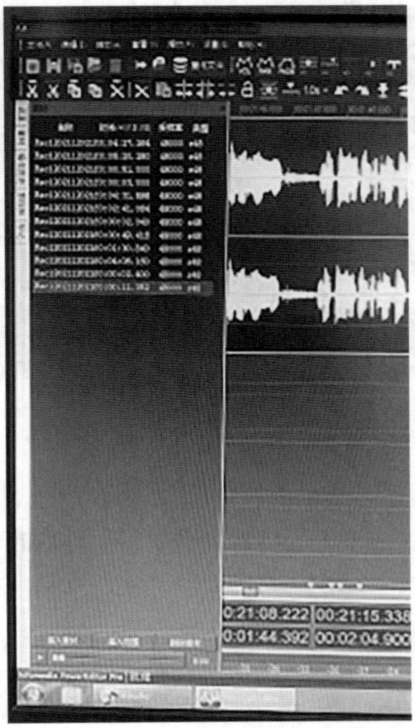

图 8–30

二、剪贴板的使用方法

（1）在轨道编辑区进行剪切、复制操作时，编辑器会自动把剪切、复制的素材放到剪贴板上。

（2）剪贴板的素材播放：剪贴板有了素材，用鼠标左键单击播放键，播放器会自动播放素材。

（3）剪贴板素材的更名：用鼠标左键双击需要更名的素材的备注处，即可更名，更好名后用鼠标左键点击其他地方。

（4）剪贴板素材的删除：剪贴板素材的删除与素材板素材的删除不一样，用鼠标左键单击选中要删除的素材，不出现对话框，直接点击下方删除标签。

（5）把剪贴板的素材放入轨道编辑区：用鼠标左键拖住素材的名字不放，拖到需要放入的轨道区。

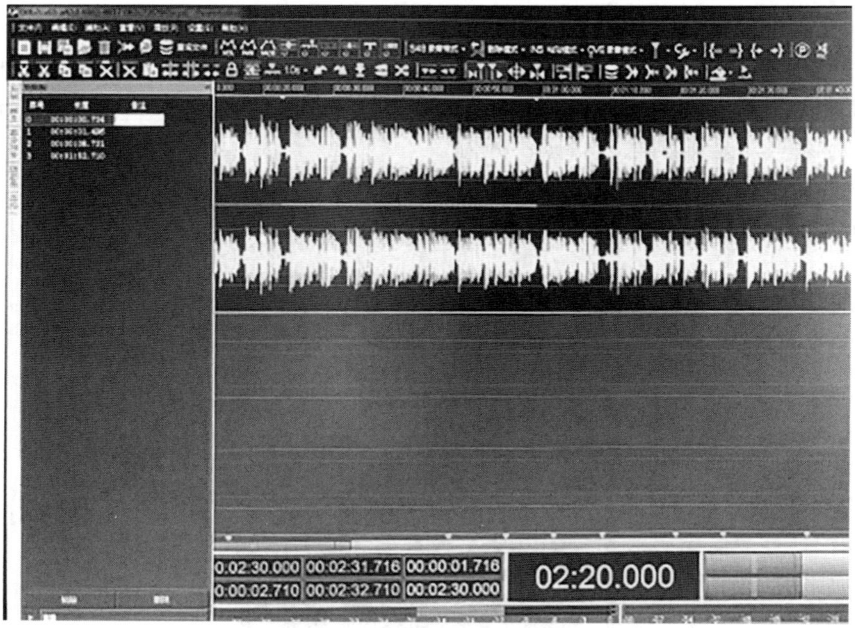

图 8–31

注意，剪贴板的默认记录为 10 条。剪切复制的音频，可以设置最大记录 50 条音频，当音频超过记录条数时，第一条将被清除，依此类推，剪贴板上的音频将被逐一删除。

第九章　广播节目的制作

广播节目的制作是指语言、音乐、音响的选配、组接以及三者之间综合处理的技巧。

在制作广播节目过程中，一般而言，在制作之前，需对节目内容做深入了解；在录制过程中，需熟练掌握传声器、调音台和电脑音频编辑软件的使用方法。只有这样，才能做出完美和谐的广播节目。

第一节　音响报道的采制要求及方法

音响报道是运用现场事件或人物自身的声音进行报道的广播新闻形式。它一般由实况音响和辅助串联语言共同构成，是当代广播新闻的主要报道形式之一，也是最具广播特点的广播新闻方式。

一、音响报道简介

1. 音响报道常用的种类

（1）录音新闻。录音新闻是把新闻事件或人物音响通过采访机记录下来，然后根据报道需要加以剪辑，并辅以记者的解释性语言而合成的广播新闻报道形式。

（2）录音专稿。录音专稿又称为录音通讯。可具体分为新闻性录音专稿和社交类录音专稿（即新闻性不强的录音专稿）。

（3）录音特写。录音特写就是特殊的录音新闻或录音专稿。

（4）连续报道和系列报道。连续报道和系列报道本身并无固定体裁，它们是一种采用其他新闻报道体裁，如录音新闻、录音专稿和录音特写等，对一个新闻事件或社会专题进行多次报道的方式。

2. 音响报道的优势

音响报道的优势在于：因为采用了新闻现场的音响，所以增强了新闻的真实性、鲜明的现场感和强烈的感染力。

3. 音响报道的题材选择

（1）要考虑题材本身的新闻价值，同时要考虑新闻现场有无合适的音响可录。在现实生活中，很多人类活动是无声的，像心理活动、脑力劳动；还有像九大艺术中的空间艺术，如建筑、雕塑、绘画等，它们本身都是无声的；多数的展览，像文物、绘画、摄影之类也是无声的。但如果有了人的因素，将以上这些无声的艺术形式通过语言进行介绍，也可成为音响报道的题材。

（2）音响报道的题材要是有新鲜独特声音的新事物。

（3）要有比较重要或特殊的意义。

（4）要有丰富的声音元素和比较活跃的现场气氛。

（5）要采用最合适的方式（体裁）来表现。一般而言，新闻短小，适宜一些动态性、新事物的报道；专稿则适宜容量较大的深度报道，展现事件的全过程；而特写则关注于一个重要事件中最有意义或最独特的某个点。

总之，音响报道要有声音；声音要独特；且与报道主题有关，即具有较高的新闻价值；还不能有太强的干扰。这样音响才能发挥独特的作用，帮助听众理解报道主题和环境，并成为音响报道的题材。

4. 音响采录的基本要求

（1）对声音形象有独到的观察力。

（2）及时捕捉典型独特的声音。

（3）抓取有特点的新鲜音响。

（4）要注意选择合适的采录现场。选择相对安静的地方采录节目，除非需要有一定的背景音响。在新闻现场采录，记者要选择和占据有利地形，选择最佳角度，把握最佳时机，尽最大努力把典型音响录好。利用会场扬声器采录音响，这是很多有经验的广播记者使用的采录技巧。

二、广播新闻的基本制作要求

相比较而言，录音新闻、录音专稿和录音特写三者在制作技术上，前者较为简单，而后两者要相对复杂一些。

1. 录音新闻

录音新闻因为短小——最短的录音新闻不超过 1 分 30 秒，最长不能超过 4 分钟（中国新闻奖的评奖规则），因此，其要求为：

（1）使用精炼的新闻语言，符合广播特点。

（2）音响不拖沓，而且要选用最能说明问题的精华部分。

（3）客观、真实，不必抒情，也不用配乐（不使用任何衬乐或配乐）。

（4）解说常由记者自己担当，也可由播音员来担任。

（5）合成与制作相对简单些。

2. 录音专稿

广播中的录音专稿同样以运用音响为特色。

录音专稿其实就是广播中带音响的“通讯”。其与录音新闻的区别主要是在长度与深度上。短的录音专稿可以是5—6分钟，长的可达20—30分钟。显然，在这样长的篇幅里，专稿所蕴含的信息量以及所报道内容的深度是录音新闻所无法比拟的。因此，有一句话可以作为二者的最好注脚：录音新闻重在报道事件的结果，而专稿则重在报道事件的过程。

今天的录音专稿，大多由播音员来播报，也有少数由记者自己来解说。

广播中的录音专稿可分为新闻性强的专稿和新闻性不强的专稿。前者被称作“新闻专稿”，后者则叫“专题报道”或“社教类专稿”。

必须说明的是，新闻性专稿和社教类专稿在采访上并无显著区别。但在制作上，二者则并不完全相同。新闻性专稿突出的是新闻性，因此音响的真实性是第一位的，换句话说，就是在新闻专稿中，绝不能使用虚拟的音效；其次是配乐的使用也要非常谨慎。

而社教类专稿，通常也不使用模拟音效，但在音乐的使用上则可相对放宽。

3. 录音特写

录音特写简单说就是特殊的录音新闻或特殊的新闻专题、特殊的专题报道。它可以分为新闻性特写和非新闻性特写。

总的来说，新闻性特写是由新闻事件中的某一个细节加以放大或强调而来。因此，新闻性特写在音响使用上与录音新闻和新闻专稿并无不同。

在长度上，短的录音特写与录音新闻相同（4分钟以内），长的新闻特写与新闻专稿相同（5分钟以上）。

而相比之下，文艺性的广播特写则有相当的宽松度，无论在音效使用上还是在音乐使用上。因此，文艺性广播特写考验的往往是广播采、写、编、播、制的综合水准。

三、广播新闻的一般采写要求

1. 音响要清晰

从某种意义上说，录音质量决定新闻的制作质量。因此，广播新闻记者必须重视录音质量。但是，录音新闻中的采访音响采自现实生活，是客观存在，有时新闻现场录音条件并不理想。因此，广播记者应更加重视录音质量，提高录音技术，尤其是要提高运用传声器的能力，使采访录音尽可能达到理想的播出标准。

2. 剪裁要精准、精炼

录音新闻要求简短、精炼。如前面已提到，按照中国新闻奖的评奖规则，录音新闻可分为“长消息”和“短消息”。后者要求不超过一分半钟（90 秒），前者要求不超过 4 分钟。因此，录音新闻中的文字与音响都必须非常精炼。

3. 文字与音响的配合要恰到好处

录音新闻的主体部分通常由解说词、音响两部分构成。因此，写作者除了要掌握一般的新闻写作技巧之外，还必须注意文字和音响之间的配合。音响和文字的关系不是简单的混合，而是有机的结合。内容上互为作用，风格上协调和谐。音响和文字互相配合，相得益彰，组成一个完美的作品。

4. 文字要讲究

广播是线性传播，具有不可逆和瞬间即逝的特点。因此广播新闻的语言必须讲究，必须要符合广播特点。

那么什么样的广播语言才是最好的语言？我们认为：只有当广播语言与人的思维与听觉习惯相一致，这样的广播语言才是最好的。

一般而言，录音新闻因为时间要求高，所以要简练；录音专稿的语言可以平铺直叙，也可以具有一定的文学色彩。录音特写的语言可以与录音新闻相同，简洁、凝炼，也可以与录音专稿相同。但不管是何种风格的语言，都要求清楚，要以能让听众听清、听明白为最高要求，其次是要有感染力。

四、广播新闻节目的一般制作要求

1. 音响使用要真实

录音新闻中的音响必须是真实的，是记者采访所得，因此，录音新闻中不能配音效。

2. 剪裁要精准

制作录音新闻时，要细听采访音响，特别是人物讲话的语气、内容、情绪等，以便使剪裁更加精准。

3. 衔接要自然流畅

录音新闻中的解说部分与音响部分，衔接要自然、流畅，平接不能突兀，压混要适度，听着要舒服。

4. 解说音响与采访音响，音量要尽可能一致

由于新闻现场的情况各异，导致采访音响有大有小，但在制作时，要运用制作技巧，尽可能使其保持一致。

第二节　音响报道的一般制作技巧

广播中音响报道有的采取直播方式，有的采取录播方式。这里侧重介绍采用录播方式制作的技巧。

一、用音响开头——符合广播先声夺人的特点

广播录音新闻的开头方法，通常是在导语后，先出现场音响，再出解说。这样的新闻开场方式，开门见山，很有广播特点。

例如录音新闻《鲜花和掌声背后的艰辛》（中央台 2012 年 2 月 25 日播出）：

女播：昨天，中央台记者陈新来到解放军三军仪仗队，采访了他们在鲜花和掌声背后的艰辛付出。请听报道：

【采访音响】口令声：向右看齐！（脚步声，压混）

记者：昨天的北京，阴冷异常……

上例中，新闻主体由口令声开始，引出后面的报道。

这样的开头方式，是典型的广播录音新闻的开头方式，很有广播先声夺人的特点。

采用这种方式开头时需注意两点：

（1）抓住最能体现本条新闻内容或特点的现场音响。

（2）音响时间不能长，最多 3-4 秒钟，然后立即压混，出解说。

二、用语言开头——注意不要“皮厚”

录音新闻的主体部分，也可以采用语言解说开始的方式，但要注意，采用这样的开头方式，解说不要过长，否则会有“皮厚”之嫌（就像吃包子，半天吃不到馅儿）。

三、音响的剪裁技巧——避免“突兀”

导致音响剪裁突兀的原因很多。

有的是因为记者录音不当，例如开机不及时，或在不该停机的时候停机，导致出现半句话。也有的是因为剪裁不精，导致音头或音尾少半个字，听着有些“愣”。

要减少录音音响中声音的“突兀”现象，一是要提高录音技巧，二是剪裁要精心、仔细、认真。

四、主述音响与背景音响混响技巧——比例要适当

很多记者为了突出录音新闻的现场感，在解说新闻时，喜欢将背景音响衬托其中。这是应该肯定的。但必须注意二者的比例，也就是说，背景音响不能声音过大，甚至和主述音响并驾齐驱，大有一争高下之势。这样就喧宾夺主了。

通常情况下，主述音响如果在 0dB 的位置，那么，背景音响的位置应该在 20dB-30dB（即减少 20dB-30dB）。

五、音响的修补技巧——巧妙替代法

新闻现场采录到的音响具有唯一性和不可重复性，一旦错过或没有录全将无法弥补。

另外，有一些音响因说话人有口音，很难听懂。

在这种情况下，可采用解说修补技术。具体做法是：在需要使用音响处先出一段重要关键的音响原话后便压混，用解说来替代其内容，并将音响衬托在后面来印证其真实性。这样，既将音响内容传达出去，弥补了音响质量的不足，又传达了音响自身的内容，同时也可以提高新闻报道的真实性和可信度。

要使解说和音响结合好，解说要和音响和谐统一，要和音响的情绪、风格一致，而不是简单地重复音响内容。要注意它们之间的衔接问题，衔接巧妙，音响报道就会浑然一体；衔接不自然，就会显得松散、混乱。

六、音响剪裁的“留气”原则

录音新闻因为时间限制，特别是“短消息”，时间不得超过 1 分 30 秒，于是，有的记者在制作时，为压缩时间，将音轨上所有空隙处都剪掉，导致新闻中的解说听起来像是不喘气一样，十分别扭。

其实，正常人的讲话是有逗号有句号，也就是有停顿的，而且有的停顿短，有的停顿长。因此，正常的讲话在音轨上留下的波形，就会出现一些空隙，如图 9-1 所示。

广播不像电视，剪裁时不需考虑画面会不会出现“跳”的问题，因此，可将一些讲话语速慢、间隔较大的缝隙适当剪掉，但必须注意，不能破坏一个人正常的讲话节奏和正常停顿，如图 9-2 所示。

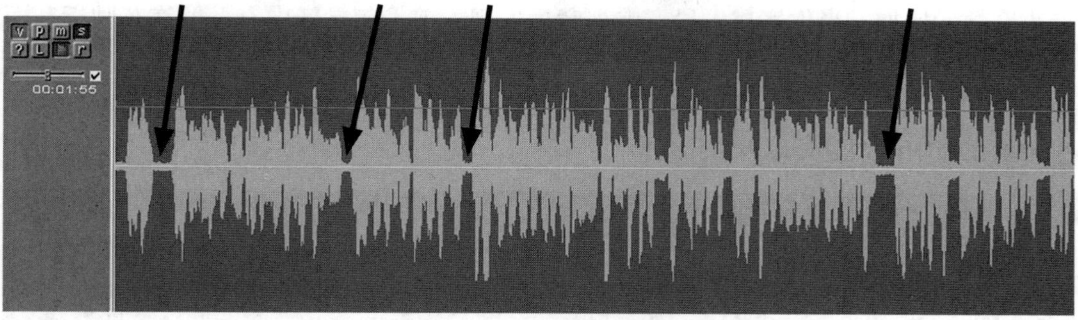

图 9–1　有气口的录音

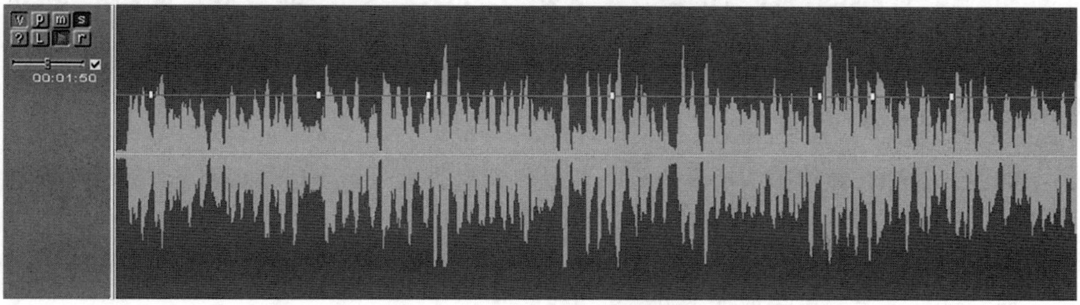

图 9–2　没有气口的录音

因此，要想将录音新闻做得短，应在语言和音响的精练首选上下功夫，而不要在压缩语言的喘气时间上动脑筋。否则，做出的新闻会给人一种“掴气”之感，听着很难受。

七、解说技巧

录音新闻的制作往往是由记者独立完成的，无须求助专职录音师。而很多广播记者并不十分讲究传声器的使用，以为只要准确表达稿件内容，在录音过程中没有播错就行。也有的记者，觉得离传声器近一些，自己的嗓音听上去就会感觉厚实一些、亲切一些，于是就很喜欢和传声器“零距离”。岂不知这样录音的结果，很容易导致“近讲效应”：一是造成音响低音过重，使一部分声音模糊不清；二是易“喷话筒”。因此，作为广播记者，还是应适当了解传声器性能，并掌握一定的录音技巧和原理，这样才能提高录音质量。

八、避免背景音响“跳跃”的技巧——背景音响修补

广播记者在新闻现场录音采访时，对新闻现场所出现的各种声音干扰是无法控制的，因此在录音时会遇到很多意想不到的情况，有的干扰会给后期剪裁与制作造成一

点小麻烦。比如，当你完成一段音响剪裁后发现，前一句录音中有一辆汽车驶近，而后一句中突然非常安静。此时，如不采取措施进行“补救”，听众就会听出“问题”，继而会产生疑问，甚至会怀疑新闻的真实性。因此，为了不破坏新闻的真实性，就需在背景音响中断处进行修补。

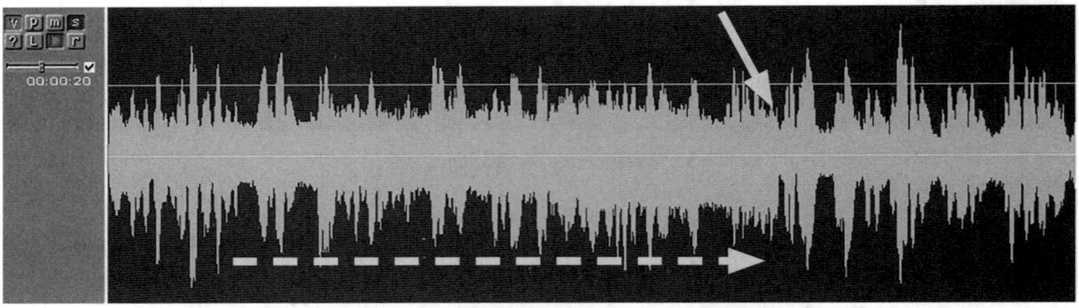

图 9-3　背景音响中断

如图 9-3 中，虚线箭头所示之处，背景声音量很大（音频信号很粗），而由于内容需要，这里被记者剪掉了一部分录音，那么，在接下来的录音中，就会出现这样的情况：背景音响中的噪声突然消失（实线箭头所示之处，很粗的背景声音信号突然变细）。

遇到这种情况，可采取如下办法：

第一步，就近复制前面音响间隙中的一小段背景音响（就近复制是因为相距最近的声音才和断点处声音最接近），然后用多次拷贝的方法，复制到另一轨上，并与背景音响缺失处对齐。如图 9-4 所示：

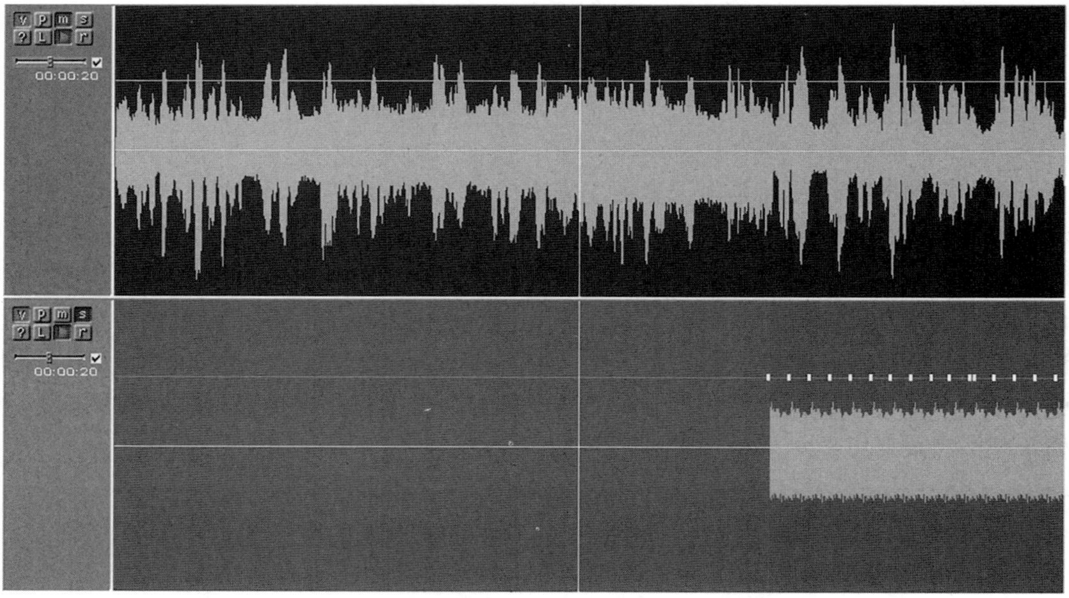

图 9-4　用复制粘贴法补充背景音响

第二步，将复制好的背景音响做“淡出”处理（注意“淡出”要自然）。之后将前面两条音轨控制区的键全部抬起，使两轨均处于“放音”状态，然后播放，听一下两轨合成效果。

第三步，如果效果满意，即可以合成，完成修改。

九、合成技巧——讲究整体效果

在录音新闻的制作过程中，要讲究各部分音量的协调，不能解说音量大，采访音量小，或反之。而且，解说与音响之间的间隙要适当，不能间隔过远，也不要连接过紧，给人喘不过气之感。

十、充分利用数字技术——用好多轨合成技巧

今天的数字音频制作技术，不仅实现了音频剪裁时的可视、无损和精确，而且腾挪拆分自如，使声音变换无穷。

因此，我们要充分利用好数字技术，利用好“工程文件”的保存方式，一些重要的文件，例如重要的报道或片头等，不要轻易合成（一旦合成即无法再分轨修改）。这样，就可以为反复修改留下余地。

下面以两篇新闻的制作为例，来看看录音新闻的制作方法。例如《信阳农民工在汉看病可直接享用医保》（武汉台，2007 年 11 月 18 日播出，第 18 届中国新闻奖二等奖）：

> 播音员：今天上午，河南省信阳市与湖北省新华医院签署协议，信阳市所属的八县两区参加新型农村合作医疗的农民在武汉看病，可以直接享受信阳当地新型农村合作医疗的待遇，湖北省新华医院因此成为湖北地区第一个受理异地新型农村合作医疗的定点医院。请听武汉台记者苏红、吴凯、李高翔的报道。
>
> 记者：河南省信阳市在武汉地区务工的农民有 30 多万人。过去，一些参加了新型农村合作医疗的农民工在武汉看病的医疗费经常是自己先垫付，然后再返回家乡报销，因此他们当中一些生活并不宽裕的人只能是大病扛，小病拖。实行定点医院后，信阳农民工在武汉看病，凭新型农村合作医疗证和身份证，就可以在湖北省新华医院，按照信阳当地的标准，只付自己应该支付的费用，余下的医疗费，由湖北省新华医院垫付后，再与信阳市结算。湖北省新华医院院长屠远超说：
>
> 【音响】我们现在已经跟信阳新农合的管理部门联网，所有的数据都是实时的，它可以监控我们的运行。
>
> 记者：从河南信阳莽张乡来武汉打工的喻福林昨天慢性阑尾炎发作，考

虑到手头经费较紧，而且在武汉看病的费用难报销，准备回家乡医治。出发前，他意外获知，信阳籍农民工在湖北省新华医院看病可以直接报销，于是他选择了留在湖北省新华医院实施阑尾手术，躺在病床上的喻福林告诉记者：

【音响】应该是大大减少了报销过程中的一些环节，这边的费用呢，这边处理完，直接报销，健康出院，后面的事情全部解决。这是一个好政策。（音响止）

广播录音新闻，需制作的是导语后面的新闻主体部分（导语部分写好后，在播出时由播音员来播报）。

而上面这篇录音新闻，如果分开来看，主体部分只有两段文字、两段录音。制作时，只要将文字部分的录音，与事先剪裁好的录音进行简单拼接，就可以迅速完成。因为上述新闻的音响与解说部分无重叠，无压混。这样的录音新闻制作起来比较简单。

而有的录音新闻在制作上则要相对复杂。例如《新春走基层：用柔情温暖民心的站区女警》（2013 年 2 月 15 日，天津生活广播）：

导语：在客流涌动的天津站前，穿梭着一支女警巡逻服务队，这些平均年龄只有 26 岁的姑娘，用高度的责任心和亲和力，赢得了八方旅客的交口称赞。春节期间，记者走近了这些女警，请听天津生活广播记者赵磊、郑瑾尧的报道。

记者：大年初五，春运迎来第一波返程客流高峰。中午 1 点 30 分，女民警张莹匆匆吃了口汉堡，就回到了巡逻的岗位上。

【现场音响】（张莹回答乘客提出问题）从南进站口进去，然后上二楼……（压混）

记者：从东站后广场穿过地下广场往前广场走，将近 30 分钟的巡逻路程上，她被问询的旅客拦下了十三次。

【现场采访】:（记者）不光是被动地接受别人求助，是吧？（张莹）对对，外地人到了一个新的地方，他的眼神都会挺迷茫的，我们看见了也会过去问问他们需不需要帮助。（对旅客）大爷，您要什么呀？（压混）

记者：刚到前广场，张莹远远就望见一位白发老者，手里没提任何行李，目光有些呆滞地站在售票大厅门口。张莹赶紧上前询问老人是否需要帮助。原来，这位老人从湖北襄樊的老家走失多日，辗转到了天津，此时，他不仅没有家人的联系方式，而且身无分文。但让张莹有些意外的是，老人手里拿着一张当天下午 4 点、从天津发车到郑州的车票。

【现场音响】他想去湖北，但是他的票是到郑州的，那谁给您买的票？（压混）

记者：经过反复询问，张莹得知，这张车票是一位好心市民用自己的身份证替老人购买的，但这趟列车是否途经襄樊呢？张莹马上向天津站的值班站长进行确认。

【现场音响】(值班站长)没有襄樊站，是襄阳站，过了郑州两站地才能到襄阳。(张莹)好的，那您这票就买对了，大爷。

记者：张莹知道，虽然老人手里的车票没错，但票面上的身份证号码与他本人的身份证号不符是无法登车的，而且，老人自己的身份证也没有带在身上。此时，距离检票时间越来越近了，老人的情绪更为焦急。

【现场音响】(大爷)我三天三夜没睡着觉了。(张莹)您别着急，今天肯定能让您回家，别着急……(压混)

记者：张莹再次跟票务人员进行协调，值班站长说，只要能确定老人的身份证号，即可打印临时身份证，退票之后重新购票。于是，张莹和记者一起又对老人的姓名、出生年月、家庭住址等信息进行反复询问、核实。

【现场音响】(张莹)：具体的地址您能说清楚吗？(大爷)我不会写。(张莹)我写您认得吗？(大爷)我不认识。(记者)那您的名字，叫什么？(大爷)吴兆富。(张)怎么写，一个口一个天的吴是吗？(大爷)对，口天吴的吴……(压混)

记者：最终，张莹通过公安户籍信息管理系统查找到了老人的身份证号，并为他办理了打印临时身份证和退换票的手续。同时，张莹还启用了她们女警巡逻队自发建立的紧急救助金，为老人买了水和面包。

【现场音响】1122，您到了郑州别下车，您问一下乘务警，这个票可以到您家。记者：到了郑州您别下车，往前两站才到襄阳。

记者：下午3：40分，看着老人顺利检票进站，张莹和记者才算松了口气。

【现场采访音响】张莹：出门在外挺不易的，只要人家有需要，我们能帮就帮。我们也挺自豪的。

记者：在42万平方米的天津站，哪里有需要，哪里就能看到女警们的身影。从2008年组建至今，女警巡逻队累计为群众解决难题47000多件，这支平均年龄只有26岁的队伍，不单是天津站前一道靓丽的风景线，更是一个实实在在为百姓服务的流动岗。

上例中，采用简单的拼接方法显然不行，因为音响的使用不是简单地你出我进，而是有很多交叉、重叠。而且，有的音响是“前揣手”(音响提前出现)，有的则是“后揣手”(音响向后延续)，因此，这样的新闻作品制作起来就要麻烦很多，对编辑记者的制作技能要求也要高很多。

第三节　专稿与特写的制作方法

一般来说，录音专稿和录音特写的制作方法，与录音新闻没有根本区别。因此，我们前面讲到的关于录音新闻的制作手法，在本节中都适用。

当然，录音专稿与录音特写毕竟是一种容量较大的广播报道体裁，语言的表现力较强，音响的使用相对丰富，制作手法也更多、更讲究。概括起来，有如下几种：

一、用音响来还原新闻现场

在录音新闻中，新闻的使用常常是一段一段的，被文字所隔断。而有的新闻特写，为了突出新闻现场感，音响往往不是时断时续，而是持续不断的。例如录音报道《见证生命的奇迹——69名矿工兄弟成功获救现场直击》（河南台2007年8月1日播出，获第18届中国新闻奖二等奖）：

（现场音响，声音持续）

记者：听众朋友，这里是发生“7.29洪水淹井事件”的陕县支建煤矿，现在是上午10点半，由于井下救援顺利，已经被困76小时的矿工们即将升井，在这动人心魄的时刻，国家安监局局长李毅中、河南省委书记徐光春、省长李成玉、国家煤矿安全监察局局长赵铁锤等领导都聚集在出井口，救援人员、武警、民警、医务人员与媒体记者也都紧张地等待着即将脱困的矿工，小小的井口承载了太多的期望。

【音响】（有人呼喊）请大家让开通道！让开通道！……（音响持续）

记者：11点38分，双眼蒙着黑布，身上还沾着煤灰和泥浆的蓝建倪第一个出现在井口，现场顿时响起一片掌声和欢呼声。（掌声）此时，距蓝建倪和他的68名兄弟被困井下已经过了76个小时，极度虚弱的他深深地吸了一口新鲜空气，面对里三层外三层的救援人员，感激得将要双膝跪地，国家安全生产监督管理总局局长李毅中、河南省委书记徐光春、河南省省长李成玉，马上迎上前去，几双温暖的手一起托住了这双沾满泥浆的手。

【现场领导慰问获救矿工的音响】……

记者：紧接着，第二位、第三位，被困的矿工们陆续升井，12点54分，69名被困矿工中的最后一位，井下采煤队副队长曹百成在两名救援人员的搀扶下走出井口，这时，现场再次沸腾！（掌声）都上来了，一个都没有少！喜悦混同着感动，多少人的眼泪和笑容一片模糊……

这篇录音报道抓住了69名被困矿工成功获救出井的那一激动人心的时刻，将这一细节“放大”，还原了新闻现场，可以说是一篇很好的新闻特写。

在报道中，记者为了真实再现新闻场景，将现场音响做了精心修剪，然后衬托在记者的讲述之中。其中，当记者讲述到第一位矿工出现在井口和最后一名矿工走出井口，现场的欢呼声和掌声都与记者的讲述遥相呼应。显然，这是和记者对音响的成功运用和精心“对位”分不开的。

像这样运用新闻现场真实音响来烘托现场气氛，甚至来营造紧张氛围的，在新闻特写中还有很多。例如在写天津残疾运动员孙长亭在2008年残奥会火炬点火仪式上，面对意外沉着冷静，将意外成功化解的新闻特写《那一刻，火炬没有点燃》中，背景音响的运用就更加细腻：

男播：听众朋友，2008年北京残疾人奥林匹克运动会开幕式万众瞩目，在残奥会圣火传递的过程中，一支没有点燃的火炬险些成为整个开幕式的败笔，但是天津籍火炬手机智果敢，化险为夷，使开幕式得以顺利进行，也维护了祖国的荣誉。请听生活广播记者尚勤、崔昕昕的报道。

【现场音响】（胡锦涛主席原声）：我宣布，北京2008年残奥会开幕！（欢呼声，声音持续）

女播：这是国家体育场鸟巢里激动人心的残奥会圣火传递仪式。

【残奥会现场主持音响】欢迎残奥会圣火入场！（现场观众欢呼声，声音持续）

女播：起跑，150米，100米，50米，近了、更近了（现场音响：张海东点燃了残奥会田径金牌获得者孙长亭手中的火炬），第五棒火炬手，来自天津的肢体残疾人孙长亭将要和第六棒火炬手、患有视力障碍的平亚丽完成火炬对接。

【孙长亭讲述音响】这棒搁在第五棒是一个承前启后的作用，我是整个这个火炬控制时间的人。

女播：在众人的注视下，装着假肢的孙长亭高举火炬，步履轻快。很快，他将把火炬传给第六棒火炬手平亚丽。

【音响】我预演时就告诉她：亚丽！离10米我就喊你了，结果这次我离10米我就告诉她，亚丽，我过来啦，做好准备。她“啪”就往那个预定的位置走。

女播：听到孙长亭的呼喊，平亚丽在导盲犬的引领下，手持火炬逐渐向跑道靠拢。当一切都按原计划有条不紊地进行时，突然，意想不到的一幕发生了。

【音响】我就盯着这火炬，一二三没反应，我差点都没堆乎那儿。懵了，当时！

女播：火炬没着！刚才的步骤迅速在孙长亭的脑海中闪过。

【音响】这我们都训练过，火炬点时夹角60度！那个夹角我做的是非常标准的，我心里数一、二、三，准着！

女播：时间一分一秒地过去，孙长亭在飞快地思索着！

【孙讲述音响】气体喷的声音没有，我那阵儿就感觉到不对了。

女播：因为现场的声音嘈杂，孙长亭不敢完全确认自己的判断！在怀疑与侥幸当中，孙长亭开始第二次对接。

【孙讲述音响】又数了一二三，又没着！

女播：孙长亭最担心的情况再一次出现了，怎么办？怎么办？而此时，孙长亭戴着的与总控保持联系的耳麦里也一直没有传来任何声音，很显然，现场指挥也被这突如其来的场面惊呆了！

【孙讲述音响】我看领导，我听指令，我求你们，快给我指令我怎么做，一句话也没有！

女播：此刻，全世界的目光都集中在孙长亭的手中。亿万观众的心都跟着悬了起来！

【孙讲述音响】我说句白话，我那阵儿脑子是非常清楚的，我已经在考虑处置的方法了。第二下就想换！

女播：第二下就想换！换什么？换火炬！孙长亭在瞬间做出了这样的决定，但与此同时，危险也相应而生！首先，平亚丽并不知道发生了什么事情，她要是不撒手怎么办？即便撒了手，她要是不接孙长亭递过去的火炬怎么办？万一没有拿稳火炬，掉在地上怎么办？再者，站在孙长亭右侧不足百米的地方，还有一些扛着摄像机、举着照相机的各国主要媒体的记者！

【孙讲述音响】就我这面的记者是聚集世界，所有的记者都在那个位置上了，这些人都是鸡蛋里惦着挑骨头的！

女播：短短几秒钟里凝聚了太多的疑问与顾虑！不能再等下去了，孙长亭果断地做出了最后的决定！

【孙讲述音响】我就说事不过三,一二三，还没有，直接就换。

女播：拿火炬！递火炬！换火炬！成功！

【音响】我一直没有告诉平亚丽没点着！结果我一拿她火炬的时候她特别听话地把手撒开了，我把火炬一给完她之后，她特别听话地把手攥上了！嘿！我说这个配合是很快啊！我说亚丽上！（掌声）

女播：此刻的孙长亭拿着整个奥运火炬传递中唯一一支没有点燃的火炬走下了跑道！

【音响】到了休息室，好多运动员都过来抱起我来："哎呀！长亭，你拯救了这次火炬传递的仪式"！

【现场音响】:(《国歌》响起，压混）

女播：残奥会开幕式结束之后，孙长亭受到了广泛赞誉。

【孙讲述音响】我今天慢慢感觉到，就那一瞬间，真是世界瞩目啊！(《国歌》声扬起，掌声、欢呼声）

此例中，孙长亭与平亚丽的火炬交接只是很短的一刻，发生意外时，双方并无任何语言交流，因此，现场无任何语言音响可借用。在制作时，作者发现火炬传递仪式现场的音乐很好，是一种颇能体现残疾人顽强拼搏的人声"呐喊式"音乐。制作时，只要精心对位，就能衬托出孙长亭和平亚丽火炬交接发生意外时的紧张气氛。于是，作者将现场背景音响与孙长亭的讲述做了精细"对位"。例如，当孙长亭讲到"当一切都按原计划有条不紊地进行，突然，意想不到的一幕发生了"时，背景音响"正好"

也行进到最紧张之处；而当孙长亭讲到：“嘿！我说这个配合是很快啊！我说亚丽上！”时，现场掌声响起。这里，作者对现场音乐旋律特点做了仔细研究，然后仔细选择，准确“对位”，最终在保证内容不失真的前提下，完成了制作。

如何使用好现场音响的衬托、铺垫，应做好以下几点：

（1）要对现场音响反复审听、准确理解，这是制作的基础。

（2）将音响的关键点与解说或讲述的关键点准确对位，即用背景音响“制造出”一种音响的“峰”或“谷”，从而使背景音响有了起伏，也有了内涵。

（3）采用重复技法，处理好“音谷”。将“音峰”确定后，很可能会发现背景音乐的长度不够，无法完全陪衬“音谷”，因此需要采用复制、粘贴的方法，使这种“音谷”得以延续。这里，要制作得“天衣无缝”显然是关键。

二、用语言与音响之间的逻辑关系来进行连接

在录音新闻中，音响的使用通常都是先出介绍性语言，再出相关音响。这种音响间的连接比较直接。例如：

记者：上午召开的海尔集团创业20周年纪念大会上，海尔集团总裁杨绵绵向与会代表宣布，2004年海尔全球营业额突破1000亿元。杨绵绵说：

【录音】海尔在中国家电市场的整体份额已经达到21%，在白色家电市场份额已经达到34%，大大超过了国际公认的垄断线，海尔在小家电市场上后来居上，已经超越小家电传统强势品牌而位居第一。

——《20年，1000亿，世界的海尔》（中央台）

这是最常见的表示“说”的连接方式。

播音员：匆忙赶到的颜昊、颜旻两兄弟先拉开一辆出租车的车门，把趴在方向盘上已经昏迷的驾驶员拉出来，送到安全的地方。紧接着，又跑向另一辆正在燃烧的出租车。颜昊：

【音响】跑过去以后，发现那个车已经变形，司机已经昏死过去了，怎么拍也拍不醒……

——《生死营救三分钟》（内蒙古台）

这是省略了“说”，但依旧表现“说”的音响连接。

记者：新联想董事局主席杨元庆表现得十分冷静。

【音响】IBM来跟我们谈是三年以前，但是我们真正把它想清楚是过去一年的时间，我们觉得呢，联想对于这个行业的规律还是有着非常深刻的认识，我们已经积累起了能够和世界一流企业相接轨这样一个管理机制和文化氛围。

——《联想收购了IBM个人计算机业务》（上海东方台）

播音员：红星西进的成功经验和战略眼光，使国家经贸委产业政策司副司长李寿生十分感慨。

【音响】我觉得红星的实践，不仅是西部大开发的先行者、开拓者、创新者，而且呢，走出了一条企业增长方式转变的新路，对于整个国有企业的改革和发展也有着普遍的指导意义。

——《红星西进之后》（青岛台）

这是用情绪、心境替代“说”的音响连接。

记者：60多岁的李泰荣老汉在胜利村是上等户，记者来到了李泰荣的家。

【音响】

记者：大爷，您是村子里有名的蔬菜大户，今年能收入多少钱啊？

李泰容：1万多块钱儿。我一家是6口人，10来亩地儿，人均收入也就是2000多块钱儿。（音响止）

——《令人生厌的双亿元村》（黑龙江台）

播音员：会议准时在上午9点开始。9点48分，省教育厅厅长郑德涛正在分析农村教育存在的突出问题，抬头一看，会场竟然有几个人睡着了。

【音响】这后边的同志还有睡觉的，我说你如果觉得这个会不重要，你们就可以出去，不用在这浪费时间，因为省政府召开这个会是很重要的，如果不感兴趣，可以自便！

——《教育资金滞留挪用严重，财政局局长却在全省教育会议酣然入睡》

这是用动作代替“说”的连接。

播音员：面对重重困难，红星何去何从？

【音响】“不管多困难，只要精神不滑坡，办法总比困难多。”

——《红星西进之后》（青岛台）

播音员：许振超平时爱问的一个反问句就是“怎么不行？”

【音响】（许振超）：嗯，就是，怎么不行？你说我不行，哪里不行？我给你解答。你们都不能干，我干，我干就不能停。

——《好工人许振超》（中央台）

这是用疑问代替“说”的音响连接。

而在录音专稿和录音特写中，我们时常会看到，一些在话语之前起引导或关联的字眼都没有了，二者的连接变得更加含蓄，也更凝练，更有韵味。如：

（音乐起，压混）

男播：2004年的秋天，一个叫田世国的普通人深深地感动了我们。

【音响】田世国是让我从内心里感动吧。

男播：捐肾救母，演绎了一段感人至深的人间真情。

【音响】把母亲救过来，只要母亲活着，就是完整的一家人。

——《爱心编织的谎言》（山东台）

（堂倌音响）欢迎光临，茶馆蓬荜生辉！

男播：它是京味文化的立体博物馆，它是连接中外友谊的桥梁。从十几年前的惨淡，到连战访问大陆后的火爆，老舍茶馆是凭借什么完成了文化的坚守？

（尹智君的声音）一杯茶对于我，是家、是爱，是中国。

男播：女承父业，经济效益能否与名气同步攀升？《父女两代的茶馆传奇》，天津生活广播正在播出。

（音乐延续，止）

——《父女两代的茶馆传奇》（天津生活台）

这样的连接方式经常出现在新闻专稿或广播特写的“片花”之中。这在录音新闻中是见不到的。

采用这种方式进行连接与制作，需要制作者精心选择音响，很好地构思，选用适当的音乐，然后精心合成才能完成。

三、用音响来转换场景或转换叙述角度

在录音专稿或艺术性较强的特写中，音响常常被用来转换场景或转换叙述角度。如：

男播：来自香港电台的记者汪敏曦。

【音响】多国的海军参与中国的一个阅兵仪式，也显示到我们的国力是逐渐地在增强，作为中国人，也作为港澳媒体，感到非常自豪。

（音乐起，出海浪声，压混）

男播：大海滔滔，世界上很少有哪个国家像中国这样，在海军身上记载了一个民族荣辱兴衰的全部历史。从19世纪中叶到新中国成立，中国遭受帝国主义列强海上入侵多达80多次！几乎所有的岛屿都遭到过列强的践踏，几乎所有的港湾都悬挂过侵略者的强盗旗……

——《蔚蓝大海敞开和谐怀抱》（青岛台）

这里，海浪声的出现与前面香港电台记者的讲述无关，而是为了引出后面的叙述：作者感慨中国因贫穷落后，历史上曾屡次遭受海上入侵。这里的海涛声，显然很好地引出并衬托了后面的讲述。

女播：五星红旗迎风飘扬，胜利歌声多么响亮！这是一支在中国人心底里激荡了57年的歌。世界上有华人的地方就有她的旋律在唱响，在无数次令人激动的伟大时刻，她让人热血沸腾，热泪盈眶，这首《歌唱祖国》的词曲作者，就是深受人们尊敬和爱戴的人民艺术家王莘。怀着对祖国、对五星红旗的无限热爱与眷恋，王莘走完了89年不平凡的人生道路，为祖国、为人民留下了一份宝贵的文化遗产和精神财富。

（音响：枪炮声，压混）

男播：王莘出生于1918年，他的童年生活饱受战乱之苦，在枪炮与硝烟中经受着民族的苦难……

——《永远歌唱祖国》（天津台）

这里的枪炮声与前面的内容无关，目的是引出后面关于王莘生平的讲述。这样的制作方式，在录音新闻中比较少见。

四、用音响来造势

在一些录音专稿或大型报道中，常常使用音响来制造声势，或体现报道所产生的影响。如：

（音乐起，压混）

各位听众，我是中央台记者张建峰，我和中央台驻重庆记者邓和春在丰都向您报道。

各位听众，这里是重庆奉节白帝城，我是记者聂巧，我和中央台记者吴西伟正在这里为您做现场报道。

我是中央台记者吴善阳，我现在是在上海市青山区为您报道这里的三峡移民的生活情况。

各位听众，我是中央台记者刘战，我现在是在重庆巫山县小三峡的峡口向您报道。

各位听众，我是中央台、湖北台、海峡台三台联合直播记者冯艳。

听众朋友，我是海峡台记者柳林南。

（音乐止）

——《超越梦想——三峡导流明渠截流二期工程》（中央台、湖北台、海峡之声）

这里的音响，就像我们写作时使用的排比句一样，一个一个紧密相连，形成了一种气势。

【音响】田世国是让我从内心里很感动吧，能这么平静和乐观。

【音响】我儿子看了以后也很激动：妈妈，你将来需要什么，我都献给你！

【音响】对孩子也是个教育，对老人吧，也是一种欣慰。

——《爱心编织的谎言》（山东台）

这样的音响连接，意在表达一种观点的认同，或者是传媒所造成的影响，令人觉得颇有力度。

五、用音响来形成强烈反差或对比

在录音专稿或录音特写中，音响如果使用得好，会产生一种强烈的对比效应。如：

女播（妻子日记）：2008年5月16号，今天该进四川了。都说蜀道难，难于上青天，再加上地震，一看电视里那些弯弯曲曲的盘山路我就出汗，开车咋走啊，底下都那么深！老周跟我说，他们是到四川了，但离震中还远着呢！除了有点高原反应，一切都正常。哎呀，实在不行，把东西交给解放军就回来吧！

【音响】（周）：开弓没有回头箭！我们山东人就是这么个性格，从来也没后悔过！平常司机也跟我讲，他俩从来没打退堂鼓！

——《入川日记》（黑龙江台）

这里，妻子的温柔与丈夫的坚忍不拔形成了强烈对比。

【音响】（田世国）：如果换完肾以后比较顺利，后期排异非常低，效果好，就不让她知道，永远地是个秘密吧，让她以为是哪个尸体移植下来的。

【音响】（母亲）：你说奇迹吧？眼看就要死的人了，这命一下子活过来，你说这个心情用言语怎么个表达法？我还得感谢那个给我捐肾的那个（尸体），我说，你活着时，你干坏事不干坏事我不知道，你死了以后，对我做的那么大的贡献，我说我感谢你啊！

——《爱心编织的谎言》（山东台）

这里，儿子为母亲捐肾，而且不想让母亲知道；而事实证明（录音为证），母亲也的确不知情。这里的录音相连，强烈地表达了一种反差。

六、用音响来表达象征意味

在录音专稿或录音特写中，让音响富有象征意味，这常常是作者所追求的目标。这种表达方法常常会使用在作品的高潮部分或结尾部分。如：

女播：105年，百年古钟见证了沧桑变幻！如今，天津和朴次茅斯这两座港口城市正在协商，要尽快缔结为友好城市，续写新的历史篇章。

（钟声响起，压混）

女播：悠扬的钟声再次响起，是警醒，更是和平的呼唤！

这里，钟声毫无疑问具有了象征意味，它不仅仅是钟发出的声响，更是作者借助钟声所发出的一种期盼。

播音员：于是，在和新中国一起走过半个世纪的风雨之后，这里的人们睁开了面向山外的眼睛。

【音响】（电视1999年国庆晚会音响）

——《废墟上崛起的中国科技之五：广电篇》（中央台）

由于实现了“村村通”，西部山村家家有了电视。但作者却不明说，而是说这里的人们“睁开了面向山外的眼睛”。这样，紧随其后出现的电视国庆晚会音响就不光是一个晚会的音响了，而是被赋予了新的含义：代表了山外的世界！

第四节　综艺节目的录制方法

一、做好节目片头

综艺节目通常都会有一个片头。片头往往是一部作品内容的浓缩，因此应注意以下几点：

（1）写好串词。片头的串词不宜过长，应短小精悍，且能充分体现作品主题。

（2）选好音乐和适当的音效。

（3）精心衔接，精心合成。

具体讲，应首先将所需音效调入音轨中。音效的录入要根据节目的需要，如果有两段或三段素材音乐首尾要混在一起时，就要将素材音乐分别录制在两个或三个音轨上，一段音效内容的素材输入一轨（留一个音轨用于录入语言）。音乐和语言录入完毕后，开始编辑。

二、录好语言

综艺节目的篇幅一般都比较长，其中所使用的素材、音乐等也都比较多，结构也比较复杂，因此在制作上应更细腻一些。具体讲，应做到：

（1）在录制语言之前，要先让播音员听一遍素材内容，尤其是语言和素材衔接处的内容，以便找到播音最佳效果。

（2）配乐部分应先让播音员听一下。主要是让播音员找到音乐的节奏、感情，以便使播音与音乐一致。应该在播音员找到感觉后再开始录音，这样做能使节目听起来感情更细腻、动人。

（3）录制语言时，音量不能太大，控制在 0dB 以下即可。因为播音员情绪激动起来后，有的字容易“冒”音，工作站录制语言时遇到“冒”音容易产生失真，所以幅度稍小一点为好。

（4）录制过程中，播音员会“吃栗子”，“接头”时要将磁头线移至所要“接头”的地方之前，按下放音键，工作站开始放音，当播音员听到该接头的地方，表示在此点“接头”时，再按下录音键。

（5）语言录制完毕要进行编辑。将语言分段，依次放到合适的位置。这是移动音频的操作（具体移动方法请见第八章第七节）。移动后，应检查语言与音效的声音比例、整个节目有无剪接痕迹、杂音等。如果音量大小比例不合适，要调整各音轨的电平，直至听起来音响完整流畅，没有杂音和剪接痕迹为止。

如天津台的《津门芳草碧连天》节目：

【音响】（电视节目《天津新闻》）：本台消息，李叔同故居纪念馆昨天正式对外开馆，纪念馆恢复了李叔同弘一法师故居原貌……（音乐《送别》起，压混）

男播：他，是中国近代史上著名的文化大师。

【音响】（李叔同孙女李莉娟）：当时我很小的时候就知道爷爷是一个和尚……

男播：他，是誉满天下的佛教高僧。

【音响】（李叔同纪念馆馆长）：修复李叔同故居，建立纪念馆是我们天津文化界的一件大事。

男播：让我们一同寻着大师的足迹，感受他绚丽至极，又归于平淡的传奇人生。天津人民广播电台，请听综艺节目——津门芳草碧连天（音乐渐止）

（船桨划水声）

女播：一方水土养育一方人。九河下梢的天津卫，地处大运河北端，濒临渤海，又是首都北京的出海口和东大门，特别是近代开埠以来，使天津逐渐形成开放、包容和多元的文化特色，涌现出众多的名人、大家。因此也留下了许多名人故居。

（推大门音效）

主持：海河边，旧时的粮店街 62 号，曾有一座一百二十多年历史的宅院，从这里走出了旷世奇才李叔同，也就是后来出家的弘一法师。2011 年年底，重新修建的李叔同故居纪念馆终于恢复原貌、对外开放。

【歌曲《忆儿时》（李叔同词）：春去秋来，岁月如流，游子伤漂泊。回忆儿时，家居嬉戏，光景宛如昨。茅屋三椽，老梅一树，树底迷藏捉。高枝啼鸟，小川游鱼，曾把闲情托。儿时欢乐，斯乐不可作。儿时欢乐，斯乐不可作。压混】

女播：这首《忆儿时》，原曲来自一首美国民谣，被李叔同重新填词之后，成为当时中国非常流行的一首乐曲，至今仍被许多明星翻唱。我们现在听到的就是素有“台湾民歌王”之称的潘安邦演唱的《忆儿时》：“回忆儿时，家居嬉戏，光景宛如昨。茅屋三椽，老梅一树，树底迷藏捉。”李叔同对故乡天津的那份依恋跃然纸上。作为诞生地，李叔同在天津生活了将近22年。天津记录了他最美好的青少年时光，而近代天津中西文明的融合荟萃，为其一生的非凡成就，奠定了深厚的文化积淀。

【电影《一轮明月》片段：李叔同自述家世……压混】

女播：我们刚才听到的这段自述，来自濮存昕主演的影片《一轮明月》，它反映了李叔同传奇的一生。在纪念馆中，观众可以通过触摸电脑屏幕，来观看这部电影。《一轮明月》得名于赵朴初为李叔同百年诞辰所写的诗句：“无数奇珍供世眼，一轮明月耀天心”。

李叔同是中国话剧的先驱，天津是话剧的摇篮。2007年，为纪念中国话剧诞辰百年，天津人民艺术剧院推出新编话剧《李叔同》。

【话剧《李叔同》片段……压混】

女播：“二十文章惊海内”的李叔同曾是翩翩公子，做事也是惊世骇俗。母亲去世的时候，李叔同举行的是前所未有的新式葬礼，不披麻戴孝，不打幡摔罐，一律的黑色衣服。最让人侧目的是，李叔同在母亲丧礼上边弹钢琴，边唱悼歌。当时的《大公报》连天报道，成为轰动津门的一件大事。

【电影《一轮明月》片段：丧礼上李叔同弹琴唱歌悼念母亲……压混】

女播：如今，李叔同的后人大都还在天津，他的孙女李莉娟说，祖父旧居由四套四合院组成，共有六十多间房屋，院内还有游廊和小花园。“文革”时期由几十户人家分住。到了上世纪末，旧居已是断壁残垣，老藤盘墙。现在，走在修葺一新的李叔同故居，青石、绿瓦、假山、长亭……李莉娟说，她仿佛穿越时空，与先人进行了一场心灵对话。

【李叔同孙女李莉娟采访：当时我很小的时候就知道爷爷是一个和尚，我们家里头粮店后街62号，距离海河很近，离海河现在量啊才三十米，往家里运银子都是用船来运，所以当时家很红火……】

女播：李叔同在人生舞台的纵情演绎让人目眩神迷。故居纪念馆中展出了他珍贵的书法、绘画、印谱、信札、剧照等，最吸引人的一张照片就是李叔同饰演话剧《茶花女》中的女主人公玛格丽特。为了男扮女装，他忍痛剃去胡须，并节食很长一段时间，目的就是更像女人的纤纤杨柳腰。这就是大师做事的风格。当时他的演出轰动了整个日本话剧界。

【电影《一轮明月》片段：李叔同等出演话剧《茶花女》片段……】

【片花：李叔同创造了中国近代艺术史上的许多个第一。他在日本，创办了中国第一个话剧社——春柳社；他主编了中国第一本音乐期刊《音乐小杂志》；他是国内第一个用五线谱进行音乐教学的人；他是中国第一个聘用裸

体模特教学的人。他为世人留下了珍贵的精神财富。请听综艺节目——津门芳草碧连天。】

女播：李叔同以独特的人格魅力、深厚的中西文化底蕴，培养出丰子恺、潘天寿、刘质平、吴梦非等一批负有盛名的画家、音乐家。丰子恺在《怀李叔同先生》一文中这样描述自己的老师——

【我们上他的音乐课时，有一种特殊的感觉：严肃。摇过预备铃，我们走向音乐教室，推进门去，先吃一惊：李先生早已端坐在讲台上。以为先生总要迟到而嘴里随便唱着、喊着，或笑着、骂着而推进门去的同学，他们的唱声、喊声、笑声、骂声以门槛为界限而忽然消灭。接着是低着头，红着脸，去端坐在自己的位子里。端坐在自己的位子里偷偷地仰起头来看看，看见李先生的高高的瘦削的上半身穿着整洁的黑布马褂，露出在讲台上，宽广得可以走马的前额，细长的凤眼，隆正的鼻梁，形成威严的表情。扁平而阔的嘴唇两端常有深涡，显示和爱的表情。这副相貌，用"温而厉"三个字来描写，大概差不多了。先生站起身来，深深地一鞠躬，课就开始了。】

【话剧《李叔同》片段……压混】

女播：三十九岁，不再年少轻狂，不再纵酒放歌，西湖边的暮鼓晨钟沁润了李叔同的心灵。他毅然从红尘中抽身而去，芒鞋布衲、黄卷青灯。李叔同后来在《我在西湖出家的因缘》中写道："我以前从五岁时，即时常和出家人见面，时常看见出家人到我的家里念经及拜忏。于十二三岁时，也曾学了放焰口。这回到虎跑去住，看到他们那种生活，却很欢喜而且羡慕起来了。我虽然只住了半个多月，但心里却十分地愉快。"

【电影《一轮明月》片段：李叔同出家……压混】

女播：弘一法师的出家，对世人来说，是件令人扼腕的事，但对大师本人来说，这只是水到渠成，自然而然的事情。从此世间少了一个奇人异才，空门中则有了一位弘一法师。他的人生进入了一个新境界。好友黄炎培在《我也来谈谈李叔同先生》文章中，回忆弘一法师与日本妻子分别的一幕——

【叔同一人上船了。船开行了，叔同从不一回头。但见一桨一桨荡向湖心，直到连人带船一齐埋没湖云深处，什么都不见，叔同最后依然不一顾，叔同夫人大哭而归。】

【电影《一轮明月》片段：夫妻分别……压混】

女播：李叔同遁入空门，震动整个中国知识界。青年时洒脱不羁，中年粗衣淡饭，成为专修律宗的苦行僧。巨变的人生轨迹，至今让世人唏嘘叹息。"绚烂之极，归于平淡"，一代俊彦转眼变成苦行佛陀。

【电影《一轮明月》片段：弘一法师与夏丏尊谈寺院生活……压混】

女播：抗日之时，日本人敬仰弘一法师的声名，请他循鉴真之例东渡弘法。但弘一法师说，鉴真和尚东渡时，海水是蓝的，现在海水已经被鲜血染红了。弘一法师断然拒绝，写下了"念佛不忘救国，救国必须念佛。"

【电影《一轮明月》片段：弘一法师与僧众谈“念佛不忘救国”……】

【歌曲《春游》（李叔同作词作曲）：春风吹面薄于纱，春人妆束淡于画。游春人在画中行，万花飞舞春人下。梨花淡白菜花黄，柳花委地芥花香。莺啼陌上人归去，花外疏钟送夕阳。】

女播：我们听到的这首《春游》是李叔同作词作曲。“莺啼陌上人归去，花外疏钟送夕阳。”弘一法师没有等到抗战胜利的那一天。一九四二年九月初四，在写下“悲欣交集”四个大字之后，弘一法师安然圆寂。仿佛是演完了一场人生大戏，在人们还没有品评出韵味的时候，便卸妆收场了。他在《梦》这首歌曲中写道：“月落乌啼，梦影依稀，往事知不知？”是否是大师在告诉我们世人，人生如梦幻泡影，如露亦如电……

【歌曲《梦》（李叔同词）：哀游子茕茕其无依兮，在天之涯。惟长夜漫漫而独寐兮，时恍惚以魂驰。梦偃卧摇篮以啼笑兮，似婴儿时。母食我甘酪与粉饵兮，父衣我以彩衣。月落乌啼，梦影依稀，往事知不知？汩半生哀乐之长逝兮，感亲之恩其永垂。】

女播：张爱玲曾说过：“不要认为我是个高傲的人，我从来不是的——至少，在弘一法师寺院围墙的外面，我是如此的谦卑。”李叔同故居馆长沈岩说：名人故居，记载着城市的历史变迁，传承着城市的文脉，是一个城市重要的文化资源。

【馆长沈岩音响：修复李叔同故居，建立纪念馆是我们天津文化界的一件大事。一直到现在，像美国、日本、东南亚和我国台湾地区等都有李叔同弘一大师这样的研究中心，有一批学者长期致力于李叔同弘一大师的研究，给我们留下了一笔丰富的宝贵的文化资源，使我们天津的本土文化名人进一步走向全国，走向世界。】

【歌曲《送别》：长亭外，古道边，芳草碧连天。晚风拂柳笛声残，夕阳山外山。天之涯，地之角，知交半零落；一杯浊酒尽余欢，今宵别梦寒。】

女播：李叔同故居纪念馆中回荡着这首旷世经典、流传百年的《送别》。今年年底刚刚开馆，就吸引了众多粉丝拥趸从四面八方赶来朝圣。甚至远自美国纽约的弘一大师纪念堂也主动联系纪念馆商洽捐赠事宜。正像故居馆长沈岩所说的那样，关于李叔同的研究一百多年来始终没有间断过，他杰出的文化贡献和传奇的一生为后人留下了无以伦比的精神财富。

【歌曲扬起】

女播：刚才您听到的是综艺节目《津门芳草碧连天》，感谢您的收听，再会。

上例中，语言播报与音乐浑然一体，非常协调，这显然要归功于主持人对作品的理解和对作品节奏的把握。

三、调整好音量及淡入淡出比例

要想做到节目中的声音衔接自然，熟练掌握淡入淡出技术是关键。

在使用淡入淡出功能时，必须注意声音的接口。不是节目的任何一个地方都可做淡入淡出处理。

首先，音乐与歌曲的高潮处就不适合做淡入淡出的处理，比较理想的位置是在音乐的句尾或段落。

其次，语言声的处理一定要注意语气的连贯。有时语言声结束，连贯的语气依然存在。因此，语言的淡入淡出处理应最大限度保留语言的连贯。

使用淡入淡出，要先根据经验，设定好音频块，点击工具栏中相应音轨“淡入淡出”键。然后试听，淡入淡出渐变比例的大小、时间的长短，由所做的音频块决定。音频块做得长，则渐变的幅度较缓慢，时间也较长；音频块做得短，则渐变的幅度较快，时间也较短。做好之后要试听，不满意要撤销，重新再做，直至满意为止。有时在淡入淡出的电平线上要再增加一两个辅助点，用以改变原来淡入淡出的幅度，使音乐听起来感觉更优美和谐。

四、用好音效

音效是指由声音制造的效果，如掌声、笑声以及各种效果的过渡性音响，或者是改变人的声音，等等。在综艺节目中，音效是活跃气氛、制造效果的必备手段，在今天的广播节目中使用非常普遍。

音效的使用应注意以下几点：

（1）音效的选择应适当。

（2）音效的出现应恰到好处。

（3）音效的使用不应过多过滥。

五、合成、发送

合成、发送是最后一步工作。必须注意的是，综艺节目一般制作都比较复杂，修改也会比较麻烦，而一旦合成、发送后，将不能再修改。因此，为保留修改余地，有的广播节目就需要暂时保留“工程文件”。只有确定不再修改，才可选择合成、发送。

第五节 音响制作的原则方法

在广播节目的后期合成过程中，往往要考虑声音的分布和层次问题。语言、音乐和音响之间的关系处理要主次分明，力求三者之间达到最佳配合。要做到这些，往往需要从声音的主次原则、声音的综合处理技巧以及两者之间的相互关系来考虑。

一、声音的主次原则

以听觉传达为主的广播节目，在各种声音构成因素中，除了纯音乐节目之外，采访人物的同期声、解说、主持这些语言类的成分由于要担负起作品重要的语言表达功能，所以语言仍旧是主要成分，而音乐、音响是次要的，这是一般规律。处理声音的主次关系时，有这样三个原则：

1. 在同一时间里，只有一种声音是主要的

如果要突出对话，就要压低音响环境声；如果要突出环境声，就要在后期制作时压低对话的音量。

2. 两种以上声音出现时，把控好主次声音的音量比例

不能让次要声音干扰了主要声音的正常传达，也不能让次要声音音量太低，没有起到应有的烘托作用，这个问题在给语言声配以音乐的时候经常会遇到。

3. 两种以上声音出现，次要声音的出现时间不要太长

两种声音的控制体现在占主导地位的时间分布上，例如，有时在语言解说时往往会配以音乐声，音乐的音量较小，处于次要地位，但在语言解说停顿的间歇，往往音乐的音量提升，成为暂时居于主要地位的声音，但如果解说语言较长，其间音乐“一灌到底”，就会让人感觉乏味，甚至干扰了对语言解说信息的正常接受，这时应及时使音乐淡出，让语言解说更好地凸现出来。

此外，虽然广播节目是以人声为主，但在语言声音的各个构成因素中，主次关系也要随具体情况的变化做出适当的调整。

当然，音响的作用是绝对不可小看的。背景声音处理时，常常是语言的重要表达之处，因此音乐往往是语言情绪、气氛、形象的补充、延伸和深化，有时需要跟着语言的感情走。在渲染气氛、描绘景物、抒发感情时，主要靠音乐起作用，这时，要把音乐的音量适当推大，让音乐充分发挥作用。

对于广播节目中各种声音的运用，必须有目的性、有变化、有重点。应该避免无目的的、单调的重复。只有这样才能消除声音在表现上的平淡无力和堆砌、不自然状态，才能使节目达到最佳的效果。

二、声音的呼应协调原则

广播节目的制作，说到底是要处理好语言、音乐、音响之间的关系。概括起来，

就是要做到相互呼应，协调一致。

1. 主次分明，强弱得当

广播节目以语言为主，音乐、音效为辅，因此在制作过程中，必须掌握和控制好各音轨的音量，做到强弱得当

2. 把控节奏，有机协调

语言有节奏，音乐有节奏，节目制作的节奏感不能忽视。只有语言与音乐的节奏相一致，节目才会听着舒服。

3. 交错呼应，巧妙转换

交错推进是指语言、音乐和音响在交错出现过程中，必须做到有机衔接，巧妙转换。补充呼应是指语言、音乐和音响之间的对应关系，是相互补充，有呼有应，共同构成丰富而多变的、具有立体感的广播节目。一个好听的广播节目，必定是语言、音乐、音响三者有机结合，缺一不可。

4. 衔接准确，连贯流畅

节目的流畅连贯非常重要，因此，在节目制作过程中，声音（语言、音乐、音响）虽然此起彼伏，但在互相更迭、交叉、替换的过程中，不能突停突起，必须是流畅连贯的。

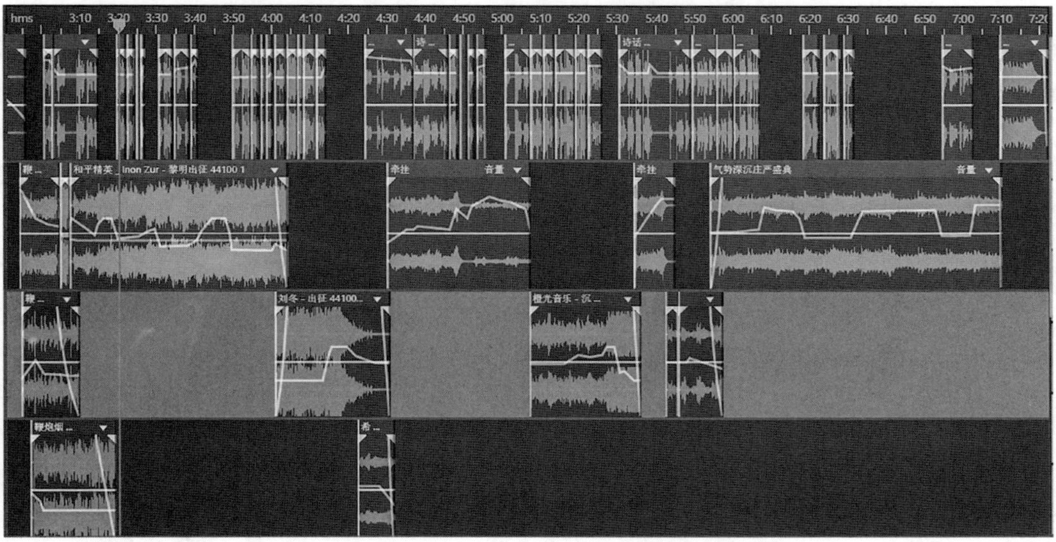

图 9–5

图 9–5 是诗歌《天使》（作者李兰生）的工程文件。第一轨是语言；第二轨是音乐；第三轨是音效（音乐）；第四轨是音效。在这个工程文件中，可以清楚地看到一个广

播节目的制作过程，各音轨之间声音的交错衔接，相互补充呼应，最终成为一个连贯流畅、优美动听的广播节目。

有关广播节目的配乐技巧，可参考专著《网络语音视频节目配乐技巧》（危羚著，中国传媒大学出版社 2022 年 8 月出版）。

第六节　广播剧的制作方法

广播剧是集编剧、导演、演播、音乐、效果、录制为一体的综合性艺术，每一个环节都需根据剧情充分发挥其艺术专长。任何一个环节的处理，都会直接影响全剧的质量和艺术效果。因此，制作一部广播剧比制作一般的广播节目要困难、复杂很多。

一、广播剧的概念与特点

广播剧是以声音为唯一手段录制而成，并通过广播进行传播的戏剧形式。

广播剧的特点是依靠听觉手段（语言、音乐、音响、音效），通过各种声音塑造，并充分利用听众的想象力，使听众获得一种逼真的听觉艺术享受。

二、广播剧的起源与发展

英国是广播剧的发祥地。1924 年 1 月，英国广播公司播出的《危险》成为世界第一部由广播电台录制的广播剧。

1950 年 2 月，中央人民广播电台录制并播放了中华人民共和国成立以后的第一部广播剧《一万块夹板》。之后，我国的广播剧制作逐渐兴旺，80 年代达到顶峰，但随着电视普及和网络媒体的兴起，目前，国内各广播电台的广播剧制作呈平稳态势。

三、广播剧的写作与剧本要求

广播剧的制作是一个将故事声音化的过程，同时，也是一个艺术创造的过程。它考验制作者对剧本情节、感情理解的能力及对声音艺术进行运用和创造的能力。

广播剧对剧本的要求与电影剧本、电视剧剧本一样，要讲述一个完整的、能吸引人的故事。而其与电影或电视剧剧本不同的是：

（1）要有一个讲故事的人（旁白或解说）。

（2）剧本中的场景需特别注明，以便为录音师提供景别音响依据。如景别应区分室内还是室外，室内还应区分是大厅效果还是拥挤的小房间效果，室外是喧闹的街道还是宁静的海边，等等。

所谓场景，就是故事发生的环境。这直接关系到剧中的声音特点。

所谓景别，其实与电影中的远景、中景、近景和特写镜头一样，只是广播剧中的场景变化不是通过镜头，而是通过传声器来实现的。因此，在广播剧的录制过程中，就需要依照剧本中设计的景别要求，采用不同的录音方式，使声音塑造符合或达到剧本的要求。

可以说，这一环节，是广播剧成败的关键。

（3）标明具体的声音走向——采用立体声录音技术，应标明声源的具体位置，是否移动，从哪个方向向哪个方向移动等。这样录出的音响才会具有立体声效果。具体技巧参见第 11 章。

（4）转场设计。广播剧的转场可以有多种方法，如用音乐转场，用音响效果转场，用淡出、淡入等手法转场以及用语言转场等。

（5）音乐设计。如用音乐来表达心情，或用音乐描写环境、渲染气氛等。

（6）开头结尾的设计以及演播、录制人员的介绍等。

四、广播剧的声音设计

广播剧是声音艺术。在广播剧中，只有当音乐、音响与剧本故事情节协调配合，才能充分展现广播剧独特的艺术魅力。

因此，要创造一部完美的广播剧，必须要有一个总体的艺术音响设计蓝图，根据剧本的主题思想、人物个性、情节矛盾发展需求，来编排戏剧情节的音响方案。

总的讲，广播剧中的人物是看不见的，它只能通过运用语言、音乐和音响效果，来产生如见其人、如临其境的艺术效果，从而引起听众共鸣，因此广播剧的声音设计尤为重要。

五、广播剧的音响效果

广播剧要达到理想的音响效果，应做到以下几点：

（1）录音品质要好。立体感、空间感、现场感要强，声音要逼真，这样制作出来的广播剧立体效果才强。所以在录制广播剧时，要尽可能地采用立体声的音响效果。否则，用单声道的音响素材，靠 PAN 来控制声像，这样做声像定位感虽强，但由于延时等问题，空间感不好，与剧中的音响往往出现脱节现象。

（2）音响效果要与剧本所描写的环境一致。即能分辨出剧中人是在何种环境，是在室内、室外、繁华的街道还是在荒郊野外，等等。例如两个人谈话，应能分辨出是在室内谈话还是室外谈话，是坐在汽车里，还是在小溪边或大海边谈话。因此，只有配好不同场景的特定效果，再加上传声器的正确使用，才能准确点明剧中人物所处的环境。

六、广播剧的传声器使用

广播剧和电影、电视剧一样，是生活的再现，要源于生活，高于生活，但首先要忠于生活。广播剧中的艺术真实，不是通过摄像机拍摄出来，而是通过传声器录制而成的。因此，广播剧的导演要特别善于使用和调动传声器，要力争使录制出来的广播剧有真实的空间感和立体感。

一般讲，播音者距传声器的距离越近，对得越正，声音的清晰度就越好。但录制政播节目与录制广播剧对传声器的要求是不一样的。录制政播节目，播音员与话筒的距离是固定的，即不能是一会儿远一会儿近的。而录制广播剧时，会因剧情需要，让演播者靠近传声器，或远离传声器。因此，广播剧中的传声器使用更为复杂，这需要在实践中不断摸索。

七、解说与旁白

解说和旁白常作为转场的手段，有时几句简单的解说就可以将剧情中的时间、地点、空间和情节发展充分地展现出来。因此，解说和旁白不论同期或分期录音都应做到声音清晰、圆润亲切，才能达到完美的艺术效果。最好用点声源近距离拾音技术，这种录音方法重放时在听觉上会使听众感到演员离自己很近，有亲切真实自然的感觉。拾音时可将低频 60 赫兹以下切去，以减少不必要的低噪声，保持语言的清晰度，以求达到完美的艺术效果。

八、广播剧的演播室要求

录制广播剧最好采用专用演播室，面积在 200 平方米左右，混响时间在 0.3 秒到 0.4 秒为宜。另外，合成广播剧的机房周边设备要齐全，房间面积也不能太小，最好 80 平方米左右，混响时间为 0.4 秒到 0.6 秒。

九、广播剧录制前的准备工作

在进入具体的录制工作之前，应有一个明确的艺术追求和对声音的总体构思，及确定实现这一目标的具体方案。

（1）认真阅读剧本，仔细分析剧情。在录制之前，应仔细了解剧中时间、环境，剧中人物的年龄、性格和特征，把握剧情线索，争取对全剧有一个全面、准确的了解。

（2）根据导演意图，按照标出的场景设计录音方案。如用什么样的传声器拾取声源，在演播室里如何根据场景的不同录制室内戏和室外戏。

（3）根据剧情制定演员演播时合理的活动位置，对一般音响和特殊音响做出设计并考虑好每场戏的时空转换。

十、广播剧的录音步骤

广播剧的录制一般分为三个步骤：试音、正式录音、节目制作。

1. 试音

试音就是按剧本的不同角色进行声音的调试。其中，要确定传声器的类型、有效角、距地面高度和声源的距离，并按剧本的要求对各个人物的声音进行修饰、电平调整等工作。经过试音后，再按着制定的录音方案开始正式录音。同时，应注意每个音响效果（其中含室内、室外的音响效果）必须达到预定的要求。

2. 正式录音

在录音过程中，不但要注意演员的声音质量，更要留意与演员同期配音的音响效果其方位是否合情合理。如不注意音响的活动位置就会闹笑话。例如录制一段演员一边说话一边收拾房间的戏，假设演员从我们的左前方走到右前方，一边打开衣橱取衣服，一边说“这件衣服多少年来我一直珍藏着”。这时衣橱打开的音效也必须是在我们的右前方，如果在中间或者是在左前方，那么音响效果和语言就不在一个方位上了，就会造成语言与环境脱节，听众就会感觉到空间方位混乱，感觉到不真实。同时，在录音过程中不但要注意声音与演员方位是否一致，还要注意声音比例是否合适。总之，必须认真注意每个细节，杜绝不真实或错位的音响出现。

3. 制作合成

将已录好的语言和音响效果素材，按着剧本的顺序进行合成，这是广播剧制作的最后一道工序。随着现代化录音工艺的提高，录音设备的迅猛发展，录音机从单声道发展到立体声，继而发展到多声道（轨）。多声道录音的突出优点是对节目的音质比例可以进行灵活的调整，各声部容易平衡，声像易于调整，节目清晰度好。而且，当某一位演员在录音中不到位时，不会影响其他人员录音，因此，采用多轨录制，能节省大量时间，提高效率。而在后期制作中，多轨录制又具有充分的调整和处理的余地，易于艺术再加工。

后期合成时，要注意音响的层次、比例得当。语言、音乐和音响这三个要素的比例与衔接是合成中主要的表现手法，这时的调音技巧和对作品的理解就显得非常重要。合成时，既要真实地反映出编剧和导演心目中的声音形象，又要拾取到演播者最佳声音状态，还要善于利用音乐和音响来传达内容，渲染情绪，使整个剧情的发展具有音乐的节奏感。准确无误地实现导演的意图，让那些跃然纸上的人物，通过广播传媒，更逼真、更形象、更生动地传达到听众的耳中。

下面以天津电台制作的广播连续剧《秒针上的较量》为例，来看看当代广播剧的制作技术：

【开门声，脚步声从左侧走来。场景：鉴定室内】

苏五一（位置左）：对不起各位，我想补充专利证书和一份有关这只表设计实例的鉴定文章。

福尔赛（位置右）：我是起诉人福尔赛，你现在闯入鉴定现场，我有权要求此刻终止鉴定。

苏五一：对不起，我只是想把补充材料交给专家。再说，作为起诉人，您也不能停留在鉴定现场啊！

福尔赛：……

格林（位置中）：好了福尔赛！让“中国苏”把话说完。

苏五一：谢谢格林前辈。

格林：你认识我？

苏五一：哦，噢……我女朋友认识你。

安娜（苏女朋友，位置左）：你好，格林先生！

格林：哦，对对对，你采访过我。这是？（纸声）新型实用专利ST8080……

福尔赛：格林前辈！新型实用专利和我的发明专利是两回事。

苏五一：海鸥的核心结构并没有抄袭您的“30度”。

福尔赛：中国苏！这是在瑞士！瑞士只认发明专利，不认实用专利！另外，海鸥的差动结构是不是模仿我的差动结构，不是你说了算。

苏五一：格林先生、福尔赛先生，为了这块双陀飞轮，我的朋友车都撞坏了！为了做好它，我把自己订婚的时间都忘了！还是为了它，安娜被我深深伤害，才远走高飞到了这！（音乐弱起，压混）如果说这次展会上有哪块表被注入了强烈的情感，那一定是这块ST8080！也许在你们的眼里，它只是一块昂贵的高档手表，但是对我来说，它是我失败感情的心酸结晶啊！现在，我以爱情的名义发誓：这只表，没有抄袭福尔赛先生的“30度双陀飞轮”核心设计！如果海鸥表被判侵权，我会代表海鸥集团继续书面上诉，因为，不单瑞士制造对钟表有深厚的爱，MADE IN CHINA也有！ MADE IN CHINA不仅是这块表的基因，更是中国未来表业的灵魂！

福尔赛：够了！（音乐戛然而止）你说得太多了！汤普森先生！汤普森先生！

（开门声，脚步声，汤普森从左侧走入）

汤普森：啊，福尔赛，有什么问题吗？

福尔赛：我要求把他带走！

格林：不必了，大家安静！时间到了，鉴定结束了。

汤普森：格林先生！这种情况下，您确定您的鉴定完成啦？

格林：实际上，在你们进来之前，我们的鉴定已经完成了。

汤普森：噢？呵呵，那真是太好了！我想大家已经等急了，各位请！

（杂乱的脚步声走入展览大厅）

汤普森：下面请鉴定专家格林先生宣读鉴定结果！

格林：下面，我代表世界钟表和首饰组织巴塞尔展会调查小组，就独立制表人格勒拜尔·福尔赛投诉中国海鸥双陀飞轮腕表侵权事件，宣布鉴定结果：……

该剧讲述了2008年天津海鸥手表厂研制的双陀飞轮腕表在瑞士巴塞尔钟表展上遭到瑞士独立制表人格勒·拜尔的侵权投诉，经过激烈较量，天津海鸥手表厂最终胜诉的故事。

上述片段中共有两个场景：一是在鉴定室，另一个是在展览大厅。听众能明显听出两个场景空间感的不同，显然，导演准确把握了二者在声音上的不同。而更为难得的是，在前一个场景中，门在何处，几个人物各自所处位置，以及有人从何处进来，走到哪个位置，等等，都能通过听觉明显感觉出来。这无疑是通过传声器的使用技巧和声像处理的技巧以及背景声的处理等来实现的。

总之，今天的广播剧，是许多门类的艺术与高科技相结合的产物，它可以运用拾音、录音和调音的一切手段，将听觉艺术发挥到极致。而这，恰恰是广播的魅力与风采所在，也是我们需要认真学习的精髓所在！

第十章　声音效果的处理技巧

广播节目的制作，除了主播介绍节目内容之外，还需要依照整体构思的需要增添一些与作品思想、内容相辅相成的音效，包括对声音的修改、润色，甚至改变声调，这就需要掌握一些音效添加技巧和声音效果处理技巧。

音效制作，目前可以在电脑软件中完成，也可以通过专业的调音台完成。后者手段更丰富，制作能力更强。

第一节　音效处理的含义及作用

一、音效处理的含义

音效即音响效果，通常是指声音所产生的效果。

在广播节目制作中，音效处理需要合理地使用，同时，也需要一定的创意和高超的专业技巧。

通常我们所使用的音响大致包括两种：

第一种：真实音响。这类音响是自然界中真实发出的声音，或者说是在一个新闻事件中真实发出，并被我们真实记录下来的声音。

第二种：模拟音响。这是人们预制好的音响效果、或者说是我们在广播节目中借用的一种模拟真实的音响。

模拟音响一般可以细分为自然音效和人为模拟音效。前者是真实的声音，但不是我们所报道的事件里所发出的声音；后者则不是真实的声音，而是人们采用某种模拟办法制造出的仿真音响。

这里所说的音效主要指后者。

在广播节目中，各种音效通常被用于背景音响、辅助音响或伴奏音乐等。

二、音效处理的作用

音效在广播节目中所起的作用很大。广播媒介的传播特点决定了广播的优势——

借助声音给听众提供丰富甚至无限的想象空间。因此，作为广播编辑，必须了解节目稿件的创作意图，经过精心构思，通过自己的感悟，并借助一定的技术手段和艺术想象力对节目所构成的各种声音元素进行艺术创作及录音、合成等加工处理，使声音在保证全面细致地表现节目主题并有效推动节目情节发展的同时，增加其艺术表现力和感染力。可以说音效的使用犹如在节目整体建构中添加了润滑剂，使节目细节处表现得更加丰富细腻、声音真实自然，更有现场感和立体感，使节目流畅生动。

音效常常在广播节目或广播稿件中起到如下作用：

（1）用音效制造逼真场景。

（2）用音效烘托气氛。

（3）用音效连接过渡。

一般来讲，音效处理得好，能再现出生活场景，营造意境，产生联想，强化主题，使听众产生亲切感和临场感。如原始森林里百鸟齐鸣、大街上车水马龙、战场上嘹亮的冲锋号声和惊天动地的喊杀声、火车站的喧哗、办公室的繁忙，以及后期制作出的电子模拟声、卡通声等，这些都是不同的音响效果的表现。音效在广播剧中的铺垫能起到还原真实、强化戏剧性的作用；音效在文学节目中恰如其分的点缀能增加其艺术感染力；音效在广告节目中的作用则是使节目更具有冲击力和震撼力。

三、音效使用的重要性

在运用音响效果时，要对节目内容有深刻的理解，并感受音效中每个音响元素的表现，分析它们想表现什么，然后，再通过聆听来体会将它们表现出来以后节目有了什么样的变化，让音效成为节目中的必然。比如，一些音响元素本来是应该表现舒缓的效果，放在快节奏、情感热烈的节目中就不合适了；还有像新闻评论类节目，本来是较严肃的节目，可是背景总是加一些诙谐、幽默的小音效，还给得不到位，总是慢一拍，这样的音效就不如不加了。

随着时代的进步和娱乐时尚节目的不断发展，在节目录音制作过程中，人们对于音响效果的要求和追求越来越高，对音响效果的细腻程度和层次感要求也有了提高。音效要融合在节目之中，而不是让人仅仅感觉处于音效制造的声场之下，这样才能容易引起听众的认可和共鸣，让听众身临其境，而又增加节目的可懂性。

例如，专题节目《乘着歌声的翅膀》讲的是天津南开大学学生业余合唱团在国际合唱节比赛中获得大奖的事情。一开始录制的时候运用了三段无伴奏合唱的音效，但整体感觉不理想，虽然三段无伴奏合唱的音效都很好听，衔接得也天衣无缝，可是节目的细腻程度没有出来，最后选用了一段《美丽的草原我的家》来开始，就感到音色优美动听，强弱控制有度。当声音响起，马上会让人产生一种豁然开朗的感觉，声场开阔，醇厚饱满。再经过 EQ 均衡器的调整，低频方面不光音量感充足，还可感受到层次的清晰，细节也凸现出来，高频一扫低比特率音乐的毛糙、嘶哑，而显得嘹亮、柔顺，中频的人声也更亲切和温暖。

第二节　用均衡器（EQ）制作音效的方法

通过使用均衡器来改变声音或产生特殊的音响效果，在广播节目的制作过程中，这种方法的使用非常广泛。

一、均衡器简介

频率均衡又称EQ，它将音频信号分为多个不同的频段，然后通过不同频段中心频率人为地对各频段信号电平按需要进行提升或衰减，在节目后期制作中经常使用它来处理声音音色。

二、声音频谱的特点

广播节目的声音制作，主要依据的是人和自然界的声音频谱。在声音频谱中，不同频段的声音具有不同的特点。

这里主要介绍广播语言类节目中人声的频谱特点。

一般来说，我们听到的声音可以分为四个频段：

（1）低频段，通常指30Hz—150Hz频段。

（2）中低频段，通常指150Hz—500Hz频段，该频段过分加强时的听感特性为浑浊，过分衰减时，听感特性为单薄乏力。

（3）中高频段，通常指500Hz—5kHz频段，该频段过分加强时的听感特性为生硬，过分衰减时，听感特性为散飘。

（4）高频段，通常指5kHz—16kHz高频段，该频段过分加强时的听感特性是尖刺，过分衰减时，听感特性为暗淡。

表10-1是各频段均衡的特点和音质。

这些均衡仅供参考，在实际录音中应以主观听音判断为准。声源不同、传声器不同和录音环境不同等，都会对声音有影响。是否要插入混衡器进行补偿，应视具体情况定。

在声音频谱中，低频是基础，体现了声音的力度和丰满度；中高频体现了声音的明亮度；高频体现了声音的色彩。

当需要使用均衡器对声源音质进行调整时，首先应根据声音表现出的缺欠找出大致的频段，然后将均衡器的提升量调整到最大值，并且变化提升频率，直到找出声源理想的均衡频段或频率点，最后减小提升量，直至得到最理想的效果为止。

频段的衰减也可用类似方法取得。当选定某一频率点进行提升或衰减时，比如在5000Hz处提升4dB，那么在4000Hz—6000Hz的频率信号也会有所提升，4000Hz—

6000Hz 的提升量与 Q 值有关，Q 值越高，提升越小，反之越大。

Q 值是为了确保我们所调节声音频率范围的精确度，而限定被提升或衰减均衡曲线的宽窄度。当针对某一个频点对均衡曲线进行提升或衰减处理时，受到影响的并不只是被选定的中心频率，该频点附近频率范围的声音也都会被一同提升起来或衰减掉。

当你衰减某个频段的声音时，应将 Q 值设高一些，相应得到一个带宽较窄的均衡曲线，这样声音的丰富感就不会由于大范围衰减某个频段的电平而受到严重破坏。至少经过如此处理的声音听起来要好多了，这对于声音的音质来讲也起到了一定的保护作用。

表 10–1　各频段作用及效果

音频频段		各频段声音的作用	调节各频段均衡对音质的影响及产生的效果
低频	20Hz—50Hz	往往使人感到声音厚重低沉有力	在此频段过多强调，会使声音浑浊不清
中低频	50Hz—250Hz	节奏声部的基础音，体现了声音的力度、丰满度	对这一频段进行均衡，会改变音乐的平衡，使之丰满或单薄，在此频段提升过多，会使音乐发出锵锵声，形成声染色
中高频	250Hz—2kHz	对声音的丰满度与明亮度均有影响	提升过多，会导致像电话一样的声音。过多提升 500Hz—1000Hz 这一个音频程，会使声音像从扩音的高音喇叭中发出的音色类似。过多提升 1000Hz—2000Hz 这一音频程，会使声音发闷，像从铁皮罐头盒发出的声音一样。这段频率的输出过量，会使听觉疲劳
高频	2kHz—4kHz	影响了声音的明亮度	提升过量时，会使声音变得单薄，而觉得听觉疲劳，在有音乐背景的语言录音时，当把语言声的 3000Hz—4000Hz 这一频段提升，会使语言声的清晰度提高，语言声不会被音乐淹没
	4kHz—8kHz	影响乐器声和人声的清晰度	提升这一频段，能使音乐听起来离听者较近，使管弦乐队的声音听起来更加辉煌、明亮。过多强调这一频段，会使语言出现较重的齿音
	8kHz—20kHz	影响声音的明晰度和色彩	

三、均衡器的作用

频率均衡在处理声音音色上所起到的作用如下：

（1）改变声音音色。将频率均衡低频段的幅值提升，用音质评价术语形容声音变化是：加强丰满度，坚实有力，声音柔和但不清晰。若低频段的幅值衰减，声音变化会是：声音舒展、清晰，响度变大。

（2）突出不同声音的特点。不管是人声、乐声还是自然音响都有其自身的特殊频段显示其特性，如果有意突出这个频段就意味着突出这种声音。语言在 800Hz 提升过高可使音色发硬。如果是沙哑的声音，提升 64Hz—260Hz 会使音色得以改善。喉音重，衰减 600Hz—800Hz 会使音色得以改善。鼻音重，衰减 60Hz—260Hz，提升 1KHz—2.4KHz 可以改善音色。

例如，若主持人鼻音较重，可采用均衡器进行调整。在 236Hz 衰减 2.3dB，Q 值是 2.2；500Hz 衰减 3.9dB，Q 值是 1.8；1.18KHz 提升 2.7dB，Q 值是 1.4；2.80KHz 提升 3.2dB，Q 值是 1.8。这样，鼻音重的问题即可解决，声音听起来就显得明亮、圆润多了。

四、均衡器使用原则与方法

1. 使用均衡器的一般原则

（1）只要是在传声器的品种与摆位上能解决问题的，就不要使用频率均衡器。因为毕竟频率均衡器是利用一种频率失真来修补另一种频率失真。均衡器的使用应在改变传声器和它的位置都不能使声音完全改善的情况下才使用。

（2）应用频率均衡器时，要对声频各频段音质与音色的特点了如指掌，包括对各种音质音色好坏作用的了解，这是进行补偿的关键。

（3）做频率补偿时，要充分注意声源的特色，尤其是不可削弱声源音频范围中那些富有特征性的频率，否则会造成意外的音色失真。

用频率均衡器可以对已经录制合成的节目进行修补。当一个有音乐背景的语言节目录制完后，感觉语言偏小，有时易被音乐淹没，但又不可能重录时，可利用频率均衡手段处理：可适当提升 3000Hz—5000Hz，而将 200Hz 以下频率适当衰减，这样语言清晰度与可懂度能适当改善。

（4）在噪声较大的环境中进行新闻采访录音时，语言的清晰度、可懂度是第一位的。这时，可使用频率均衡器提高语言清晰度。在这种情况下进行录音，可把均衡器的增益开到最大，寻找到能使语言清晰度提高的频点或频段，然后将这段频率外的频率适当衰减，这样既提高了语言清晰度，又抑制了环境噪声的影响。

（5）对音频声音信号要进行很多方面的加工处理，才能使声音变得优美、悦耳、动听。处理声音素材音色的最有效方法是设法变更原声音中所含有的各种频率成分之间的关系。

通常情况下，在节目正式录音前，都要进行试音。试音时若发现音质不理想，首先应检查传声器的选择是否正确，位置是否合适。在很多情况下，只要改变传声器与声源的相对位置、角度，就可明显改善音质。

2. 处理声音音色的方法

（1）弥补声音缺陷

例如有的编辑、记者在采访现场拾取的声音素材会有缺陷，表现为音色、背景噪声等在节目后期制作时与对素材的要求有一段距离。产生这些缺陷有多种原因，这就需要在后期制作合成时将声音素材存有的缺陷通过相关设备给予补偿，最常用的就是频率均衡，也就是说采用人为的方法将声音信号进行频率均衡，尽量缩短差距，达到理想的效果。

（2）对声音进行加工处理

根据节目需要达到的艺术效果，或者为渲染，或者为烘托、强化节目的艺术表现力，即使采录来的声音素材完美，也需要对声音素材进行必要的加工处理，这在文学节目、综艺节目和广播剧中尤为普遍。

五、均衡器使用的具体操作步骤

在调音台上，先选中音轨通道。具体步骤为：

①选择音轨的分层控制区（LAYER）。选择音轨所在的分层，“YAMAHA”DM-1000 型调音台共有 48 条音轨，分三层排列。第一层：1-16；第二层：17-34；第三层：35-48。

②选择一条音轨，并按下最上面的按钮，即打开这条音轨通道。这时，该音轨的“选择”（Sel）指示灯会亮起。

③同时将“推子”推至 0dB 位置，如图 10-1 中③箭头所示。

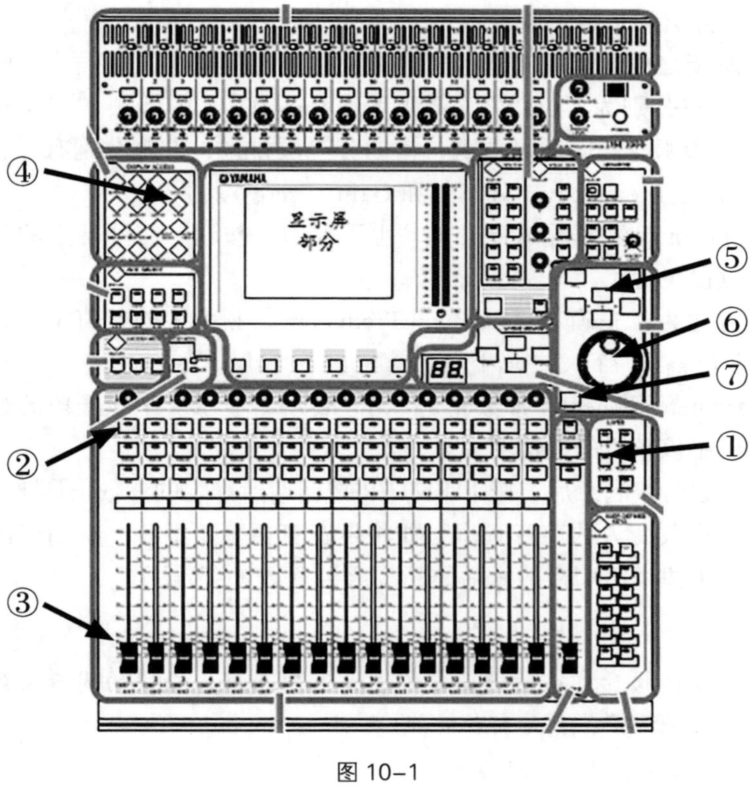

图 10-1

④在“DISPLAY ACCESS 显示存取路径部分”，重复按“查看”（VIEW）按钮，直至调音台显示屏上显示以下界面，见图 10-2。

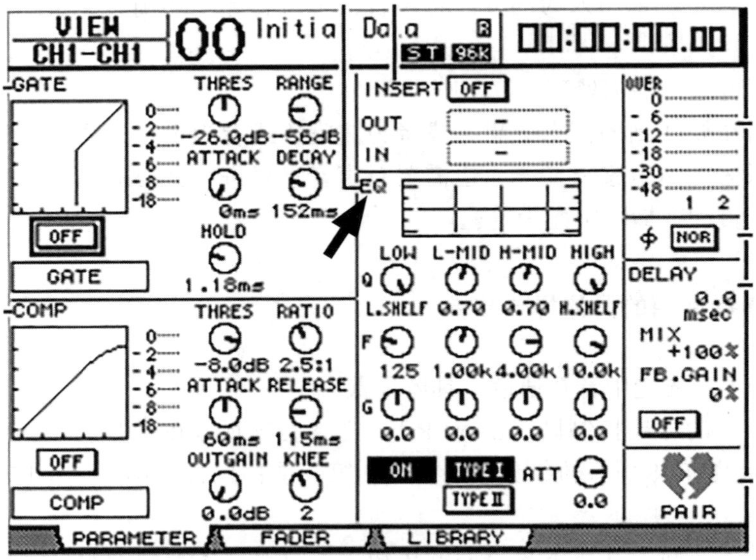

图 10-2

图 10-3 中，左上角有“VIEW”字样，说明打开的是“VIEW”界面；“CH1-CH1”说明目前开启的是第 1 通道。

图中箭头所指之处即为 EQ 显示区（该区左上角有“EQ”字样），可看到纵向分为四列，从左至右分别为“LOW”（低频）、“L-MID”（中低频）、“M-MID”（中高频）、“HIGH”（高频）。同时可看到，横向分三层排列，左侧分别有 Q、F、G 字样，分别代表“Q 值”、Frequency（频率）和 Gain（增益）。

①按动 Data Entry 数据输入部分的“上下左右”按钮，将屏幕上的“光标”移至所需调整的音频段位置。

具体调整方法为：先确定第二层 F（Frequency，频率）的数值（即先确定要调整的频率），然后调整第三行 G“增益”。

②转动 Parameter Wheel（参数轮）：向左转动，显示屏中该频段的数值变小；向右转动，显示屏中该频段的数值变大。

③可以边调边听，满意后，按下 ENTER 按钮，所修定的参数值即被确定。

采用此法，可改变人的声音频率，如将声音变粗、变细等。有的广播节目需要做这样的改变，如天津生活广播的童话作品《童年童话》（选段）：

音乐压混

丽丝姐姐：收音机前的小朋友们，大家中午好，愉快的周日又到了，非常高兴我们又见面了，我是丽丝姐姐。

彤彤：大家好，我是彤彤。

乐乐：大家好，我是乐乐。

丽丝姐姐：彤彤、乐乐，最近啊，我的心情特别好。

彤彤：为什么啊?

丽丝姐姐：因为春天来了，天气越来越温暖了，春风吹在脸上的感觉太舒服了。

彤彤：是啊，各种颜色的桃花也开了，多漂亮啊!

乐乐：还有小鸟在树上唱歌。

丽丝姐姐：彤彤、乐乐，你们听到有什么声音吗?

彤彤：嗯，我好像听到了哭声，是谁呀?

乐乐：我们去看看吧。

彤彤：小鸟，小鸟，你怎么啦，你怎么哭得这么伤心啊?

乐乐：是啊，发生什么事了?

小鸟：我，我找不到我的好朋友了。

丽丝姐姐：你的好朋友是谁呀? 也许我们可以帮助你啊。

小鸟：你们跟我来。

（小鸟飞走音效）

丽丝姐姐：走，彤彤、乐乐，我们一起看看，小鸟的好朋友是谁，他又去了哪。

小鸟：我的好朋友是一棵大树，他就住在这片美丽的树林里，去年春天我们认识的。

彤彤：你们是怎么认识的?

小鸟：哦，那是去年春天的一天，我正在树林里休息。

（时空转换音效）

大树：美丽的小鸟，请飞过来好吗，这树林里太静了，你给我唱支歌吧。

小鸟：谁? 谁在说话?

大树：别怕，是我，一棵大树。

小鸟：哦，你好，如果你喜欢我唱歌的话，我愿意为你唱歌（唱歌）。

大树：哦，太棒了，从来没听过这么优美的歌声!

小鸟：多谢夸奖，我再给你讲个笑话吧。

大树：嗯，好呀!

（小鸟叽叽喳喳的音效）

大树：呵呵，真有趣，谢谢你又给我唱歌，又给我讲笑话，如果你愿意的话，我们做个好朋友吧。

小鸟：好啊，哦，天好像快黑了，我要回家了，明天见。

大树：好的，再见。

乐乐：就这样你们成了好朋友?

小鸟：是的，那一年冬天，我飞到南方去了，走之前，我跟大树约好了，春天我会再来到这片美丽的树林看看，可是现在……

丽丝姐姐：小鸟，你别着急，我们帮助你一起去找他。

小鸟：嗯，好。（音乐，压混）

彤彤：小鸟，你快过来看，这里有个大树根。

小鸟：树根先生，你好，你知道我的朋友大树在哪儿了呢？

大树根：哦，他已经被砍倒，送到山下的工厂里去了。

小鸟：什么？

彤彤：小鸟，你等等我们呀。丽丝姐姐，你看前面就应该是那个工厂了吧。

丽丝姐姐：嗯，应该是。

乐乐：看小鸟在工厂的那个大门上呢！

彤彤：我们也快点进去吧。

乐乐：你们看，这边上怎么有这么多一次性筷子啊？

彤彤：不会就是用那棵大树做的吧？

大树：是的，我就是那颗大树。

小鸟：可怜的大树，可怜的大树。你还好吗？

大树：亲爱的朋友，谢谢你也来看我，我很快就会到人们的餐桌上去了，以后都没办法再跟你在一起了，你能再为我唱首歌吗？

小鸟：好，大树，我唱……

在这个作品中，运用均衡调整技术，将童话故事里的“大树”人格化——声音变低变粗；将“小鸟”人格化——声音变高变尖，将“小博士”的声音卡通化，通过采用均衡器音效处理法，使人物音色得到了改变。

另外，利用均衡器对自然界声音的某一个频段进行提升或衰减，还可做出许多特殊的效果。例如：

（1）将普通讲话声处理成话筒效果，即电话里的声音。具体方法为：利用均衡器将人的声音频率限制在 300Hz—3000Hz 频段内，同时，将频段外的声音衰减 10dB—18dB，并把 800Hz—1500Hz 这一频段适当提升，就可得到模拟的电话听筒效果。

（2）模拟耳语声，即模拟讲话者近距离低声讲话的效果。方法是：提升以 500Hz 为中心的频段，可使声音感觉很近；或高频、低频提升，中频衰减，也可使声音感觉很近。若要使声音感觉很远，就高频、低频衰减，中频提升。

（3）在强调某一特殊音效时，更需要使用均衡器，如飞机轰鸣声、爆炸声等（适当提升 100Hz 以下的低频段，可得到震撼人心的音效）。

第三节　门限与压限方法

门限与压限是音乐制作时会用到的一项技术。

《现代汉语词典》中对门限的解释是“门槛”。录音技术中的门限，通俗讲就是给声音设置一个槛。门限决定了压缩在什么时候开始工作，也就是说，只要输入信号的电平一旦超过门限值，压缩器就会开始对声音信号进行压缩，门限值越高，被压缩的信号就越少。门限值较低，被压缩的信号就越多，即大部分声音信号都会被压缩掉。

压限则是对声音的压缩和限制。压限可用在 EQ 前、衰减器前或衰减器后，其作用是用来衰减声音信号的动态范围的，有的声音信号的动态范围过大，这就需要使用压缩器来提升起声音中的低电平部分，再压低声音中电平过高的部分。它的作用类似于自动的电平控制，可将声音信号的响度明显提升起来，使那些原本极易让人忽略掉的最轻的音符，都能被我们听到。不过需注意的是，在提升低电平信号的时候，不要将底噪声也一同提升起来。

为了减小录音中的动态范围，常用压缩器和限制器来进行动态处理。一般而言，一旦信号达到或超过门限电平，压缩器或限制器将会使信号电平衰减。在压缩器中，可控的参量一般都很多。这其中包括有压缩门限、压缩比、建立时间、释放时间和拐点等。

总之，门限和压限是让声音变得柔和、有磁性而常常在录制片花、广告和音乐节目时采用的一项技术。

通常情况下，门限与压限技术常与 EQ 技术结合起来使用。因此，它们在调音台上常出现在一个界面中。

具体操作步骤为：

首先在调音台上重复前述 EQ 操作的前四个步骤。

①在音轨的分层控制区（LAYER）选择音轨所在的分层。

②选择一条音轨，并按下最上面的按钮，即打开这条音轨通道。这时，该音轨的“选择”（Sel）指示灯会亮起。

③同时将“推子”推至 0dB 位置，如图中③虚线箭头所示。

④在“DISPLAY ACCESS 显示存取路径部分”，重复按“查看”（VIEW）按钮，直至调音台显示屏上显示以下界面（与前述 EQ 操作界面同）：

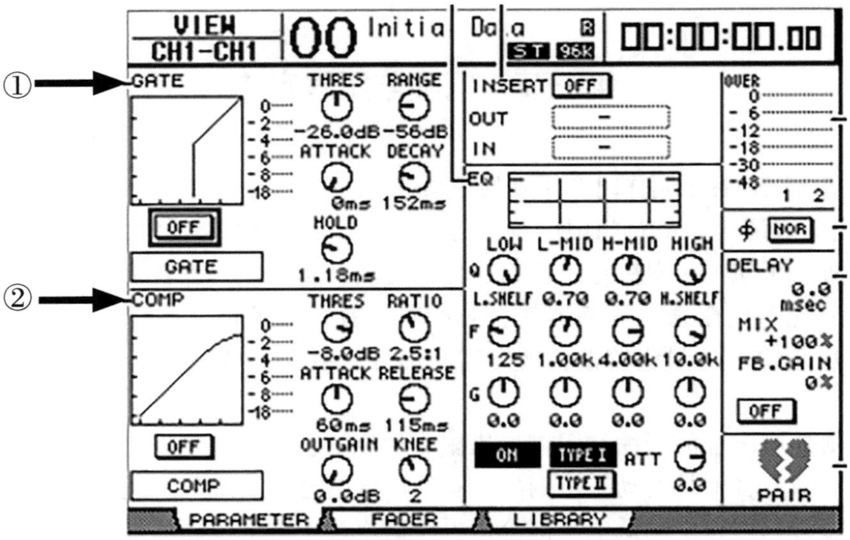

图 10-3

此界面中部是调整 EQ 的区域。左侧标有 GATE 和 COMP 的上下两个区域，就是调整门限和压限的区域。其中：

① GATE：可用此部分打开或关闭门限型动态处理器，并设置参数。

② COMP：可用此部分打开或关闭压缩型动态处理器，并设置参数。

或者，也可直接从“DISPLAY ACCESS 显示存取路径部分”，直接按“DYNAMICS”，然后按［F1］：

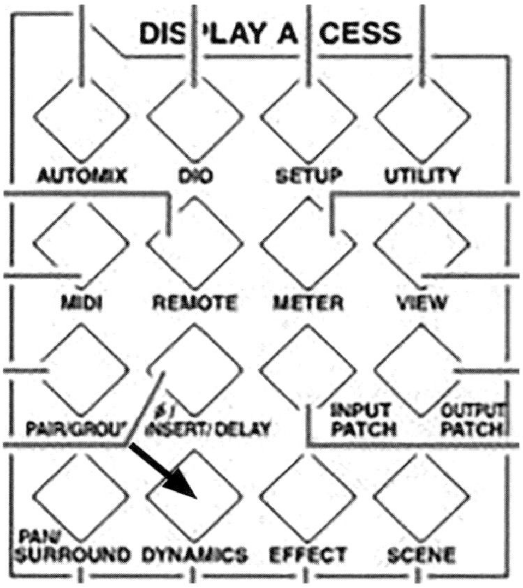

图 10-4

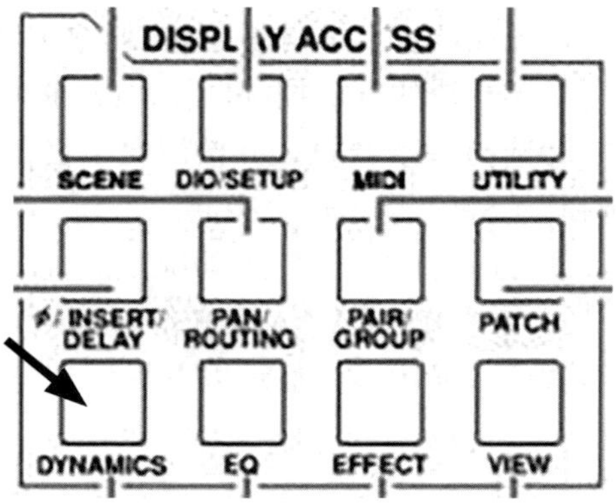

图 10-5

这时屏幕会出现门限的操作界面：

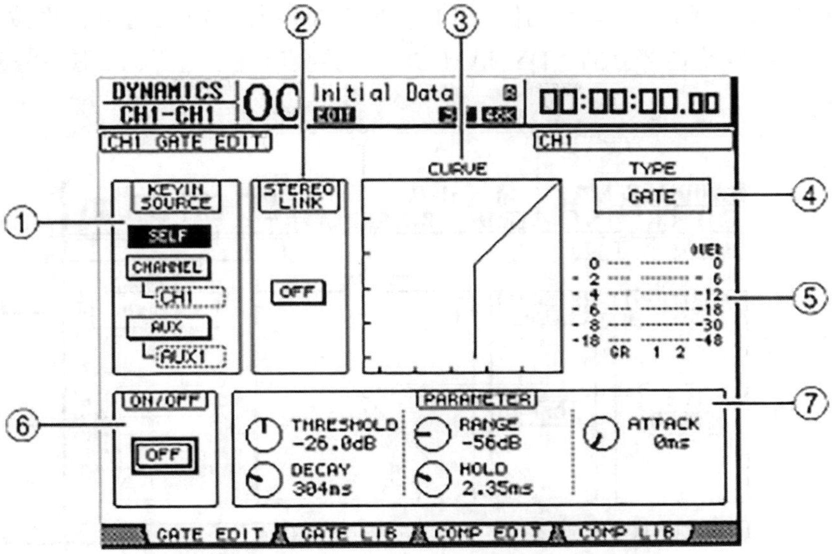

图 10–6

① KEYIN SOURCE：从以下按钮中选择一个按钮，确定当前所选输入通道门限的触发源。

A. SELF：以所选通道本身的输入信号作为触发源。

B. CHANNEL：以另一通道的输入信号作为触发源。在 CHANNEL 下方的参数框中选择所需通道。

C. AUX：以 AUX 发送信号作为触发源。在 AUX 下方参数框中选择所需母线。

② STEREO LINK：即使通道未配对，也可用此 ON/OFF 按钮进行压缩配对，用于立体声操作。

③ CURVE：此区域显示当前的门限曲线。

④ TYPE：此区域显示当前的门限类型（GATE 或 DUCKING）。

⑤电平表：此电平表显示门限后信号的电平和增益减少量。

⑥ ON/OFF：用此按钮打开或关闭当前所选输入通道的门限。

⑦ PARAMETER：可用这些控制旋钮调节设置门限参数。

#	标题	类型	参数	数值
1	Gate	GATE	Threshold (dB)	–26
			Range (dB)	–56
			Attack (ms)	0
			Hold (ms)	2.56
			Decay (ms)	331
2	Ducking	DUCKING	Threshold (dB)	–19
			Range (dB)	–22
			Attack (ms)	93
			Hold (ms)	1.20 S
			Decay (ms)	6.32 S
3	A. Dr. BD	GATE	Threshold (dB)	–11
			Range (dB)	–53
			Attack (ms)	0
			Hold (ms)	1.93
			Decay (ms)	400
4	A. Dr. SN	GATE	Threshold (dB)	–8
			Range (dB)	–23
			Attack (ms)	1
			Hold (ms)	0.63
			Decay (ms)	238

图 10–7　预置门限参数（fs=44.1kHz）

若要设置输入通道的压缩，用［SEL］按钮选择所需输入通道，再按 DISPLAY ACCESS 显示存取路径部分的［DYNAMICS］，就会出现以下界面（图 10–8）：

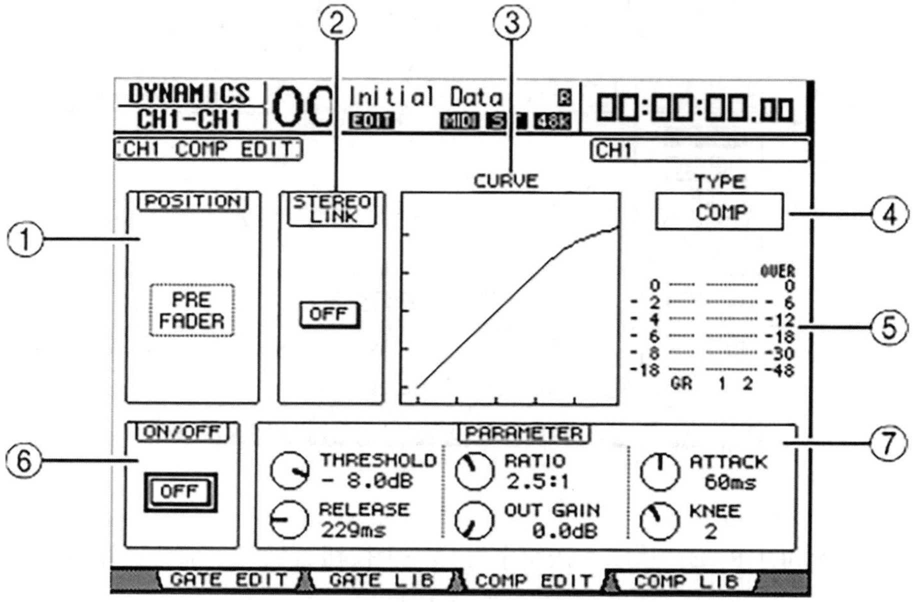

图 10–8

在图 10–8 中：

① POSITION：用参数轮或按［DEC］/［INC］键从下面方框中选择通道内的位置。

A. PRE EQ：紧跟在 EQ 前。这是系统默认的选项。

B. PRE FADER：紧跟在“推子”前。

C. POST FADER：紧跟在“推子”后。

② STEREO LINK：即使通道未配对，也可用此 ON/OFF 按钮进行压缩配对，用于立体声操作。

③ CURVE：此区域显示当前的压缩曲线。

④ TYPE：方框内显示当前所选通道的压缩类型 COMP/EXPAND/COMP（H）/ COMP（S）。

⑤此电平表显示压缩后信号的电平和增益减少量。

⑥ ON/OFF：用此按钮打开或关闭当前所选输入通道的压缩。

⑦可用这些控制旋钮调节设置压缩参数。

具体的调整参数，在调音台中有预设的压限参数，可以用作调整时的参考。

第四节　混响与回声的制作方法

我们听到的声音可以分为“直达声”“反射声”“混响声”和“回声”。

一、直达声、混响声与回声的概念

简单讲，直达声（Direct Sound）是声源发出的声音不经过任何反射，被聆听者直接听到的声音。

反射声（Reflected Sound）是声源发出后碰到障碍物，经反射后，被聆听者听到的声音。

混响声在英文中被称为Reverberation，它是声音从声源发出后，经过多次反射后被聆听者听到的声音，如图10-9所示。

图10-13中，①为直达声；②为反射声；③为混响声。

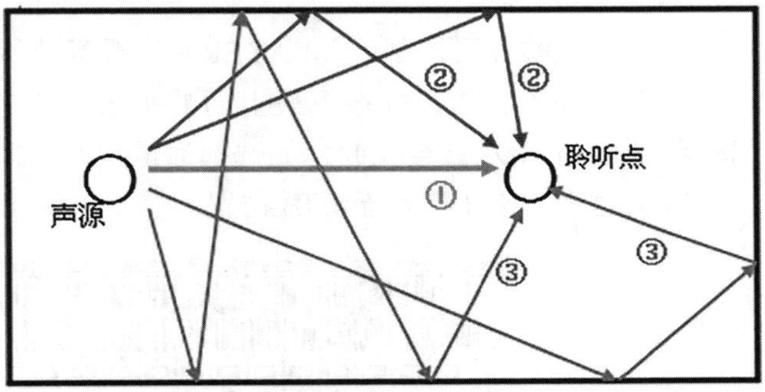

图10-9

回声，英文为Echo，它是一种单一固定的反射声。如我们在山间呼喊一声，接着会听到几个相同的声音从远处传来，一次比一次小，这就是回声（如图10-10）。

图10-10

回声与混响声是有区别的。混响声是由反射时间小于50ms，并且经过多次往复散漫反射，包含多个不同角度、不同时间到达的混合反射声逐渐衰减而形成的，听者分辨不出其中的任何音节。而回声的反射强度则大于50ms，反射强度和时差都大到足以和直达声区别开，并能分辨出音节。

二、混响声和回声在广播中的作用

混响声和回声通常在广播节目里被用来模拟大厅或山间的效果。

尤其是在广播剧的制作中，其声音要具有临场感才能感染听众。如山谷中的雷鸣声音要带有明显的回声和余音，教堂里的祈祷声音要带有空旷的感觉等，这些声音虽然可在现场录取，但不如运用效果处理器制作起来更为方便。

在制作节目时，只要通过对声音做时间效果处理来改变延迟直达声的时间、反射密度、反射量衰减速率以及直达量的比例等因素，就可产生不同的声音时间效果。

从前述中我们已经知道，反射声和混响声产生的效果是不完全一样的。反射声是声音的回声，而混响声音是声音的余音。混响时间决定混响前期的反射声密度，因此在实际操作中设置了混响的延时选择。另外，均衡器和效果器共同使用，能给我们带来一些新的东西，能做出丰富多彩、变幻无穷的各种不同的效果，丰富我们的声音世界。

三、混响声和回声的制作方法

①在音轨的分层控制区（LAYER）选择音轨所在的分层。例如选择第一层。

②选择一条音轨，并按下最上面的按钮，即打开这条音轨通道。这时，该音轨的“选择”（Sel）指示灯会亮起。如选择通道“2”。

③同时将“推子”推至 0dB 位置。

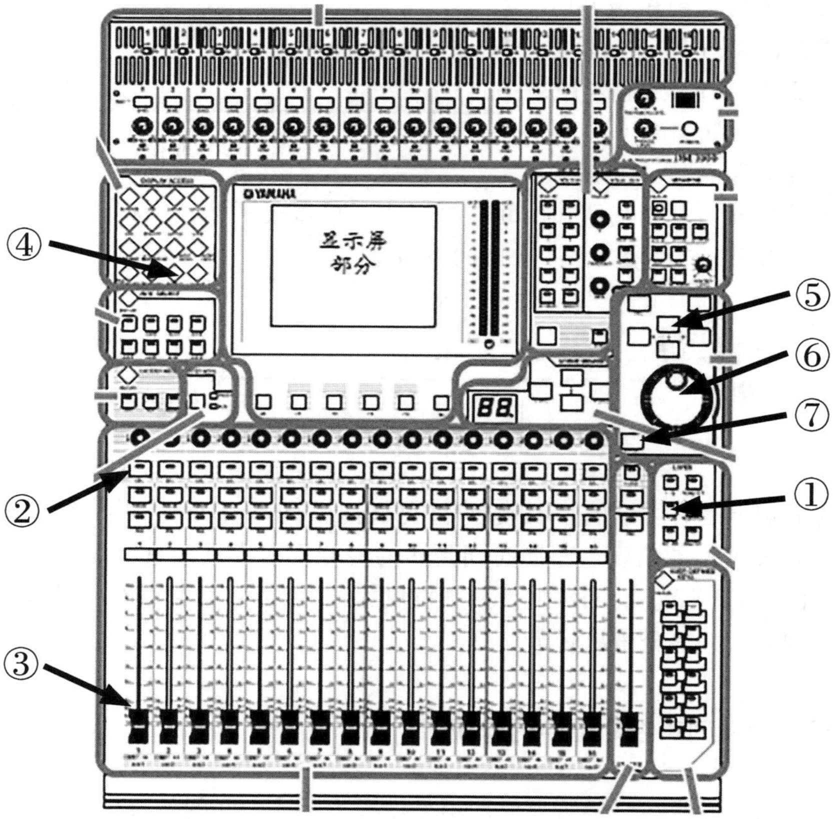

图 10–11

④在“DISPLAY ACCESS 显示存取路径部分”，选择（按下）“效果”（EFFECT）按钮，这时，调音台的显示屏上会出现如下显示（图 10–12）。

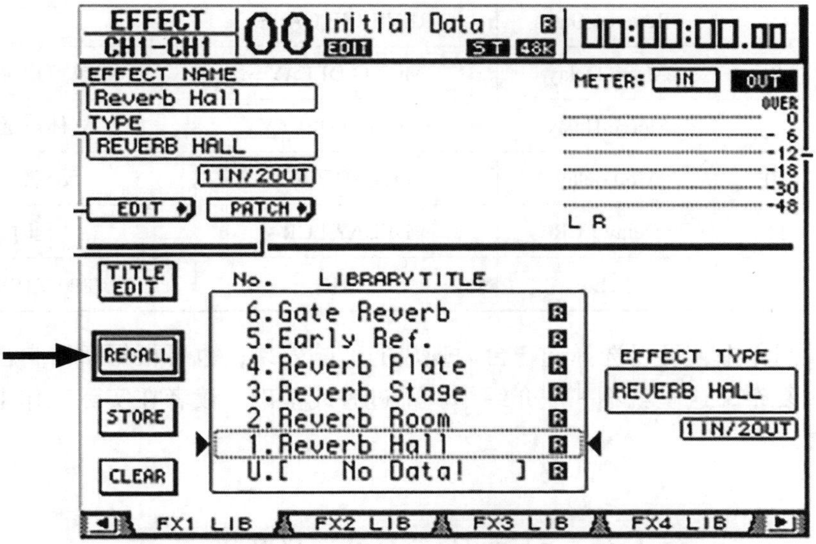

图 10–12

在图 10–12 中，左上角显示“EFFECT”，表示进入的是“效果”界面；EFFECT 下方的 CH1–CH1 说明目前打开的是第一分层第 1 通道。

⑤按动上下左右键，将屏幕上的“光标”移至 RECALL 项（见屏幕左侧箭头所指处），这时，屏幕上会出现许多预设效果选项，如 Reverb Hall 1（模拟大厅混响效果）、Reverb Hoom（模拟混响房间）等。

⑥转动参数轮，即可选择所需效果。如选择“Reverb Hal 或选择“Echo（模拟回声效果）”。

⑦选定所需效果后，按 Enter 按钮，即完成选择。

在雅马哈 CD–100 调音台中，存有近 50 种混响效果，常用的有以下几种（表 10–2）。

表 10–2　雅马哈 CD–100 调音台主要混响效果

	No	预设名	类型	模拟效果
混响	1	Reverb Hall	REVERB HALL	模拟大厅混响效果
	2	Reverb Room	REVERB ROOM	模拟房间混响效果
	3	Reverb Stage	REVERB STAGE	模拟舞台混响效果
	4	Reverb Plate	REVERB PLATE	模拟板式混响效果
	5	Early Ref.	EARLY REF.	早期反射无后续混响
	6	Gate Reverb	GSTE REVERB	早期反射

续表

	No	预设名	类型	模拟效果
延时	7	Reverse Gate	REVERSE GATE	
	8	Mono Delay	MONO DELAY	单声道延时
	9	Stereo Delay	STEREO DELAY	立体声延时
	10	Mod.delay	MOD. DELAY	反复延时
	11	Delay LCR	DELAY LCR	延时
	12	Echo	ECHO	反馈的立体声延时

在实际制作中，可以选择调音台内现成的音响效果，也可根据所需自己调试。这个方法太过复杂，这里就不一一介绍了。不过有此基础，读者在实际工作中就能很快熟悉和掌握。

第五节　让声音“流动”的制作方法

大家都知道，现在采用的数字录音技术所录出的声音都是立体声的，有左右两个声道。

通常情况下，由于传声器摆放位置的不同，以及不同音源的不同，声音或者从左声道传出，或者从右声道传出，从而形成立体效果。例如录制一个交响乐队的演奏，小提琴、中提琴、大提琴和倍大提琴的演奏者的演奏位置（坐的位置）是不同的，弦乐与管乐的演奏位置也不同，若每个声部前采用指向性强的传声器，就会只录到这个声部的音响。而此时若调整调音台上该声部传声器的左右声道，该声部的声音就会从左或右的声道中传出。而通常情况下，这个声部一旦确定从哪个声道传出，一般是不会再更改的，也就是不会忽左忽右的。

而广播节目的录音则不同。有时为了创造某种声音效果，就需要对声音做忽左忽右的处理。

例如天津台获全国录音技术奖——“金鹿奖”一等奖的节目《胡同里的吆喝声》，以及前面提到的广播连续剧《秒针上的较量》，就在制作时充分发挥了立体声录音技术的优势，让声音在录音过程中出现了位置的变化。

具体方法为：

①在音轨分层控制区（LAYER）选择音轨所在的分层。

②选择一条音轨，并按下最上面的按钮，即打开这条音轨通道。这时，该音轨的“选择”（Sel）指示灯会亮起。

③同时将“推子”推至 0dB 位置，即打开录音通道。

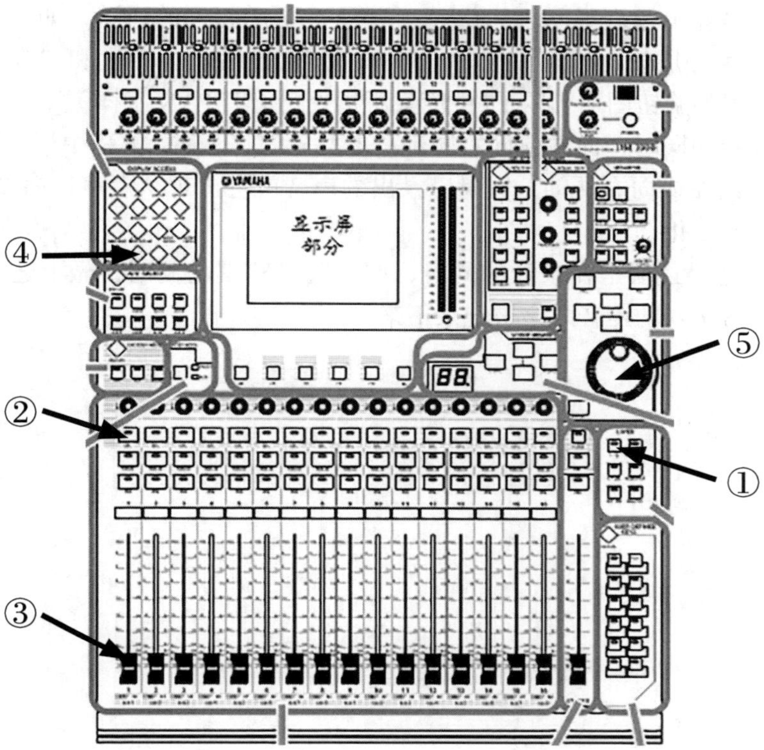

图 10–13

④在“DISPLAY ACCESS 显示存取路径部分”，可重复按“查看”（VIEW）按钮，直至调音台显示屏上显示：

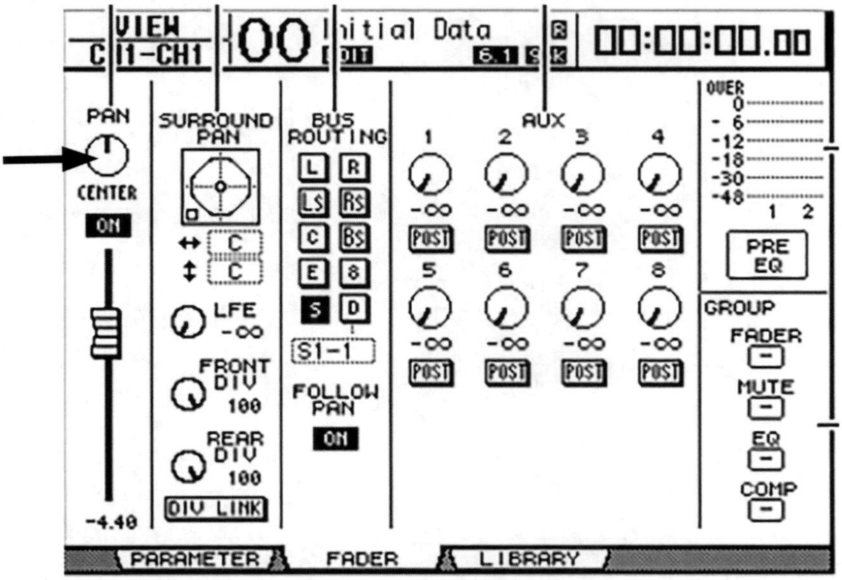

图 10–14

这时，屏幕左上角会显示“VIEW”，字下方显示打开的通道，如“CH1-CH1”，即表示打开了第一层第1通道。同时，屏幕左侧会出现一个声道和“推子”的图形，并且有一个虚拟的旋钮图形（图15中箭头所指处，上有PAN字样）。

（2）在录音的同时，向左或向右转动“参数轮”，这时，屏幕中标有PAN下方的虚拟旋钮就会向左或向右转动，同时，录出的声音就会出现从左声道向右声道或从右声道向左声道的变化。

要注意的是，必须是在录音的同时，即吆喝者吆喝的同时，做上述动作。这时，从左至右或从右至左的声音才会被记录下来。

第三编

广播节目的播出及管理

广播节目的播出环节是整个广播节目体系中最关键的一环，无论前期策划、采访、编辑、制作多么精细、完美，如果在播出环节出现问题，一切的工作都归为零。在广播界有句话：安全播出重如山。所以，这一编的重要性毋庸置疑。我们将从播出和管理两个角度，根据主持人多年的实践经验，用通俗易懂的方式给大家介绍。

第十一章　广播节目的播控与管理

第一节　直播间的操作系统

图 11–1

广播电台的直播间一般由以下部分组成：主持人话筒、主持人耳麦、直播操控台、直播工作站（图 11–1 ①）、备播工作站、网络工作站（图 11–1 ②）、MP3 播出电脑（图 11–1 ③）、延时器（图 11–3）、热线电话耦合器、CD 和卡座播放机、嘉宾话筒、嘉宾耳麦以及与导播联系的对讲系统等。

1. 主持人话筒与操控台

直播间配有两个主持人话筒，因为有些节目是由两位主持人对播完成的。主持人即将播音的时候，需要把控制话筒的推子推至标准状态（见图 11–2 箭头所示），此时，ON 键点亮，播音可以开始。播音结束后，应立即拉下推子。

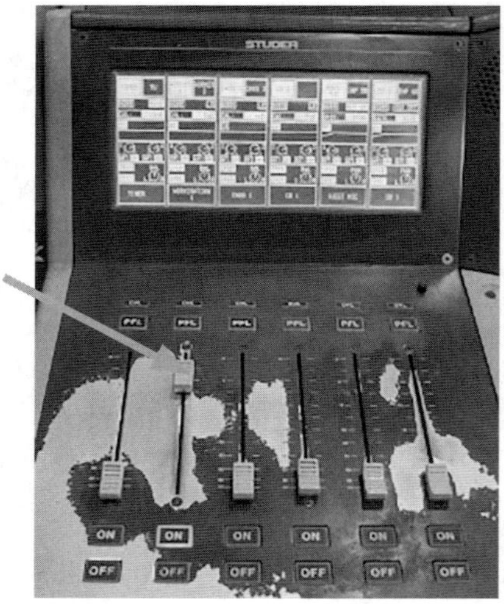

图 11–2

2. 主持人耳麦

在话筒开启状态，主持人只能通过耳麦才能监听到节目播出内容。

3. 直播操控台

在直播过程中，所有音频声音的传出都是由操控台来完成的，主持人负责操控台的全部操作。由于该部分内容比较复杂，本章将设置一节做详细介绍（见第二节）。

4. 直播工作站

直播站播出的内容包括报时、频道标志乐、节目标志乐、广告、已录制好的音频、录播节目。除已录制好的节目需要主持人手动调出并播出以外，其他内容都是由直播站自动播出。由于直播过程中，直播工作站处于核心位置，主持人必须详细了解其工作原理，所以这部分内容特别设置一章节做具体介绍（见本章第四节）。

5. 备播工作站

备播工作站就是主播站的备份，它是与直播站完全一样的一套设备。一旦主播站损坏或出现异常，为确保节目安全播出，可紧急调换备播站播出。

具体操作方法：如果直播站出现问题，主持人需以最快速度拉下直播站播出推子，点击操控台上的备播站图标
，然后重新将推子推至标准状态。此后，所有与节目相关的音频内容都将通过备播站播出。

6. 网络工作站

这是整个直播间里唯一可以上网的电脑，听众与主持人之间的短信互动和微博互动、主持人通过电子邮箱发送的电子文稿、天气预报、主持人随时通过网络搜索的与节目相关的资料均通过该电脑完成。其实，网络站等同于一台普通的可以上网的电脑。主持人在开播前，可通过搜索引擎查找气象网站、短信平台、微博页面，在节目中可随时刷新这些页面的内容，将信息传递给听众。

7. MP3 播出电脑

这是整个直播间里唯一一台有 USB 接口的电脑。根据节目内容需要，编辑会下载一些相关的歌曲、音乐、音频或文字到 U 盘里，交由主持人负责将 U 盘内容复制到该电脑上面，在直播过程中使用。该电脑中带有“千千静听”软件，即将播出哪一段音频内容，主持人就点击该音频，同时推开音频推子。

8. 延时器

为确保播出安全，各电台直播间一般都配备了延时器，如图 11–3 所示。

主持人在直播节目开始前需推起延时器推子，ON 指示灯亮起（图 11–4 箭头①所示）。

此时，延时器的显示屏幕会出现变化的数字，当屏幕上

图 11–3

的数字固定在 8.00 数字上时，说明延时器延时 8 秒播出节目内容。一旦节目出现问题，主持人可以有 8 秒钟的时间反应，做出相应的处理。例如，嘉宾语言出现问题，主持人可以立即拉下嘉宾话筒推子和延时器的推子，这时，延时器会自动修复节目中出现的空档。

图 11-4

9. 热线电话

热线电话是听众与主持人互动的方式之一。当有听众打来热线参与节目时，直播间的电话耦合器指示灯将出现频闪。导播接通某条热线时，指示灯点亮（不闪）。当导播将某条热线切入直播间的时候，该条热线的指示灯处于慢闪状态。此时，主持人可根据需要按下相应的数字键，热线即被接通。若想切断该条热线，只要按一下相应的数字键，电话即被切断。

如需同时接进 2 条以上热线，需提前按下耦合器上的 CONF 按钮。

需注意的是，如要切断其中一条热线，只需再次按下该条线路的按钮即可（千万不可按“CONF”键，否则其余的几条电话线也会被同时断掉）。

10. CD 播放机、卡带播放机

曾经这两部机器是直播过程中使用频率最高的机器，但是随着电脑、数码、电子产品的普及，这两部机器基本处于“半退休”状态。

11. 嘉宾话筒

当嘉宾需说话时，主持人需要推开该话筒推子，见图 11-4 中箭头②所示。

12. 嘉宾耳麦

在嘉宾席，配有专门的嘉宾耳麦。在嘉宾话筒处于开启状态时，嘉宾只有通过耳麦才能监听到节目播出的内容。

需说明的是，导播通过对讲系统与主持人说话的声音是不会传到嘉宾耳麦当中的，即不会影响嘉宾说话。

13. 对讲

在直播间的操作台上，设有专门的对讲系统。在直播的过程中，主持人与导播之间如需交流，可按下“对讲键”说话（见图 11-4 ③）。但必须注意，此时，主持人的话筒推子一定要处于关闭状态。

第二节　直播操控台的具体操作

直播操控台主要由主持人负责操作，所有音频的传出均依靠该操作台完成。我们先通过操控台上的显示屏来了解一下其线路功能，见图 11-5（图 11-5 即是图 11-4 箭头④所指处）。

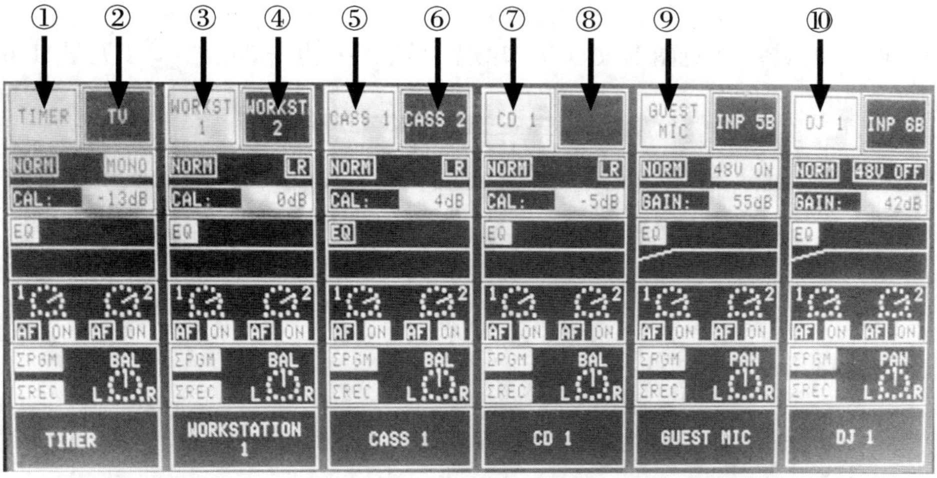

图 11-5

图中：

① TIMER：时间；② TV：电视视频信号；③ WORKST 1：直播工作站；④ WORKST 2：备播工作站；⑤ CASS 1：卡座 1；⑥ CASS 2：卡座 2；⑦ CD 1：CD1；⑧ CD 2：CD2；⑨ GUEST MIC：嘉宾话筒；⑩ DJ 1：主持人话筒 1。

该显示屏上，每两条线路对应一个音量控制推子。当需要使用某一条线路时，需先将推子拉到底，此时，“ON”和“OFF”指示灯均为熄灭状态，然后，点触对应的线路屏幕。例如，欲使用主持人话筒时，先点触 DJ1 ，然后推起推子至标准状态，此时，该线路的“ON”处于红灯状态，声音将传出。以此类推，所有线路音频的传输操作均遵循此顺序。

第三节　广播节目的远程上单

在节目直播过程中，除了主持人和嘉宾的语言以外，有些音频内容需提前录制好，然后通过电台局域网远程上单（现已不需人工搬运录音带），然后在播出时，由主持人从播出工作站中调出，并点击播放。而一些录播节目，在录音间制作完成之后，也需要通过此系统将节目上单。

在本书第二编第十节中，我们介绍了节目的制作过程。那么，已经制作好的节目如何送到播出间播出呢？

如今，广播电台已经不需要人工搬运播出带，做好的广播节目，通过远程上单系统即可迅速上单。具体步骤如下：

一、进入节目库

（1）点击图标（见图 11-6 ①），出现一状态栏；点击其中的（见图 11-6 ②）。

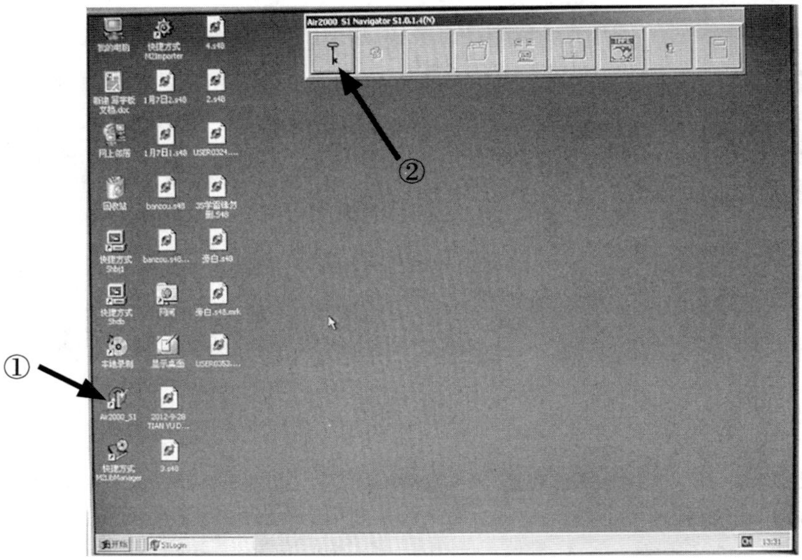

图 11-6

（2）点击后，屏幕上会出现一个登陆框：

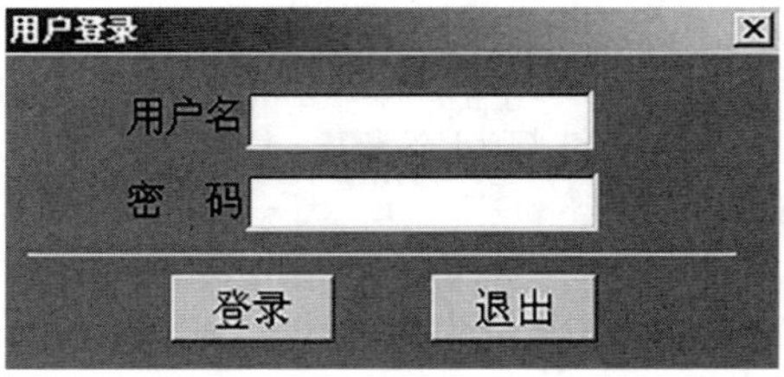

图 11-7

（3）在其中填入用户名和密码后，屏幕上的状态栏将由黑白变为绿色，点击进入节目库，见图 11-8。

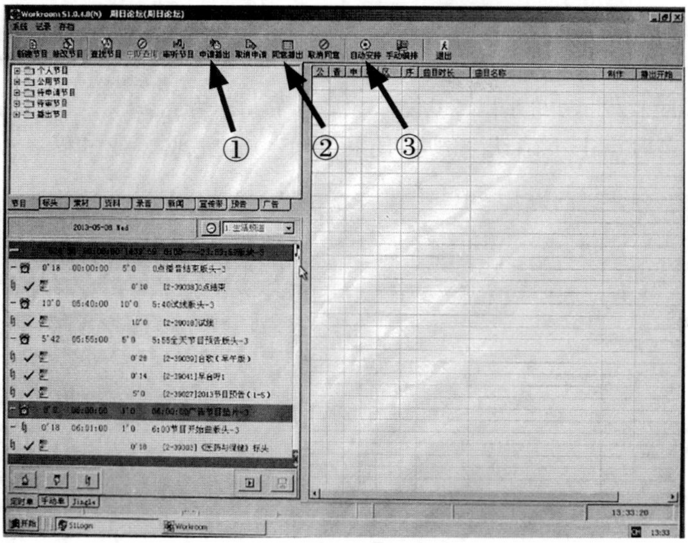

图 11–8

二、节目上载

（1）进入节目库后，点击左上角的“新建节目”（图 11–9 ①），出现“节目上载”对话框。

（2）点击“节目上载”（图 11–9 ②），出现“本地”对话框（图 11–9 ③）。

（3）点击“本人节目”（图 11–9 ④），即打开“本人节目”的子栏目“已合成节目”。从“已合成节目”中找到已录制好并需要上单的节目，双击该节目，即完成上载过程。

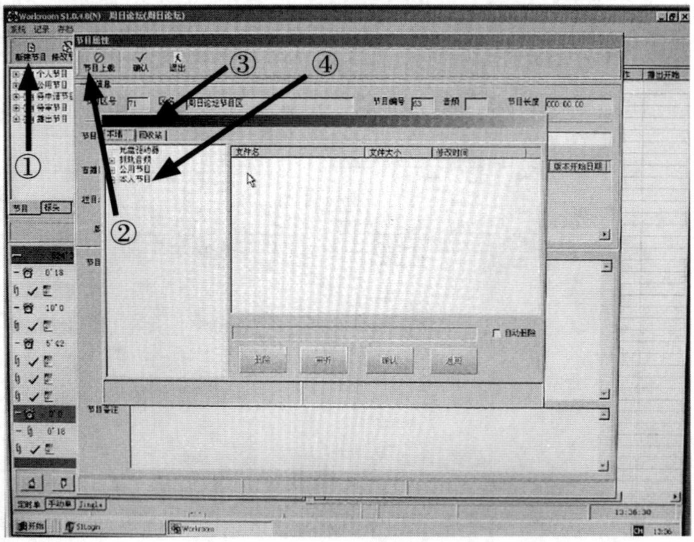

图 11–9

（4）在“节目名称”（见图 11-10 ①）中输入对应的名字，在“快速检索”（见图 11-10 ②）中输入方便检索的内容，一般使用字母+数字的方式填写，例如“yf0423”。同时，填写好首播日期（见图 11-10 ③），使“节目共享”处于“完全共享”状态（见图 11-10 ④），之后点击“确认”（见图 11-10 ⑤），完成上载过程。

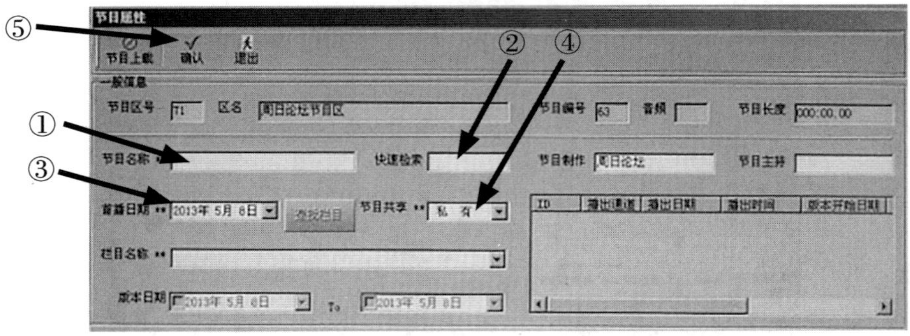

图 11-10

三、节目上单

（1）完成上载后，屏幕回到图 11-7 界面，需要将已上载的节目完成“申请”“同意”程序（见图 11-7 ①②），完成上单过程。

（2）如果是录播节目，需要自动播出的话，还需要增加一个挂单环节。录播节目是指事先安排到自动播出单上、由系统自动安排播出的一类节目。在节目远程上单前两个步骤之后，需要单击已经申请、同意后的节目，使之变蓝，点击自动安排栏（见图 11-7 ③），出现一个对话框（见图 11-11），点击“单个替换”（见图 11-11 ①），然后点击“确认”键完成自动播出程序（见图 11-11 ②）。

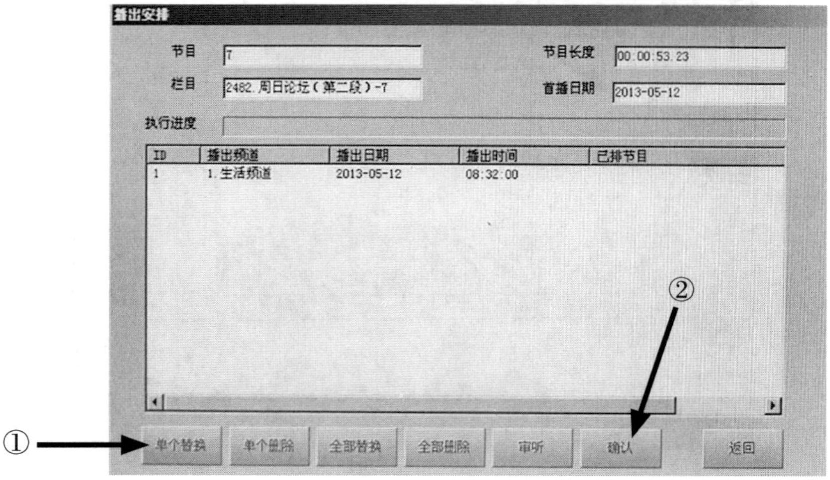

图 11-11

第四节　直播工作站介绍

直播工作站是日常广播节目的数控管理系统，也是所有录播节目（包括录播的广播节目和所有广告节目）的存储设备，更重要的，它是直播环节的音频播出出口。

音频工作站采用人工方式上单（即将制作好的广播节目发送至该站，准确放置于该播出的节目及时间之中），同时，实行电脑管理，即所有录播的广播节目均可由电脑控制，按照时间要求，准确自动播放。因此，直播工作站对于播出这个环节来说，无疑占有非常重要的位置。

一、直播工作站的构成

直播工作站主要由三个区域组成：

第一区域：主节目单（定时单播放区），见图 11-12 ①。

第二区域：节目查询框，见图 11-12 ②。

第三区域：手动节目单，见图 11-12 ③。

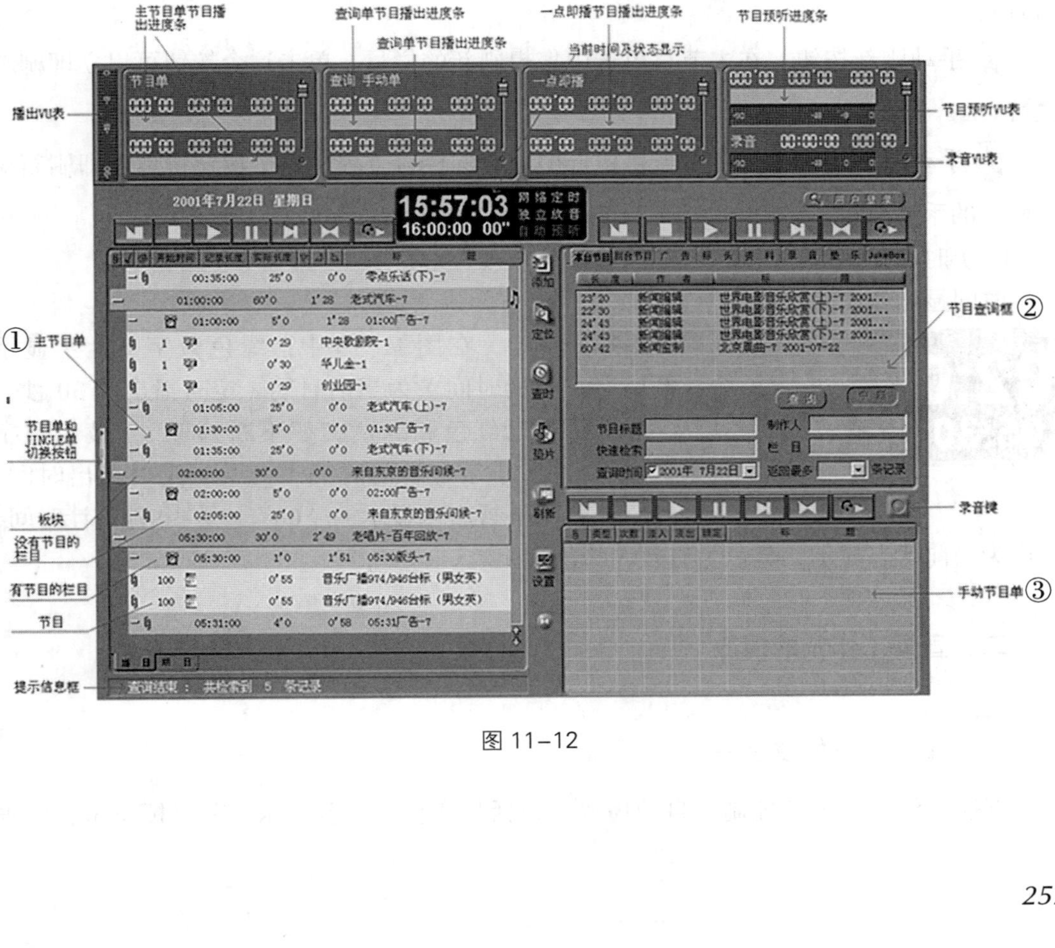

图 11-12

其中，符号及图标的含义及使用方法如下：

（1）图标含义

淡出并停止当前节目单正在播放的节目。

停止当前节目单正在播放的节目。

播放当前节目单选出的节目。

暂停当前节目单正在播放的节目。

直接播放当前节目单正在播放的节目的下一个节目。

和当前正在播放的其他节目单中的节目交叉淡入淡出。

淡出其他节目单中正在播放的节目到背景音乐播出后，播出当前节目单中被选出的节目。

预听当前节目单中被选出的节目。

（2）主要功能按钮的含义

录制当前正在播放的节目。

单击此按钮可以把正在播出的节目显示在节目单的第一行。

单击此按钮可以把下一定时位置显示在节目单的第一行。

在主节目单选中您播出的节目或栏目，单击这个按钮可以垫乐到下一定时播出的时间。

手动刷新按钮。在主节目单选中您想刷新的栏目，单击这个按钮可以立即刷新栏目。

手动单刷新按钮。在主节目单选中对应的栏目，单击这个按钮可以立即刷新对应栏目的手动节目。

（3）时间显示区

时间显示如图 11-13 所示。

图 11-13

在图 11-13 中，绿色数字（大字显示的时间）为当前时间（定时播出前 30 秒会以红色和绿色交替不断闪烁），黄色数字（小字显示的时间）为下一定时播出时间。下行右侧显示的“00”，是 30 秒倒计时间，右边为当前状态显示，亮色为有效，暗色为无效。

二、直播工作站的播放

1. 直播工作站的播放

直播工作站由电脑控制，自动播放，包括整点报时、台标乐、节目标志乐、广告以及录制好并已上单的所有节目。

2. 定时节目单的播放

定时节目单由“板块”和“栏目”构成。板块是指较大时间段的广播节目。每个板块可能包括一个或多个栏目，如早 7：00—8：00 的一个小时的早间新闻节目，我们可将其当作一个板块。在这一小时内又包含了 30 分钟新闻专题、20 分钟时事评论和 5 分钟广告，我们可把这三个小块当作三个栏目。每个具体的广播节目被安排在对应的栏目之下。图 11-14 即显示的是版块、栏目和节目在节目单中的位置分布：

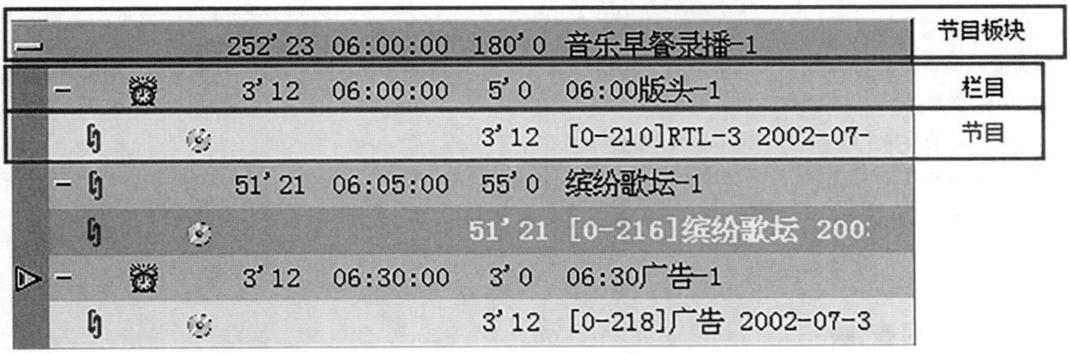

图 11-14

图 11-13 中，各行含义如下：

（1）“节目板块”。节目板块中所标注的信息含义，见图 11-15。

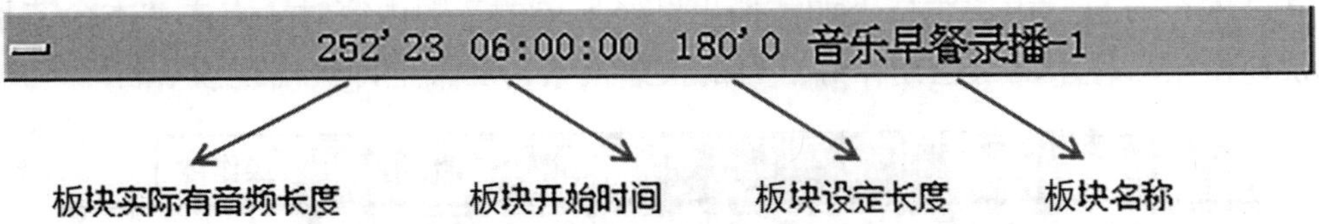

图 11-15

（2）“栏目”。栏目中的信息含义，见图 11-16。

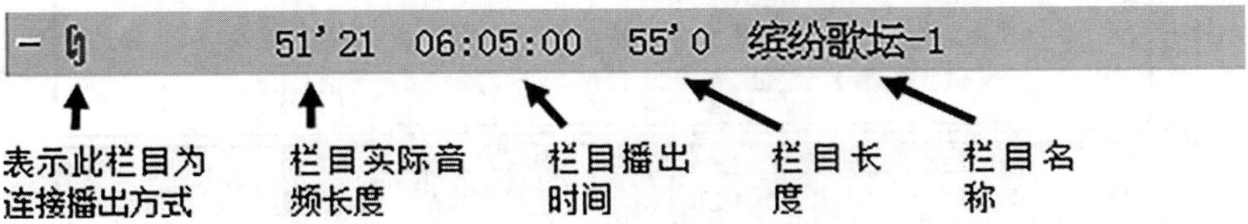

图 11-16

注：栏目的播出方式是在模板管理中设置的，播出站上不能修改。

（3）“节目”。节目中的信息含义，见图 11-17。

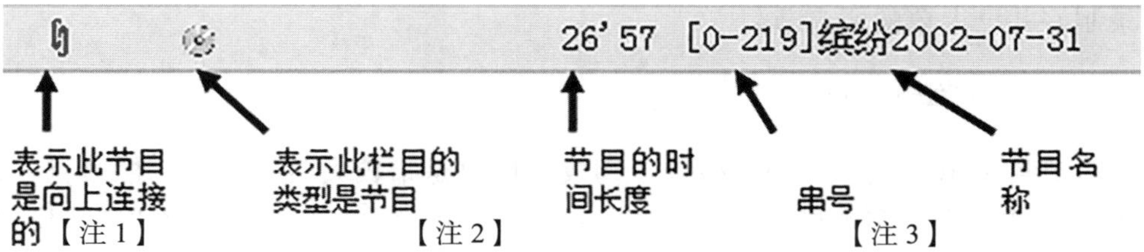

图 11–17

【注 1】向上连接：就是指本节目与它上面的节目是连续播放的。

【注 2】栏目类型：共有 4 种类型，分别是节目、广告、标头和新闻。

【注 3】串号：即每一个节目所独有的节目标号。其中，小横线前面的数字如果是 0 或 1，代表节目；如果是 2，代表标头；如果是 3，代表资料；如果是 4，代表录音；如果是 5，代表垫乐；如果是 6，代表新闻；如果是 7，代表宣传带；如果是 8，代表预告。

小横线后的第一个数字，代表此节目属于哪个节目区。

小横线后面第二、三个数字，则分别代表第几个节目。

以图 11–17 中的［0–219］为例，0 代表节目，2 代表该节目属于第二个节目区；19 代表是第 19 个节目。

三、节目查询

已经上单的广播节目如何在直播过程中播放？通常情况下，需要主持人在查询节目播放区进行查询，然后调出播放。在图 11–18 中，我们可以看到本台节目、别台节目、广告、标头、资料、录音、垫乐、新闻等几个区域。已经上单的音频内容会自动保存在“本台节目”中。主持人如需播出已经上单的音频内容时，点击“本台节目”，在“快速检索”栏中输入已制作好节目的快速检索，屏幕上即会出现该节目。

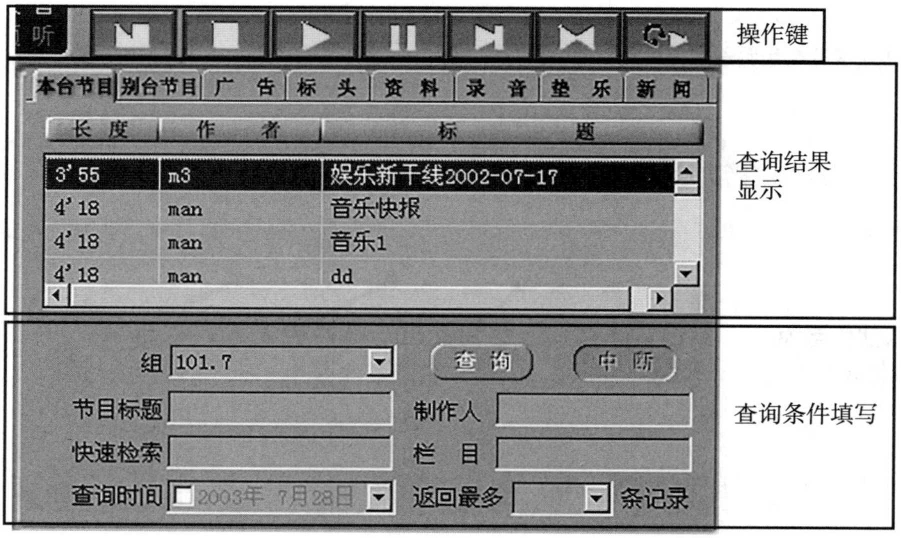

图 11–18

四、手动节目单播放

如果已经上单的音频内容不止一条，就需要将所有音频内容放到手动节目单播放区播放。此时，通过鼠标右键将该节目调到手动节目单播放区，如图 11-18 中的“娱乐新干线 2002-07-17”这条音频将会出现在图 11-18 中，需要播放时双击即可。

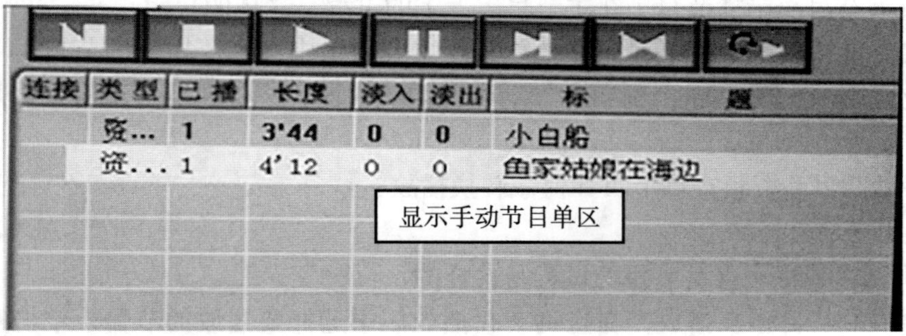

图 11-19

第五节　常见问题及解决办法

1. 如何快速查找到正在播放的节目？（检查栏目的播出日期、刷新）

解决办法：选择工作区域中的“定位”功能按钮，正在播放的节目将出现在主节目单的第一行的位置。

2. 如何查找下一个定时节目的位置？

解决办法：选择工作区域中的“查时”功能按钮，下一个定时播放的栏目将出现在主节目单的第一行的位置。

3. 如何手动添加垫乐？

解决办法：需要使用手动垫乐时，先选择一个栏目或节目（垫乐将根据这个节目或栏目的类型来判断使用什么类型的乐曲进行垫乐），然后点击选择工作区域中的“垫乐”功能按钮，垫乐将一直播放到下一个定时节目定时播放的时间。

4. 录播节目和手动单节目如何做转换播放？

解决办法：

A. 录播节目（在主节目单上）→手动单节目的过程是这样的：

录播节目正在播放，在手动单中选择要播放的节目，在手动单节目播放区中单击  按钮，则系统自动将录播节目淡出，将手动单节目淡入。

B. 手动单节目→录播节目（在主节目单上）的过程是这样的：

手动单节目正在播放，在主节目单中选择要播放的节目，单击主节目单播放区中的按钮，则系统自动将手动单节目淡出，将录播节目淡入。

5. 录播节目和资料查询节目（在查询节目播放区）如何做转换播放？

解决办法：

A. 录播节目（在主节目单上）→查询节目的过程是这样的：

录播节目正在播放，在查询节目播放区中选择要播放的节目，单击查询节目播放区中的按钮，则系统自动将录播节目淡出，淡入到查询节目播放区中的节目。

B. 查询节目→录播节目（在主节目单上）的过程是这样的：

查询节目播放区中的节目正在播放，在主节目单中选择要播放的节目，单击主节目单播放区中的按钮，则系统自动将查询节目播放区中的节目淡出，将录播节目淡入。

6. 手动节目和资料查询节目如何做转换播放？

解决办法：

A. 手动单节目→查询节目的过程是这样的：

手动单中节目正在播放，在查询节目播放区中选择要播放的节目，单击查询节目播放区中的按钮，则系统自动将手动单节目淡出，淡入到查询节目播放区中的节目。

B. 查询节目→手动单节目的过程是这样的：

查询节目播放区中的节目正在播放，在手动单中选择要播放的节目，单击查询节目播放区中按钮，则系统自动将查询节目播放区中的节目淡出，手动单节目淡入。

7. 一点即播节目和录播节目、手动节目、资料查询节目如何做转换播放？

解决办法：一点即播节目正在播放，在主节目单或查询节目播放区，或手动单中选择要播放的节目，单击那一播放区中的按钮，则系统自动将一点即播节目淡出，淡入到选中节目中。

8. 当无意中删除了主节目单中某个栏目的节目时或想立即知道栏目中有没有新的上单节目时，怎么办？

解决办法：刷新主节目单，先选择这个栏目，然后点击选择工作区域中的“刷新”功能按钮，即可在这个栏目中显示当前最新的节目安排情况。

9. 主持人是每次直播都要进行用户登录，还是只要他的播出时间段一到，不用登录就有操作自己节目的权限？

解决办法：不行，必须登录，播好后注销。

10. 录播→直播的操作过程是怎样的？

解决办法：直播主持人可以提前登录到播出站上，对主持的节目进行一些安排。如果直播栏目的播放方式是定时的，则节目会自动切换到主持人主持的栏目上；如果直播栏目的播放方式不是定时的，则需要直播主持人手动停止上一档节目或淡入淡出到手动单上（注意：主持人只有在自己栏目的时间里才可以停止上一档节目）。

11. 录播→录播的操作过程是怎样的？

解决办法：

A. 从上档超时节目过渡到定时栏目时，系统会自动停止超时的节目，以保证定时节目的播出。

B. 从上档超时节目过渡到连接栏目时，系统会允许超时节目播完，再继续播放连接栏目的节目。

C. 从上档提前结束的节目过渡到定时栏目时，系统会垫乐（如果设置允许自动垫乐）。

D. 从上档提前结束的节目过渡到连接栏目时，系统不会垫乐，而是继续播放下一个节目。

12. 当主节目单中正在播放节目时，主持人可以播放手动单节目或是查询区中的节目吗？（前提：设置为不能混播）

解决办法：不行，因为已经有一个音频流（在主节目单中）在播放了，所以不可以播放。

参考资料

书刊文献

［1］熊忠辉，张晓锋．广播电视节目形态解析［M］．北京：化学工业出版社，2010.
［2］徐舫州，徐帆．电视节目类型学［M］．杭州：浙江大学出版社，2006.
［3］蔡凯如．广播编辑与节目制作［M］．武汉：武汉大学出版社，1995.
［4］董旸．广播节目策划与制作［M］．北京：中国传媒大学出版社，2007.
［5］施天权．广播电视概论［M］．上海：复旦大学出版社，1987.
［6］陆锡初．广播新闻编辑教程［M］．北京：中国广播电视出版社，1995.
［7］危羚．广播音响报道实用教程［M］．北京：中国传媒大学出版社，2012.
［8］北京广播学院，等．应用广播学［M］．北京：新华出版社，1988.
［9］郭越，包思宁．专业化广播频率的新闻视角—：兼谈早间新闻节目的专业特色［M］// 天津人民广播电台 2011 年度获奖论文选．天津：天津人民出版社，2012.
［10］冯旭庆．浅谈广播新闻的编排技巧［Z］．天津：天津人民广播电台经济台，2000.
［11］怀特，默本，扬格．广播电视新闻报道写作与制作［M］．北京：中国广播电视出版社，1987.
［12］倪其育．音频技术教程［M］．北京：国防工业出版社，2006.
［13］付龙，高昇．影视声音创作与数字制作技术［M］．北京：中国广播电视出版社，2006.
［14］韩宪柱．声音节目后期制作［M］．北京：中国广播电视出版社，2003.
［15］克里奇．录音师实战技巧［M］．刘心睿，赵颖，译．北京：人民邮电出版社，2011.
［16］董建华．音响设备技术（第二版）［M］．北京：电子工业出版社，2010.
［17］方德葵．广播节目编排与制作技术［M］．北京：中国广播电视出版社，2005.
［18］朱伟．录音技术［M］．北京：中国广播电视出版社，2003.
［19］俞锫，杨亦然．广播非线性编辑［M］．北京：中国传媒大学出版社，2009.

电子文献

［1］百度文库．雅马哈 DM1000 数字调音台使用说明书［EB/OL］.http://wenku.baidu.com/view/cdd33ef79e314332396893a6.html.
［2］豆丁网．雅马哈 01V96 数字调音台使用说明书［EB/OL］.http://www.docin.com/p-4859765.html.

后 记

此次修订，得到了中国传媒大学出版社黄松毅编辑和李婷编辑的大力支持与帮助，在此谨表示真诚谢意。

需要特别说明的是，因篇幅关系，有关广播音乐编辑制作的内容本书略去了，详细讲解请参见中国传媒大学出版社出版的《网络音视频节目配乐技巧》一书（中国传媒大学出版社 2022 年 8 月出版）。

但愿这本书能为提高大学生的广播节目编辑的实际技能出一点力，为满足社会需要尽一点责。

如有学习方面的问题，请联系我们：邮箱：weiling5917@sina.com；微信号：weiling5917。

危 羚

2022 年 2 月 15 日

图书在版编目(CIP)数据

广播节目编辑与制作 / 危羚，王萍，赵慧著．-- 2 版．-- 北京：中国传媒大学出版社，2023.8
ISBN 978-7-5657-3350-5

Ⅰ．①广… Ⅱ．①危… ②王… ③赵… Ⅲ．①广播节目—编辑工作—教材 ②广播节目—节目制作—教材 Ⅳ．① G222

中国版本图书馆 CIP 数据核字 (2022) 第 214572 号

广播节目编辑与制作（第二版）
GUANGBO JIEMU BIANJI YU ZHIZUO (DI-ER BAN)

著　　者　危　羚　王　萍　赵　慧
责任编辑　黄松毅
责任印制　阳金洲
封面设计　宇宙尺度

出版发行　中国传媒大学出版社
社　　址　北京市朝阳区定福庄东街 1 号　　**邮　　编**　100024
电　　话　86-10-65450528　65450532　　**传　　真**　65779405
网　　址　http://cucp.cuc.edu.cn
经　　销　全国新华书店

印　　刷　北京中科印刷有限公司
开　　本　787mm × 1092mm　1/16
印　　张　17.25
字　　数　378 千字
版　　次　2023 年 8 月第 2 版
印　　次　2023 年 8 月第 1 次印刷

书　　号　ISBN 978-7-5657-3350-5/G · 3350　　**定　　价**　58.00 元

本社法律顾问：北京嘉润律师事务所　郭建平